BLACK SWAN 黑天鹅图书

为 人 生 提 供 领 跑 世 界 的 力 量

BLACK SWAN

The Best of Cai's Economic Insights

菜场经济学

未来十年的投资逻辑

财上海 著

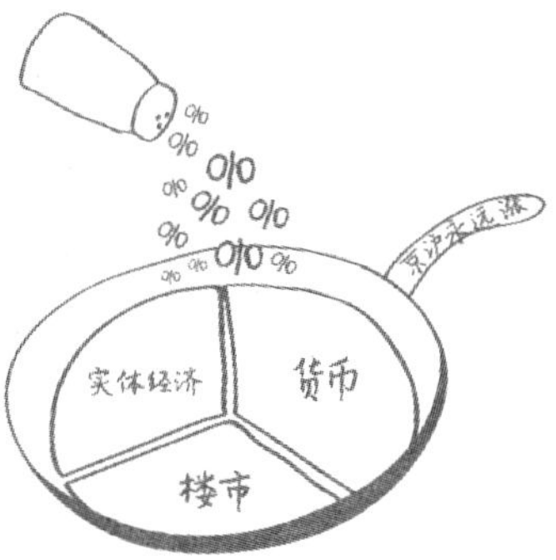

中国友谊出版公司

图书在版编目（CIP）数据

菜场经济学 / 财上海著. —北京：中国友谊出版公司，2016.8（2018.5重印）

ISBN 978-7-5057-3791-4

Ⅰ.①菜… Ⅱ.①财… Ⅲ.①中国经济—研究 Ⅳ.①F12

中国版本图书馆CIP数据核字（2016）第179195号

书名 菜场经济学

作者 财上海

出版 中国友谊出版公司

发行 中国友谊出版公司

经销 新华书店

印刷 三河市冀华印务有限公司

规格 710毫米×1000毫米 16开
13.75印张 196千字

版次 2016年9月第1版

印次 2018年5月第8次

书号 ISBN 978-7-5057-3791-4

定价 42.00元

地址 北京市朝阳区西坝河南里17号楼

邮编 100028

电话 （010）64668676

如发现图书质量问题，可联系调换。质量投诉电话：010-82069336

|目录|

The Best of Cai's Economic Insights

序：京沪永远涨

The Best of Cai's Economic Insights

“微博不识财上海，便称大V也枉然！”

这里说的财上海，就是现在广为人知的“京沪永远涨”一语的发明者。当“京沪永远涨”刚刚传播时，笑话的人还挺多：这世界上还有永远涨的资产？当年东京一地的房地产价值就能买下整个美国，最后还不是地产价格狂跌？在很多人看来，这根本就只是个顺口溜而已，当不得真。

但是直到去年岁末今年年初京沪房地产价格暴涨，“京沪永远涨”这五个字已不止在微博等社交媒体上流传，还成为了传统媒体的语言。8月15日，我以“京沪永远涨”作为关键词在谷歌上搜索，共找到55.9万条结果。尽管很多人还是对“京沪永远涨”存疑，但已经不再像以往那样直接嘲讽，相反，很多人是在分析，为什么会有“京沪永远涨”，它背后的逻辑以及可能产生的副作用是什么等等。比如在知乎上，还有专门的一个词条是“怎样看待‘京沪永远涨’？”世界上当然没有只涨不跌的资产。如果将“京沪永远涨”奉为金科玉律作为今后个人投资的信条当然会有误，但至少从目前来看，京沪房产确实是涨了，而且涨得不是一般的多。

在刚刚过去的2016年7月份，全国房产市场数据中心发布的全国百城房价排行榜表明，深圳以54665元/平方米的房价中位数名列全国榜首，而位居榜尾的是山东菏泽，它的房价中位数每平方米为3400元，不及深圳的十六分之一。而上海和北京的房价中位数分别以每平方米33800元和32500元排在榜眼和探花的位置上。

众所周知，中国房产市场兴起于1998年的房改，在此之前中国各地的房产价格都差不多，因为构成房价的主要因素就是建安成本。当年2009年房改分房后，无论是北京、上海，还是菏泽，相同工龄和条件的在职员工，大都以差不多的货币价格拿下了房改房。但是没有想到的是，当年同样价格拿下的房产，在过了16年后，各个城市的房价呈两极分化趋势，有些地方如北京的房价已经接近建安成本的10倍，而有些城市如菏泽的房价还是接近于建安成本。在北京一套50平方米的房子可以超过300万，但是在菏泽，50平方米的房子可能还是只有20万不到。

京沪的房价为什么高？买房子的人大都知道这么一句话，决定房屋价值高低的三个要素就是：地段、地段、地段！京沪作为中国的首都和经济中心，汇聚了中国大批的优秀人才和机构，房价毫无疑问也受其影响。统计数据显示，从住房制度改革开始的1998年到2014年，除了极少数年份外，上海的常住人口每年大都以50万以上的数量在增加，到2014年上海常住人口达到了2425.68万，而在1998年则是只有1527.00万。尽管每年上海的人口都在增加，但是房屋的新开工面积并没有随之增长，2000年上海的住宅新开工面积为1781.64万平方米，2010年为2111.11万平方米，而2014年则回落到了1547.29万平方米。当人口在快速增长而土地供应却裹足不前的时候，自然会出现房价上涨的现象。

以上说的这个因素就是平时很多经济学家分析的“房产是个人口现象”，即作为一个商品，房地产始终受制于供需比，当供不应求的时候价格就上涨，反之则下跌。尽管京沪的房地产在上涨，但是中国很多城市的房地产市场却是下行，因此也就有了所谓的“去库存”。

但房产并不只是一个人口现象，同时还是一个货币现象。除了“京沪永远涨”外，财上海最喜欢说的一句话就是“一印解千愁”，意即通过货币发行来解决问题，为此他的粉丝还用“大印无疆”来总结。尽管“一印解千愁”是一种戏谑，但中国的货币发行量却始终是一个谜，为此学界还有“中国货币去哪儿”的疑问。

过去25年，中国的M2大概每年平均增长20%左右，远超GDP增速。为什么放出这么多的货币却未引发通货膨胀？一个原因是此前很多资产并未货币化，因此多印的货币填补了这方面的空白；而更多的货币可能是被吸引到了房地产。2010年之前，居民住房贷款占居民商品房（住宅）销售额的占比非常小，平均不到20%，2013年之后开始大幅上升，从24%上升至2015年的34%，今年估计要超过50%。这说明今年这一轮房价上涨，主要靠居民在房地产投资上加杠杆。

房地产加杠杆是一件好事也是一件坏事。好事就在于你可以在收入远低于房价的时候就可以预先获得资产，我们设想一下，如果中国目前还没有开始住房按揭制度，估计当下中国居民的居住环境要大打折扣。但杠杆过大也是一件坏事，容易形成资产泡沫并导致金融危机。上一轮美国次贷危机就是源于穷人购房加杠杆，当时居民房贷占住宅总市值的比例达到55%。尽管中国目前16万亿的居民房贷余额占存量住宅总市值并不高，但增量部分上升速度过快，还是值得担忧。

以上的话概括起来就是一句话，货币超发引发房价上涨。不过有意思的情况在8月份出现了，据央行刚刚公布的7月份信贷数据显示，金融机构新增贷款只有4636亿元，环比少增9164亿，但居民中长期贷款4773亿，由于居民中长期贷款中绝大部分都是房贷，这意味着新增房贷占7月份新增贷款的100%。这个现象在此之前是不可想象的，为什么从银行融资的主体从企业变成个人？尽管这个现象和西方发达国家的银行贷款结构很像，但是发生在中国还是让人意外：为什么没有了M2的增长，房价却持续上涨？可能的原因是，更多的人看到过去房价上涨所带来的红利，然后都奔入房市了。

那财上海是怎么看待这个现象，京沪还能再涨么？8月12日，他发了这样一条微博：“如果把经济学著作，按照单田芳的语言讲两年，人人都是专家，没啥了不起的。只不过，专家不愿意自己砸自己的饭碗，搞得神秘兮兮的，最后把吃瓜群众带沟里去了。现在还有人相信，京沪涨了这么久了，肯定会跌。无语了。好吧。对于这种人，我只有一个办法，拼命赞同你，然后让你继续在出租房里待着！”

希望菜菜的这个判断不会被市场吊打。

傅蔚冈

2016 年 8 月 16 日

货币的麻烦

The Best of Cai's Economic Insights

在现代经济中，货币起着根本性的作用。1998 年以来，我国一直实行稳健的货币政策，但 2009 年 4 万亿横空出世，在带动经济快速发展的同时，也造成了极大的隐患，对内通货膨胀，房价高居不下，对外汇率扭曲，出口受到重创，今后怎么办？印，还是不印？

■ 目前的货币政策

我们的货币制度在设计之初，是把外贸结汇作为补偿的，不是作为主要部分。但是经过三十年的发展，现在外贸已经是中国除了房地产以外的最大收入，这就导致了货币制度和货币组成之间的巨大矛盾。表现是：出口越多，国内的货币印刷越快，左手打右手。原来是通过楼市作为资金池，现在呢？

央行货币委员会十八年来只说过一句话：继续实行稳健的货币政策。这句话是 1998 年沿袭美国教科书里的内容，对应的是“适度从紧（或宽松）的财政政策”。当时 M2 是 18 万亿元，截至 2015 年 3 月末，中国广义货币 M2 余额达到人民币 127.53 万亿元，却还是“继续稳健”。

货币政策其实就是自娱自乐，主要体现在三个方面：一是数量控制，国企有绝对信用优势，可怜兮兮的小老板哪里是国企的对手；二是价格控制；三是结构控制，20%给小老板。最终结果是售楼小姐“普大喜奔”，热泪盈眶。我一直在追踪当前货币和财政政策，结论是：就这样了。2015年以后数年的金融政策、货币政策，基本定型了，变不出新花样了。我现在一看报纸，就知道他们下一步要干什么，一点儿意思都没了。大伙好自为之，一切靠自己。白领们别指望什么意外的惊喜，房产商倒是惊喜不断。货币印出来之后，通过搞基建，货币流入了各行各业的私人之手，私人的货币一般不会涌到菜市场的，因为，你吃不了几吨大米和蔬菜，涨一点儿也就这样了。那么，私人的货币会涌到哪里？楼市！

这就是2015年之后三年的货币路径：央行印钞，买下破地方的楼市当作保障房，二线以下城市的各路包工头、开发商，拿到钱后涌入京沪，继续买楼炒地皮。京沪的漂亮公寓，已经和工薪族无关了，就是个财富凭证，类似于大额存单，可抵押贷款。京沪楼市变房产银行，房产中介就是储蓄所，吸引全国富人来存款。

目前的货币政策，貌似有利于农民增收，实际是彻底断绝了农民进入大城市的可能性，原因是房价不断地增长。农民增收的第一发动机是工地贴砖，货币持续印，工地持续建，票子越来越泛滥，最后去了京沪楼市，引发房价上涨。例如，2014年老爹在工地赚了10万元，儿子在上海买房就要多付50万元，年复一年，城里儿子绝望了。现在没有面面俱到、皆大欢喜的货币政策，只有偏向哪个人群的货币政策。印，异地就业的大学生买不起房子；不印，建筑工地农民工增收无望。

货币的净投放量会持续增长直至天量，中小企业的老板辛辛苦苦攒下的那点钱，根本经不起这种搞法。面对工地的竞争，制造业工资会持续大涨。绕一圈后，货币会流向楼市。股市是阶段性的机会，不是蓄水池。硬扛的小老板，看似产业英雄，实则是牺牲品，可惜了。

我来往多年的两个亲戚老板，甲是一般出口加工，乙是小钢材厂，二十年赚了不少钱，但近三年，企业陆续歇业了。甲把利润建了厂房，垫资出口，一直没买房，全家住在郊区小厂里，现在儿媳出离愤怒，闹得家里鸡犬不宁。乙因为供应钢材，开发商不给钱只给房，所以大小房产证有 1 斤重，儿媳很乖巧。从亲戚的变化就可以看出当前的货币政策。

普通人思考宏观经济、货币政策，就是瞎操心。你睁开眼看看周围的熟人，这些年，看懂货币政策，或者蒙对货币政策的人都发大财了。而稀里糊涂的老实人，现在的下场都很可悲，五年之前的三成首付款，留到现在可能也就够装修钱了，悲惨世界。

央行说外行话："我国房价上涨最快的时期，并不是 M2 增速最高的时期。"货币政策是宏观政策，传递到某个具体的价格，是有滞后性的，最少一年的滞后期，建房子也要等三年吧。央行这么解释房价问题，确实不应该。这几年钢材和煤炭价格还下跌了呢，按照央行的思路，货币发少了？

那么，为什么货币增发毫无问题？因为产能过剩。在产能过剩、供大于求的环境下，随便印，绝不会有问题，可以确保安全。现在，唯一供不应求的是京沪的漂亮公寓，其他产品都严重滞销，所以，不用担心，继续印下去，毫无压力。

为啥我们毫不担心印钞？因为不管你印多少，美国人全部接盘，人民币汇率还在升值，缺钱了，简单啊，印一箱子票子，立马换回来美元了。想买啥，就买啥。大飞机，便宜啊，来个 80 条，就像是买条鱼一样。不印是傻瓜！物价不会涨的，缺啥就去买啊！

PPI（生产价格指数）下降，CPI（居民消费价格指数）上升，货币收紧和放松，都要搞死一头。所以，货币政策没用了。PPI+ 店租和零售成本占比 =CPI。CPI 是逆市上升，反映零售渠道成本，高得离谱了。

■ 越来越多的纸币

现代纸币是个新事物，美元诞生于 1929 年，英镑是 1931 年，中国法币是 1935 年才发行的，距今不过八九十年，所以，我们对纸币的认识其实还不够。虽然经过了多次金融危机、战争、政权更替以及发行机制的改变，但总的来说，我们对货币和人性的认识还是不足。

清朝时，权贵把老百姓得罪了，国家一旦有事，老百姓是漠不关心的，反正你对我也不好，换一个，说不定还好些。民国时期滥发纸币，把中产阶级的那点儿小积蓄搞完了，得罪了知识分子，舆论上失去了正义性，结果可想而知。其实，他们都知道要收敛一点儿，但是，谁也不愿意首先收敛，最后一起完蛋。

纸币最大的功能是，可以迅速把资源调到政府想调去的地方，省去了到民间征调的烦琐过程，效率高得难以想象。方向搞对了，迅速发展；方向搞错了，无法挽回。目前，没有任何一个可能情况，会导致纸币的发行量减少。纸币的结局是，越来越多，发得越来越快，这个趋势是不可能改变的。

央行货币，以每个月同比 15% 的增长速度在加班加点地印刷。到 2010 年 8 月，M2 达到 68.8 万亿元，中国目前公认的一流的北大教授周其仁曾出书，惊呼“大老虎”。但在随后不到四年的时间里，M2 就超过 120 万亿元了，几乎翻倍。现在回头看，当时的数字，不是老虎，简直是个小猫咪。况且，今后 M2 还可能继续增加。这个路怎么走？天知道了。

纸币肯定会毫不犹豫地增发下去，这不是个人说了算的事情，这是利益。在利益面前，没有理性可言。例如民国时期的宋子文是哈佛毕业的老牌金融家，对货币的认识是顶级的。他反对印钞，强调财政约束，法币坚挺，即使这样，法币在短短两年时间里还从 5000 万亿印到了 160，000 万亿，增加 31 倍。结果呢，被老蒋一顿怒斥不懂政治，1934 年滚蛋了。孔祥熙上台后，老蒋要多少，他就印多少，无所谓，反正国民政府不姓孔，爱咋整咋整，领导随意，我干活，所以他直接把法币印成了废纸。难道他们都是白痴？利益啊！抗战胜利后，换上了个王云五，“币制改革”还是印，终于印到台湾那里去了，没了。

中层干部们一人一票把你扶上去，不是要你过苦日子的，是要你发钱。你要是不发，留你何用？公司又不是你建立的，惦记董事长位置的人多了，你发不出钞票，就换一个。

郁金香投机的最后破产，是因为当时使用的货币是金币，所以无法印。现在只要想维持泡沫，印纸币就是了，随便印。委内瑞拉的货币成为废纸了，其实哪个央行愿意搞成这样？没办法啊！这么多刚性支出，必须付，经济不好了，财政收入不够，只能闭起眼睛印钞票了，把眼前对付过去再说。不过，钞票变废纸，对委内瑞拉房东很有利，那些房贷也一笔勾销了。如果银行要钱，好，你等一下，我去街上捡一点儿还给你。津巴布韦币是战乱期间的行为艺术，日元韩元面值大，也是优秀经济体。所以，不要认为印钞票不好。印钞票，利国利民，增加流通，促进生产力发展。希腊经济危机是怎么发生的？因为希腊不能印钞票了。人类发明纸币就是为了印钞票。要不然，为什么不直接用银元？

如果按照袁大头银元计算，上海的房子十年没涨价。袁大头银元十年前是100元一个。现在是900元一个，和上海房价的涨幅完全一致。没有只涨不跌的楼市，这句话是对的，但是它指的是价值。纸币是只多不少，全世界没有纸币减少的国家和地区，所以，大家就不要闲操心了。

过去十年，很多人把时间花在了研究如何节约小钱、赚点小钱的复杂技术上，例如团购、淘宝、比较各个理财产品的利息差。或许你节约了几千元，但是没有看到大方向。我把时间花在了研究经济宏观政策走势上，得出一个结论：现在是纸币年代，不是金本位年代。于是思路豁然开朗，我的事业也以翻番的速度发展着。

我的酒肉朋友越来越多了，因为过去五年，只要有人问我买不买房？买不买沪牌？买不买车库？我坚决说："买进。"买不买股票？放高利贷？我说："不。"于是，我周围的人都赚钱了。不相信我的，现在很后悔。其实原因很简单。

每一次的人民币大印钞，结果都是房地产笑翻天，出口业仰天大哭。我们把印钞搞赤字财政当作是经常性工具，其实纸钞是欧洲发明的，怎么印都是各有利弊的，他们研究得很透。我们一条路走到底，根本不考虑其他操作手法，他们在前方的某个关口卡一下，你就毫无办法了。普通人贷款买房买金，说白了是对纸币（现有的和将来的纸币）失去稳定预期。但是这个方法是不牢靠的，就像是板蓝根，真的是心理作用。

我们对货币的认识太浅薄了。2002年开始，我们自以为聪明地玩弄货币，这些年搞上瘾了，反而被货币给玩弄了。我们对货币和人性的认识，还是太浅薄了。今后，在可以预见的将来，出问题是必然的。太阳底下，没有新鲜事。靠货币增发这条路，一旦踏上，就永无回头之日了。

■ 凯恩斯悖论

2009年的4万亿，利弊各有。要是不搞，也有严重问题，也会被骂。4万亿是有太多复杂原因的，不是一句话能说得清楚。举例来说，新《劳动合同法》是2008年1月1日开始实施的，当年上半年就出现了大面积的关门倒闭现象，形势十分危急，如果继续下去，那是不得了的。当然，有更加合理的措施，但涉及体制，一时半会儿做不到啊，而行政部门唯一说了算的速效药，就是新票子，没办法了。

经济学家如何深刻理解“理论联系实际”？一群拿不到工资的愤怒工人，给你一顿拳打脚踢，就解决了。当你捂着黑眼圈走出破厂门的时候，就真的理解了毛主席说的，知识分子到群众中去，那是有道理的。你和老百姓不要讲道理，直接说钱，最管用。

2007年，我曾经去处理过一个厂倒闭的事情，那个场面真的刻骨铭心。那时候劳动条件还是很差的，农民工吃住的地方和猪圈差不多，现在已经得到极大的改善了。多数农民工都是一家子在一个厂上班，一旦倒闭，全家完了。一旦工人被激怒了，又是同乡家族，我的天，不好办啊！我曾经深更半夜被围在厕所里，至今还记得。

当时经济界有个共识，美国经济危机一般是两到三年就康复，当时中国出口大面积关停，农民工回乡，导致农民增收无望，于是推出4万亿，集中在最适合无技能农民工就业的基建领域。但三年后，世界经济没有大的好转，欧洲又上演债务危机，当时距离换届还有一年，只好继续印，导致2012年～2013年房价暴涨。

4万亿造成了房地产极度兴旺，傻大粗黑的砖头水泥钢铁玻璃，对低端的陆运和水运的需求极其巨大。2010年后，带动了造船业和汽车业销售热，层层拉动，百业兴旺。才三年，4 万亿就没了，大批农民小老板借钱贷款买的车和船，怎么办？他们是绝对会死硬到底的。于是，你罚超载，我就喝农药，互相恶搞。

十年事情，三年做完，导致物资需求和人工需求，一晚上暴增三倍，所有和基建相关的行业，红得发烫，于是无穷无尽地投资跟进，产能进一步过剩。而其他行业则人工成本激增，雪上加霜。比如钢铁企业的悲剧就是 4 万亿造成的。2008 年钢铁企业已经出现过剩现象了，但是 4 万亿一来，钢铁居然成为最紧俏的物资，福建钢铁老板成为上海滩新贵，银行追着给他们贷款，钢材销售超级火爆，各行各业火速大规模新建钢铁产能，满足市场需求。煤炭行业也由于炼钢和化工材料，急剧发财。如果现在说不印了，那么大批产能投资就打水漂了。农民工工资怎么办？他们的工资水平是完全建立在“印”和“铁”的基础上的。

为啥不能勒紧裤带，苦个几年，缓一缓？还真不能。因为自行车要是不能前行，就要倒。一旦穷了，白领贷款怎么办？公务员工资要不要下降？那些楼市富豪要不要给他检查一下？当家人的水平，是不是要讨论一下？都是问题啊。现在，谁要是以经济危机为理由，让农民工收入下降，那是不好办哦！

如果当初推出时讲清楚，药有副作用，大家一起商量，火气就没现在这么大了。其实，现在骂 4 万亿的人，大部分是近两年房价猛涨的受害人，占便宜的基本不吭气。

4 万亿让制造业老板开始为难，财富重新分配。最大赢家是第一批拿到钞票的人，小赢家是农民工，小输家是只有单套房的白领，最倒霉的是实体老板。4 万亿的时候，在西部农村的某熟人，老家出现开发热。他是小包工头，赚了些小钱。当地各种开发规划像厕所纸一样满天飞，他脑子一热，家族凑资 + 银行贷款，花 260 万元买了两个大型建工设备，准备发财。最初做了几单，根本拿不到工程款，再做还要垫钱进去，他不敢做了。现在机器被就地查封，闲置生锈，很惨。

这场 4 万亿信贷盛宴，谁吃亏了？城市普通人的存款。某熟人在 1999 年有 15 万元，9.5 万元买了浦东内环线小房子，5000 元杂费，另 5 万元准备养老。现在小房子的到手价 160 万，而剩下的 5 万元彻底不值钱了。这些年，城市平民的存款被悄悄地贬值了。巧的是，2008 年前，农民存款极少，老板还常常借钱。白领悲壮！

大部分 80 后算是被 4 万亿彻底打晕了。大学生本来以为，进北京，闯上海，好好干，买套房，抱上土肥圆，扎根大上海。眼看即将梦想成真的时候，来了一个 4 万亿。然后，就是现在这个状态。

总之，热爱 4 万亿的人，一是几亿农民工，二是房产商和房东，三是银行，四是建材相关部门。承担成本的是：城市家庭的存款毛了，京沪和大城市的外地大学生永远买不起房子了，小企业因为成本过高倒闭。反正，有人欢喜有人愁。

这些年，我一直在探索 4 万亿的决策思维。研究的过程是很艰苦的，但结论很简单。内因是各种利益，加上对可能到来的经济危机的预判，对凯恩斯主义的盲目信任，这些都让决策层无法摆脱；外因是几个美国回来的专家忽悠了一下。其实，任何一个普通人都可以预见一年多印钞 30% 的后果。金子就在你手边，任何时候，你想拿就可以拿。只不过，现在上面说了，暂时不要拿啊，谁不听话揍谁。于是，大家就很廉洁地不拿了。但是，金子还在你的手边，你说，这事情能够管多久？你能够忍多久？

4 万亿是中国经济史的一个主要景点，彻底改变了社会各阶层关系和发展方向。历史会给出点评的。我们拭目以待。

■ 经济学的哥德巴赫猜想

我们每年的钞票增加多少数量，是依据什么？这个问题已经是最大的谜题，可以称之为经济界的哥德巴赫猜想了。

货币发行的依据是刚性的公式，还是口头讨论、随机应变的模式？如果没有公式，那么谁来随机应变？股民和要买房的老百姓，要等多久才知道货币的真实印刷数量，以便决定投资。好想知道，但是一直不知道。因为货币发行的总量没有依据，完全凭感觉。不信，你去查资料，保证你查不到任何资料。全世界都是这样的，关键是哪个国家的感觉更准。

基本可信的总量型统计数据：M2、用电量、外汇储备。其实中国的CPI、M2等一切经济数据，本身的统计结构就是秘密，需要关注的是每月的增速，这个才有意义。价格型数据非常靠谱，如煤价，螺纹钢价。其他的，你就当是一种表态性质的数据看吧，基本上都是宣传科统计的，比如汇丰银行的PMI（制造业采购经理指数）数据，最多是个参考，没有什么用；失业率、GDP、CPI（居民消费价格指数），你就当茶余饭后的谈资吧。汇率和利率，不是市场经济。

微观经济学偏“数学”，宏观经济学偏“政治学+心理学”。大家能不能想个问题，2008年为啥发行4万亿，而不是5万亿，或者3万亿？我估计是按照GDP（国内生产总值）保八的数字，减去那时候的现实数据，当中那个差额大概4万亿可以扯平。总之，纸币发行量，没有什么一定的严格计算流程。

很多人一直在问，钞票是怎么印出来的？正常情况下，发钞靠商业银行的货币乘数，受制于央行的存款准备金、贴现率和公开市场业务。但中国不完全是，我们有时是财政直接给央行打欠条——发债，或者央行直接通过政策性银行直接发钞。人民币发行的方式是“4+1”。传统办法有四个：发国债、再贷款、购买黄金、强制结汇。现在还有一个新工具：直接购买商业银行和非存款金融机构的融资工具，这个尚处于试点阶段，规模很小。其实，你也不需要理解这么多，只要知道一件事情，央行在电脑里面键入了几十个“零”，然后转给各商业银行。再讲得复杂点儿，就是把那么多的“零”，分门别类地记录到不同账户，有的要回收，有的要展期，有的要利息，有的不要利息，很多花样。其实就一句话：你也别管那么多了，反正房价涨起来，就是因为印钱了。

还能印多久？我的预测是M2达到300万亿元，2014年大概是120万亿元，也就是存款毛了60%，100万元毛成40万元的购买力。现在5000元的工资，今后涨到8000元，我认为这个比例基本安全，老百姓能够承受。京沪房价突破10万元均价，也就需要十年的时间。没办法，这是趋势。

那么印出来的钞票去哪了？中国M2余额118万亿元，外汇3.8万亿美元，世界第一，但到处缺钱，钱荒不断。我可以肯定地讲，再印一倍也不够。比如 50 万亿元，做 1 万个大项目刚刚够用，但全国各地同时做 1.5 万个大项目，就会出现钱荒，于是我们就加印 50%，但那边又上了 5000 个大项目，为防止烂尾，只能再印，所以永远不够。

北师大房地产研究中心主任董藩分析，面对 QE3（第三轮量化宽松），中国不印钞，就等于被美国洗劫；中国一印钞，通货膨胀和房价就要起来。美国又把中国逼进了死胡同。他呼吁：赶快买房吧，货币泛滥不涨太难，钱多了，实物量没变，对应关系怎样变化很清楚。我就直接把 QE3 说白了，中国不想印钞，美国逼你印，不印，人民币汇率就保不住了；印了，就是洪水滔天。QE3，每月 400 亿美元，一年是 3 万亿元人民币，直接向市场倒水。现在最有钱的恰恰是中国，不找你找谁啊。QE3 伤害了美元信誉，目前欧元也放水了，日元也放水了，把人民币拖下水，丑媳妇一起见公婆。

如果放开汇率，也不行，美国拿着美元印刷机和你对赌，你是必输无疑的。你输光了，他又把美元放回去了，美元又重新保持币值稳定。这个玩法，近五十年屡试不爽。美元是国际货币，印钞权在别人手里。美国拥有高科技，军事保持领先，不服就打到你服，美国缺钱了，就去抢一把，简单得很。

QE（量化宽松）结束后，美元回家了，那么伴随美元增发形成的天量人民币，会一起减少吗？我们可以想一下，如果美元回家，一是人民币还是那么多，币值就毁了，人民币会加速发毛，京沪房价就成为货币之锚。二是人民币也同步减少，那么国企、民企、房产商、城投公司，你挑一两个，让他们回家喝西北风。三是人民币缓慢减少，那么就出现投机空间了，谁会得利，谁会悲摧？四是出现奇迹。

所以，按照中国人循序渐进的思维惯性，美元急速回流，人民币总量是不会急速下降的。这个判断是今后几年投机市场的基石，新一轮民企富豪大洗牌或重新上演。房产商是无所谓的，因为他根本不是企业，是发牌的。

■ 到底印不印？

印钞问题，现在是两阵对垒，界限清楚，一方是赞同印钞，富人是资产快速增值，躺着搂钱；农民在建筑工地，活多工资高，还可以挑三拣四。一方是不赞同印钞，主要是中产白领。有房的白领还想改善，甚至是接老人一起过来照顾；没有房的白领，急于拥有一套房子结婚。

2013 年中央经济工作会议上说：可能大减税、扩大赤字、增强地方财力。看到这个，内心五味杂陈。十年前我曾经想过，如果我来制定政策，怎么办？想了很久，也就是这个办法。此做法，各方面意见最小，但也有弊端。继续扩大 M2，后果会逐步体现到房价物价上面。日本、韩国、中国台湾、泰国、马来西亚等国家和地区，最明显的特征就是货币面额超级大。

目前的货币已经很多了，现在有 140 万亿的 M2，但我感觉还是不够花，支撑房价上涨的货币、启动城镇化大投资的货币、钉死美元汇率的货币、改善民生的货币，这四大块，在经济效率提升较慢，甚至是经济效率下降的情况下，100 万亿元不够啊。减任务、质量打折、继续印，只能三选一。

钞票去哪里了？就 2014 年 5 月的数据来看，中国 M2 是 117 万亿元，美国是 68 万亿元人民币左右，几乎是美国的两倍。更加匪夷所思的是，人民币如此之多，但还是出现钱荒，人民币基准贷款利率 6.15%，而美国只有 3.25%。这些奇怪的事情，只能说明一件事情，现在敢借钱的人，压根没打算还钱！不续就躺倒。

货币问题，已到了非常困难的边缘。国企无休无止地贷款搞基建，不考虑利率，只嫌少不嫌多，有多少要多少，因为他绝不会真还钱的，不管你开什么条件，国企都会毫不犹豫地签字。在这种情况下，一切货币政策，金融工具全部失效。国企拿到了不必还的贷款，毫无节制地拉高了人工和材料成本，搞高福利，而民企根本无力竞争。现在任何开放投资，减少审批，效果都不大，因为不赚钱的事情，你同意私企投资，私企也不会干的，小老板不如买几套房子等升值。

春节期间，中西部农村，特别是县城或大镇，房地产蓬勃发展，节日消费超级兴旺，宝马奔驰堵塞道路，小面包如过江之鲫，高档烟酒充斥酒桌，多数青壮年人口在基建行业赚到钱了，对生活充满热情。而京沪则道路冷清，店铺关门。这就是货币定向投放的结果。2016 年谁敢不印？那就是不让农民兄弟过大年了。

发达国家不承认中国市场经济地位，一共有七个理由，其中最后一条是：货币不能自由兑换，无法实现市场配置资源的功能。现在日美央行联手放水，欧盟也入伙了，对人民币围三阙一。人民币的最大软肋是不能自由兑换和进出，而日美央行大放水，向大陆倾倒无穷无尽的外汇，央行为了外贸，必须钉死美元，被迫发行天量人民币接盘，M2 近 100 万亿元人民币，只能在国内流通。唯一留出的缺口，就是人民币国际化。这就是货币战争。

美元为什么会成为世界货币呢？在二战结束的时候，欧洲和亚洲都打烂了，英镑、法郎、日元，统统不行了。而美元最有信誉，那时候叫美金，是市场竞争的结果。1973 年以前，美元可以直接兑换黄金。法国出了个难题，拿出大量美元要求美国给黄金，结果，美国耍赖了，说是停止兑付。从此，美国恨上了法国，法美关系一直不好，直到现在。但现在美元成色已经差了，维持美元地位，就不是市场竞争了，而是航母打击群，谁不用，就揍谁，第一个就是萨达姆。

所以说，小国货币的背后是财富和信用，大国货币背后就是航母，不服就打。现在的货币问题，已成“围城之势”。美国不停地向城里灌水，我们不停加高城墙。如果搞个排水渠，老美就会顺着排水渠摸进来。不开排水渠，我们的城墙也不可能永远筑高，搞不好，就会“水淹七军”。

但是，货币放水容易，抽水难。走到今天，出口下降，内需不振，产能过剩、环境污染，只有房地产了。问题是，最后的王牌，开局就打出来，以后怎么办？这张牌，打出来是肯定的，但是现在打出来，后面的那把烂牌，就任人宰割了。人们已经养成每年外汇净流入、人民币大增、房子涨价、实业不值钱的惯性思维了。现在，如果有人说房价会降低，那么清洁工大妈都会哈哈大笑。一旦热钱外流，人民币减少，我们可能都不知道该怎么应对了。

■ 来自各方的压力

现在的货币政策，两难。不印，会马上到处都是烂尾楼和失业大军；再印，两极分化加速。本质原因是，中国经济高速发展不是建立在高技术、高效率基础上的，而是低成本、高污染。真转型，立即失去竞争力，富士康走人，裤子厂关门，失业大军满地走。就靠印钞以工代赈。所以，当家人也难啊。

中国经济无休止印钞，有个重要原因是美元外汇通过真正的贸易持续涌入，欧美老百姓付钱后，老板买房炒房，员工吃喝拉撒，各种需求应运而生，互相正反馈，创造了无穷无尽的需求。现在，外贸迅速提高成本后，欧美买得少了，转到东南亚了，只有印钞搞基建，创造虚拟需求，否则就是大失业。

中国经济的第一个动力是外贸，如今中国人主动放弃了大量简单劳动产品的出口和生产，转向高工资的产品，是因为劳动力都被基建工地吸走了。那么只有两条路可以选：一是继续印钞，无止境地搞基建，以维持就业，但市民存款缩水了；二是少印钞，减少基建，但会出现大批的失业返乡农民工。所以，印钞，就是放弃制造业，不印，就是放弃就业率。

为什么必须印下去？因为这涉及了就业这个根本性问题，我们很难再承受一场 1998 年大下岗的阵痛。当年，朱镕基总理不印钱，选择了国企大下岗。现在，不印钱，你看谁下岗合适？来，你翻个牌子试试看！大江南北那么多的漂亮别墅、豪华公寓，如果小区门口站满了失业人群，无法想象。大失业谁也承担不起，今后的趋势，就是印钞票，必须维持就业，别无选择。

如果经济大萧条，大批白领、小老板破产，卖房卖地还贷款。那时候，中介最发财。而农民最盼望印钞，一是近两年自己建房或县城买房，儿子结婚，几乎没啥存款了，货币贬值和他们无关；二是印钞模式直接带来建筑工地大繁荣，是农民工的强项；三是精细化工业革命，对习惯了垒鸡窝、差不多就行的农民太难了，他们干不了。结论：印不印是利益选择，不印有利于城市大学生，印有利于农民工。

还房贷的小白领们也热切盼望印，一是家无现金，不怕贬值；二是还贷压力大，印钞有利于加工资，这些年工资乱涨，都是印钞的功劳；三是担心失业，印了，需求大增，就不会迅速失业了；四是手里的房子会加速涨价，心里美滋滋的。

如今的实体经济虽然很萧条，但是失业数据的压力不大。大学生刚刚毕业，也不好意思去领取失业金，农民工去建筑工地及上下供应链赚大钱，房子建好后，炒房客一买入，农民嫂去当月嫂、保姆、保洁，城市失业男去做保安，失业大妈去超市、小店，一片和谐。所以说，一印解千愁，不印都失业。

■ 一印解千愁

从“转移支付”到“直接印钞”，是中国财政的惊人一跳。转移支付是不增加 M2，抽肥补缺是雍正时代的搞法。新中国成立初期也这么搞，一盒火柴的涨价也要总理批。但是过程麻烦，找各省谈来谈去，肥的不让抽，缺的哇哇叫，朱镕基总理一狠心，直接兼任人民银行行长，印！但担心通胀，就挖了个蓄水坑——楼市。

按照我的推算，如果继续按照现在的速度印钞票，那么搞投机的人，全部平安了，搞实业的，全部去死。你选择什么？

大同那个市长最大的政绩就是敢借债，而且借到了钱，100 亿元。最妙的是，签完借条他就走了，100 亿元债务甩给下任了。我非常清楚大同这类资源性地级市，一年的财政收入能还多少债。其实他是把还债的希望寄托在土地出让金上了，否则就实在没办法了，现在各地皆如此。

货币学原是一个比较深奥难懂的学科。我用讲笑话的授课模式，把货币学基础理论进行了大妈式普及。其实掌握这些笑话，等于掌握了货币学 95% 的内容。剩下的是一些特别特别冷僻的工具类知识，例如 SLF（常备借贷便利）等。这种东西类似于会计的小工具，对于老板而言，无关紧要。老板只需要知道大行情好不好，然后决策。

任何大的经济体遇到经济困境，都源于坏账，其实解决起来都很简单。货币增发 20 倍，等于债务缩减了 95%，一笔勾销了，于是也就没有困境了。然后开打下一圈。你看，我是不是可以当货币学的课代表了？

中国有三种企业体制：一是市场型企业，如娃哈哈、百度、通用汽车；二是计划型企业，如城投公司；三是政策型企业，如房地产及其上下游企业，都是靠天吃饭。任何一个货币政策，对这三种体制的企业的效果都是截然不同。所以，中国的经济学研究只有选择题，没有论述题。如果要皆大欢喜，就必须——大印无疆。

如果坚决不印，会咋样？第一周，SHIBOR（上海银行间同业拆放利率）飙升到 60% 以上。第二周，大多数银行 ATM 机要检修，网银系统无法链接。第三周，到处是堵在工地门口讨薪的画面。春运提前到 8 月份，年底农民工收入绝收。

如果放弃农民工增收目标，公务员过几年苦日子，京沪房价确实可以打五折。可是谁敢下这个决心？其实，房产商没有什么影响力。当年招商地产南京公司欠农民工款 830 万元，遭 200 名农民工堵门讨薪。如果不印了，马上遍地都是这种事情，谁敢这么玩儿？

那么今后货币会怎么发展？考虑到大学生就业、农民工增收……平衡下来的最大可能情况是——印。形势好，少印一点儿，这叫调结构；形势不好，多印一点儿，这叫稳增长。本质是经济质量不能提供各方面都满意的经济效益，但是哪个方面的钱也不能少，这就只好往稀饭里面加水了。

一印解千愁。管他惊涛骇浪，险山恶水，反正我就一招儿——印。印得各方满意，喝得小脸红扑扑的。掺水，其实是国际足协前主席布拉特发明的。他为了拉选票，到处承诺给各大洲增加席位，上台后，大家等着他兑现，不服的人等着看笑话。老布就把决赛 24 强，改为 36 强，多出的席位兑现了他的所有承诺。

印钞是止痛药，可以让一个重病患者跳起来演“航母 style”，但是药效有限。可放弃治疗，也不是好办法。印钱的最初目的是为了托住实业，绝不是为了房地产。但是，实业不争气啊。实业分为三种：一是毫无回报的政府铁公基，例如高铁、地铁；二是民营经济的工商业；三是垄断实体，如高速收费站、加油站。民营经济和政府铁公基毫无现金回报，垄断实体也不能再加强了，就业和增收只好印票子，新增项目维持就业存量。

印钱不能解决问题，但是能够拖延问题，这是货币学的定理，也是Q3（量化宽松）的理论基础。我从来认为，印是目前唯一的办法，只不过你现在还有点儿余粮，不愿意出去借钱。真饿了，哪管你昨天说过什么豪言壮语。总之，遇到任何事情，只要印，就OK了。大不了水多了加面，面多了加水。

但是，印钞虽然能够缓解矛盾，把棘手事情变成不急的事情，但事情还在。60万元的存款，五年前还可以买个小户型，现在只有半个厨房了，再拖十年下去，可能也就是装修钱了，房子没了。人再傻，这个账还是算得清楚的。这笔账，肯定要以某种形式还的。

印钞机没有关机按钮，只要印刷厂不断电，我们表示毫无压力。

■ 受益的人

现在很多人把印钞妖魔化了。我工作时，清华 / 复旦毕业，工资大概1000元，农民工800元。现在印钞机飞速运转，农民工8000元月薪不算高，码农2万元月薪不算多。这钱哪来的？还不是印出来的。你们拿钱的时候，怎么不说拿多了，印钱的时候，你们就乱说印多了。有本事把工资退给央行。

农民最喜欢目前的经济发展方式。一是拆迁就拿几套房，肯定是划算的，别矫情啥。“拆迁闹闹”基本是贪心。二是大印钞下的就业机会多，多得可以挑三拣四，且没有白领来跟你竞争。你家装修过就知道了。三是孩子读大学，基本不操心了，心理满足感很强。四是农业税废止，土地外包收租。如果停止大印钞，马上打回原形。

所以，我肯定地说，农民是印钞的最大受益者。印出来的票子主要是投到了基建，这给农民创造了无穷无尽的就业机会。现在黑龙江边远农村，一个在村里干活的泥瓦匠，日薪 300 元，不讲价；一个贵州山区的家庭妇女，在家门口帮临工，日薪 100 ～ 120 元；杭州的采茶农妇，日薪 160 元。但和二十年前比，80 后、90 后农民工的劳动效率是下降的，劳动纪律是散漫的，敬业精神是较差的，工作技能也不足，人民币又升值了，企业成本税费又增加了，但是奇怪了，工资在不停地涨。钱哪里来的？一部分是印钞票，把城市平民的存款慢慢贬值，新增货币通过基建项目发给了农民工，既有拆迁收入，又有建筑工地上班收入，房子卖了之后，还有装修工收入，装修好了，还有搬家服务、一条龙服务；另一部分是老板口袋里挖出来的，所以青菜猪肉涨得厉害，小老板不停地关厂。没有大印钞，哪有这个价？

如果工地大规模收缩，农民工兄弟只能回家喝稀饭了，因为他们只会搬砖。有人说，现在出口高科技机电设备了，所以，农民工技术提高了。这可真是“呵呵”了。苹果手机都是中国制造出口，难道富士康的农民工技术提高了？富士康的几十万工人，基本上是拧螺丝，培训三天就上岗。有技术吗？

农民工工资就是印钞大基建抬起来的，农民工工资和 M2 走势完全一致。大基建的特点是人员流动性大，今天在湖南，明年在内蒙古，城市居民不可能这么跑来跑去，同时工地比较脏和累，于是农民工工资就一飞冲天。我们如果不印了，不搞大基建了，一年之内，这些技能单一、欲望极高的建筑行业农民工的工资会急速下降。农民工是不会轻易罢休的。但是继续印，那是无休无止了。

农民工的工资为啥高？原来应该当安徽小保姆、四川农民工的人群，现在都是二本大学生了，于是剩下来的老农民工，在 4 万亿的定向投放中就成为香馍馍了。农二代大学毕业后直接成为北京地下室 VIP 贵宾。印钞的效果，只不过是把城市工薪族的存款毛了，然后匀一部分给农民工回乡建房。城市反哺农村，就是这么个事。归根结底一句话，农民工不垮，农二代大学生必垮。全世界哪里也不可能承受九亿农民，年薪一万美元，还觉得工资低了。

所以，农民收入增长的主要来源是：劳动法带来的加工资，房地产暴利分一部分给农民工的高工资 + 拆迁款，农二代大学生退出劳动力市场。现在最傻眼的人群就是进北上广的农二代，一方面，大印钞给上一代农民带来了巨大的财富增长（相比二十年前），使农二代在青少年期间享受较高的生活待遇。另一方面，一旦进城，就要承担大印钞带来的高房价，痛苦不堪。于是农二代希望，只要大印钞的好处，不要大印钞的痛苦，拒绝高房价，人格分裂了。

改革三十年，最大的遗憾是，农民工工资从 5000 美元跨到 1 万美元，这四年大飞跃走得太浮躁了，完全是靠毫无技术含量的"中国印"，再找"贷款白领 + 小老板"埋单。农民收入全面看齐一般小知识分子，例如记者、一般白领等，这个势头是不可持续的。

农民工的高工资，已成为沉重的包袱。农民工的高工资是铁公基抬起来的，依次波及楼市工地，各行各业的小老板，最后达到每家每户的装修队。铁公基的建设资金主要是财政投入。作为农民工高工资的风向标，一旦铁公基开工量下滑，工资市场就会崩盘。为维持农民工高工资，必须持续进行财政投入，印！不过，按照我的判断，包工头和农民工的好日子，也就三到五年了。

■ 倒霉的人

1948 年，上海的房价以金圆券计算，是天天涨价；以金条计算，是不断下跌。关键是货币现象，那张纸，印刷速度决定了涨价速度。

2002 年底，中国 M2 是 18 万亿元，十年后是 92 万亿元，多了四到五倍，再加上一些无法统计入表的金融衍生产品，六倍是靠谱的。但是全社会财富增加了五到六倍吗？肯定没有。钱哪里去了？一部分是通货膨胀对冲了，还有一部分是投入到内地和农村了。

但在金银本位的情况下，要先把金银在城市收缴上来，再拨付到农村，难度太大。现在简单了，直接印票子，悄悄地搞。房地产的核心是对冲印钞，起到了保值作用。富人的思维和普通人是不一样的。不要以为，楼市调控了，房地产就要跌了。只要印刷机不停，房地产就是保值工具。不要急，有些人比你更急。

根据现在的经济情况判断，五年后，普通人的月工资会涨到一万元，当然，你那时候必须还得有个工作啊。鸡蛋 12 元一斤，西红柿 5 元一个，牛肉面 29 元一碗，加个鸡蛋 5 元。上海内环线的老公房，一室户，现在月租是 3500 元，五年后，就 7000 ～ 8000 元，不算贵啦。你都月入过万啦，房东也就意思意思涨一下。中国物价全面超过美国，很正常，赶英超美是方向。另外，乌克兰、非洲的物价更加贵。所以，我们的潜力很大的。

现在的物价水平，大体上还在可忍受范围内，这得益于人民币的高汇率和强大的外汇储备，可以大量进口便宜资源。但这个汇率是建立在老美的意志基础上，说变就变，留给我们的时间不多了。一旦人民币触顶调头，贬到 1 ：8，再来个贸易战，外汇储备也就是人均 2000 ～ 3000 美元，顶不了多久，国内物价就完了。尤其是当你把存款拿出来要买房的时候，你会痛苦地发现，你的存款已经不值钱了，原来可以买 100 平方米，现在只够首付。没什么存款的农民工微笑，房产商狂笑，小白领痛哭。

原来的想法是，通过印钞，劫富济贫。富人钱多，让富人的钱贬值，通过基建给农民工发工资，“以工代赈”，但是富人也聪明，把钱换成房子了。穷人没啥钱，你涨价，我就要涨工资，反正总要过下去的。结果，通货膨胀最倒霉的是中产阶级，买房子钱不够，也就是 8000 元月薪了，再想涨工资，哪个公司也请不起你了，只好看着 30 万元的存款在银行里慢慢毛了，毫无办法，买股票，那就是直接给你打六折。

人们疯狂买房，说穿了，是对人民币没有稳定预期。存房不存钱。普通老百姓买几套房，你可以说无知跟风，很多有钱人买房，就不能说他们无知了吧，都是聪明人啊。

十年前，家有 6 万元存款，走在路上，也会感到幸福。那是一套内环线附近的一室户老公房的价值。现在，同样的内环线老公房，只能买 2 平方米。有人还说，老百姓很幸福，这种票子彻底毛掉的搞法，你幸福吗？农民工的幸福感，是建立在大量印钞，拉动低端就业，退休职工存款毛了的基础上。我估计还可以再印五年，之后就不好说了。城里人存款很快也会枯竭了，那时候光棍对光棍，不一定谁幸福了。

以前，普通人可以通过贷款买房，抵消货币毛了的风险。现在限购了，这条路堵死了。股票黑幕重重，不敢玩。投资办厂，又遇到产能过剩。开店经商，遇到淘宝杀价。全部的路都堵死了。普通人的存款，就像是被猎人包围的野羚羊，无路可逃。

假设我们的生产体系不崩溃，那么工资涨 10 倍，物价涨 10 倍，广大农民是可以承受的，只不过白领存款被牺牲了，过去二十年就是如此。实际上，农民工很喜欢目前的大规模印钞行为，确保了无技能的农民工在建筑工地拿到高工资和充分就业，广大农村地区这几年对收入增长还是很满意的。

说得夸张一些，我们的经济被农民工绑架了。如果停止大规模印钞，基建收缩，首当其冲的是建筑工地习惯了高工资的农民工大批失业。很快，农民工会把不满意情绪在其他方面发泄出来，例如环保、腐败、城管等方面。面对大规模在城市的失业流民，事情就不好搞了。现在，大部分农民工有了稳定的收入，但存款极少（盖房结婚花完了），所以喜欢工资增长，不担心存款贬值。而城市白领要花五到十年存钱买房子，所以很担心存款毛了。只有当农民工和城市白领的存款基本相同的时候，农民工才会反对印钞，这个过程至少要十年。看出这一点，政策会怎么走就清楚了。

很多人问：所在城市房产限购后，我家里有几十万存款，怎么办？我一次性回答，没办法。五年后，还剩下多少价值，就看别人的心肠了。你就等吧，你再有本事赚钱，也赶不上印钞机的速度。换美元长期看是对的，短期看是错的。

通货膨胀超过 15%，所有普通竞争性企业就必须关门。因为工业利润也就是 5% ～ 8%，你辛辛苦苦把原材料变成产品卖出去拿到的钱，可能连继续重复生产的成本也不够了，谁还能够坚持下去？一些非必需品，例如漂亮裙子，生产出来还不一定能够全部卖掉，那是真彻底完了。房价也是这样的。任何一个国家，年通货膨胀不能超过25%。如果超过了，就会出现大面积失业。因为生产不如囤积等涨价。规模企业，辛辛苦苦一年的利润，肯定没有25%。

其实，印钞也没啥大不了的。日元韩币也是印得昏天黑地，吃碗面都是几万，照样是发达国家。看过日本剧《阿信》的人都知道，日元也不是一开始就是天文数字的，当初1日元能够买几块糖的。日元印到一碗面要1000日元，不是日本人的数学好，而是没办法的事情。

从2014年开始，货币毛掉的速度将非常快，持有热点城市的房产是靠谱的做法。难办的是，热点城市的房价太高，又限购，所以，买不了京沪房子的普通人群和外地人完全没有出路了。最可怜的人是手里有100万、又被限购的人，真不知道他们有啥办法避免被打劫。

任何普通人都想到的对冲方法，除了买房，其他都是可笑的。其实，买房这个问题，上面是不好意思卡你，因为毕竟涉及民生。其他的对冲方式，诸如换美元、换黄金、买理财，通通是傻货思维。我告诉你，如果一定要你做贡献，你是无路可逃的。

其实，现在有贷款的人，最希望货币彻底毛了，如果货币真变成废纸了，你就可以到大街上捡点废儿纸，就把房贷给还清了，房子真的就彻底归你了。你可能是失业了，但也无所谓，工作本来就是为了还房贷。这时候，谁最划算呢？在京沪的小盆友！我们2000年买房的人，现在回想起来，感觉房子就像是白送的一样。所以，印钞也是得民心的事情。只是如此下去，只有30万～50万存款的城市年轻人，搞得娶不上老婆，买不起房子，票子越来越多，也越来越毛了。

最后的办法是，人民币向台币、日元的面值靠拢。最后的大结局：一是继续印钞，以后小区保安的月工资5万元，青菜50元一斤；二是停止印钞，房价暴跌，大部分白领破产。我判断是前者。所以使劲买入吧，否则就是一堆废纸，想想十年前的人民币购买力，我先去哭一会儿。

总之，近十年，最富和最穷的人是受益的，如房产商、各行业专家、有权的、农民工；不赚不亏的是一般公务员和事业单位编制内的一般人员；唯一的倒霉蛋：

体制外的小白领及其父母。买房的成为房奴，没买房的，纸币毛了，物价狂涨，永远买不起了。

我的预测是：人民币五年之内，追上台币；十年之内，追上日元；二十年之内，追上韩币；三十年，扯平泰铢。不信走着瞧。

■ 泡沫汇率

中国最大的泡沫是汇率泡沫，因为人民币的汇率不真实，就像是经济适用房，限购的，你能够说经济适用房的价格就是商品房的价格？

人民币汇率没有国际化，但是实体经济已经国际化了，鞋和脚不匹配，就要出毛病。美国人和中国人都已经看出问题了，只不过，不知道如何处理。有权决定的不表态，没权决定的乱发言。

由于人民币汇率扭曲，世界上大宗商品价格如果是做空，很有可能被人民币买家一扫而光，因为人民币确实不值那个汇率。外贸需要稳定的汇率，但为保稳定汇率，大量印钞收购外汇，导致放弃币值稳定，是不是有利？天知道。

欧洲坚持保证币值稳定，尽可能不印少印，所以出现了高失业和经济下滑，房价也比较稳定。美联储是央行的指挥棒，我们不搞市场汇率，而是搞控制汇率，人民币对美元是基本锁定的模式，于是，美联储多印，我们就多印，美联储少印了，我们也就少印了，否则汇率就守不住了。

但是，如果欧洲也开印了，那人民币就苦了，跟着印的可能性极大，否则汇率就完蛋了。汇率的重要性很多人不懂，汇率决定了一个国家的经济结构，不能轻易变更，否则造成的损失是极其严重的。

那为什么美元、欧元都可以印？因为这两个货币是全世界流通的硬通货，他们印了，是摊到全世界的物价水平上。人民币只能在国内水涨船高，出国了人民币是没用的。美元在非洲小镇也管用，人民币做不到。

美国卡准了人民币的命脉。美联储控制美元汇率，人民币印钞越多，你的出口价格越高，到最后你自己也受不了。人民币汇率形成机制，陷入两难。一是放开，把资本外逃的闸门彻底打开；二是不放开，那么美国逼迫人民币无休止升值，直至出口结束；三是既不放开，又要保护出口，政府须大力保护中小企业竞争力。

人民币对美元汇率升值，原因是涌入的美元太多了，美国施压，银行也考虑国内 M2 不能过分膨胀，只好升值了。欧美是降息，中国因为房价涨、物价涨，可能被迫升息，这又加大了息差套利盘，出口真惨了。

人民币升值对进口企业打击也大，比如今天进口了 1 万美元的电线，实际花了 6.25 万元人民币，电线还在仓库里面，人民币升值了，你原来的东西就只需要 6.2 万人民币就可以买到了，未卖先亏，直接悲剧。

美国印了大量美元，但不在美国国内流通，拿美元到中国买东西，进口中国的便宜物资，平抑美国物价。中国出口，国内物资和劳动力越来越少，由于外汇不流通，换成人民币后，人民币在国内越来越多。东西少，票子多，物价涨，加息又增加企业融资成本，进一步推高物价。票子毛了，大家买房保值，推高房价。

中国经济结构需要调整，最大原因是资本只进不出。在日本，安倍大印钞，日元贬值，CPI、利率接近于 0，但日本物价不涨，投资不增加。为什么？因为日元是国际货币，跑到高收益国家去套利了。现在全球利率高、汇率强、房价猛涨的国家是最适合日元的，是谁呢？大家都知道。日元进来后换成了人民币，人民币是内部货币，出不去，于是高压锅越烧越热，不好受。美元也是这样。

人民币这个高压锅，由于低利率货币绵延不断地持续高压涌入，越烧越热，必须放出点水蒸气降压。但是谁也不敢放，一旦放个出气口，大资本、大民企、高利贷和炒房客呼的一下全跑了，留下一大堆高贷款的房子，厂也不开了，一地鸡毛。

内地 M2 超过美国了，火越烧越旺，容器压力越来越高，找不到出气口。放开资本输出，让富人带着美元去美国买别墅，很快汇率就平稳了。现在通过印钞接盘 QE，硬吃下去，人民币泛滥，涌向楼市，房价和租金暴涨，实体经济陷入高成本泥潭，买单个普通番茄 3 ～ 4 元。如果欧美日韩继续印钞，加大货币投放，那么人民币政策只能守住一样，房价或者出口，二选一。除非玩数字游戏，自欺欺人。

那人民币对美元多少汇率是合理的？美国人的看法是1∶5，打个折扣，最少也是1∶6。如果工人工资近几年不涨，还可以勉强支撑几年，现在工人工资涨到这个程度了，也就是最后扑腾两下了，该干吗干吗去吧。还有余钱怎么办？恭喜你，买套上海中环内的新房，享受一下人生。

由于资本管制，中国人手里的美元不能花出去，所以美国人无所谓汇率，就算是1∶2又如何？居民和小企业有美元，只能存在中国银行。中国银行拿着美元只能去买美国国债和两房垃圾债。你要是买石油，立即涨三倍。所以中国的资本管制把自己捆住了，居民也得不到好处。一切违背市场规律的管制，都有漏洞。比如你出国能够带多少美元是合法的？5000美元，也就是3.2万元人民币。你看美国房价低，但你想在美国买个房子，有没有合法渠道？没有。只能是通过违法的地下钱庄，这就是资本管制。

我问过在香港买房子的内地居民，钱是怎么出去的？悄悄夹带出去的，也有被查到过的，罚了几万元。很多人在澳门赌场一掷千金，钱是怎么出去的？你看一下黄光裕的判决书就知道了。大赌客在澳门不需要带现金的，输赢记账，境内结算，然后由地下钱庄进出。

1997年香港遇到索罗斯，房价暴跌七成。为什么？因为香港是联系汇率，把港币拿去稳定汇率，买入美元了，结果房地产市场缺乏港币，香港又不敢印钞（印钞意味着汇率失守），眼睁睁看着房价一路下滑，直坠谷底。我们无所谓，大不了印钞，人民币贬值，还有利于出口，只不过你的存款毛了。

但现实情况是，经济不好，人民币还在被迫升值。全世界的华人、港澳台，把大量资金汇入国内，由于近几年人民币对主要货币都在升值，只赚不赔；理财产品的利息5%～6%，远远高于其他国家地区；房价三年涨一倍，招来了套利资金。与此同时，央行严控外汇出境，每人只能带5000美元出去。进多出少，不涨才怪。

私底下，几个同行都认为，人民币不值现在的美元汇率，估计1∶7都是占便宜了。但现在美元恨不得你直接升到1∶5。因为美元不担心，外汇局替美联储尽心尽力地看门，严防死守，杜绝大额人民币换成美元跑出去。美元想，反正人民币也不会出来，所以使劲拉高汇率，导致出口熄火。

美元强迫人民币升值，原因很简单，打掉你的低端出口。中国出口的塑料盆、裤子、苹果机、工程设备，既不是原材料，也不是高技术，就是便宜。人民币内部在贬值，职工待遇三年翻一番，大城市房价发疯涨，医疗教育趁火打劫，这最终要反映到出口产品的人民币价格不断上涨。最后给你套上一个美元贬值的枷锁，在劫难逃。现在东南亚能够出口的，民企基本都放弃了。

人民币要成为基本稳定的国际货币，背后要有实力。美元的背后是航母，英镑、欧元、日元的背后是传统信誉、强大的科技水平、稳定的产品质量和高质量的社会管理能力。人民币的实力呢？无穷无尽的廉价日用品，原来是选项之一，问题是现在也不廉价了。

如果中国的外汇储备拿出一小点儿额度，同意每户老百姓换50万美元，到全世界去购买东西，我认为，人民币的汇率会直接掉到1∶7或者1∶8。但是有关部门不会这么做的，这么做会产生各种影响，仅便宜了小老板。

中国汇率有多离谱？我曾在三甲医院替亲戚排队，都是相同检查，费用1800元，排队有一两百人，我前面是安徽农民工，后面是欧美人，带翻译，楼上就是特需门诊。我奇怪，为啥老外不去特需门诊，在这里要排队四个小时，想了半天明白了，仅普通检查也要300美元了，去特需门诊至少600美元，老外真给不起。

目前人民币汇率的高位运行，导致玉米大豆、棉花、房价、汽车、商场服装、药品、油盐酱醋价高过了大部分的发达国家和地区，这是不科学的。这个情况下的人民币汇率，不能视作常态。只不过是欧美为了压制中国廉价出口，QE3套期投机的一个手段。这个现象维持多久，取决于美国制造业何时复兴。中国出口即将结束了。等出口私企彻底歇菜后，你就知道了，美元是真老虎，有些票子是纸老虎。

所以，我们目前只有两个选择，一是实行严格的经济紧缩政策，降低生产成本，维持廉价出口和内销，留出改革时间，这个就是农民倒霉；二是印，通过国企维持国内就业，拖几年，期待转型升级的可能，这个是小白领和小企业倒霉。

人民币贬值是对中国经济的最后一击。现在中国出口利润悲摧，但是架构完整，建制齐全。只要汇率贬值一点儿，建筑工地少抢走一些工人，贷款放一点儿，出口立马就可以翻盘，毕竟美国人还是要穿裤子的，经济结构立即恢复到65分的水平了，美国人这十年的忽悠布局就废了。但是这个可能吗？不可能的。国企是大资本的春闱猎场，各级干部的政绩所在，农民工领钞票的圣地；汇率是美日压制中国出口的屠龙刀，决不会放弃。所以，别想好事了。中国低端廉价出口，目前接近崩溃，只有量，无利润，三年后基本垮了，同时东南亚廉价出口崛起。那时候，人民币贬值，美国人就没有心理障碍了。

今后，外资在中国的主要任务是卖东西，而不是生产了，这对中国经济有巨大的长远影响。因为我们的社会结构是建立在制造业大出口基础上的，一旦突变，我是想不出来会如何了！汇率到五后，会直接掉到十。人民币汇率，涨起来好慢，跌起来，那是极快的。一冷一热，两年让你嗨上天！

普京算是狠角色了，美国人说翻脸就翻脸，当年卢布两个月贬值近一半，石油跌得鼻青脸肿，俄罗斯经济陷入大衰退。人民币不是世外桃源，也当然是目标之一，就看美国人啥时候开炮了。到时候，啥是硬通货？京沪的房子，一叠小面额的欧元、美元。黄金没用，因为无法检测，老百姓不会接受的。

贬值会导致国内物品涨价，如汽油、金属、粮食、奶粉等，外汇储备会加速流失，人民币之锚（外汇储备）越来越陷入危险。贬值的好处是增加出口，但不可能了。由于新《劳动合同法》，人民币贬值10%，抵不上物价和工资的上涨，不会产生明显作用，犹如鸡肋，最后国内物价上涨，屌丝又一次光荣买单。

有人说，印钱会导致人民币贬值。人民币M2，从朱镕基总理时代的8万亿元，印到现在140万亿元，人民币一直是剧烈升值，从8∶1，升值到现在（2015年10月数据）的6.4∶1。中国以前穷啊，复旦大学的老师，二十年工资才买得起一张去美国的机票。没有印钞，哪有中国经济的大发展？任何妖魔化中国经济的人，才会胡扯印钞会贬值。过去十年的实践，已经充分反复地证明了我这个观点。屌丝最大的问题，不是穷，而是没有想象力。现在农民工有钱出国旅游，农民普遍买了车，京沪二十年上涨，就是印钞票的伟大结果。

总之，汇率泡沫是爷爷，货币泡沫是儿子，房价泡沫是孙子。十年后，我们也可能是穷国。现在的汇率泡沫导致的财富泡沫，也维持不了几年。京沪房价永远涨，但是财富不一定涨，居安思危吧！

■ 尴尬的外汇储备

中国应该让外汇自由进出，才能挽救实体，挽救外贸，调整经济结构。否则，必定遇到问题。

说个大家无法接受的结论：宏观层面，出口已经毫无意义了。出口的目的是赚钱，但是中国的现状是钱太多了，人民币 140 万亿元了，外汇储备世界第一。为什么我们会有这么多钱啊？因为我们的钱，买不到东西，高科技别人不卖，资源（石油铜铁）一买就翻倍涨价，宰你冤大头，只能压箱底。再出口换回一堆票子，还是压箱底。所以，中国外汇储备进退两难。国家竞争力不是房价和银子，而是科技。道理大家都懂，但是利益啊，不提了。

全世界 90% 的美元，不在美国国内流通，而是作为各国的外贸结算单位，或者叫央行储备。但是美国发出去的每一个美元都是买了东西回去的，所以美国人日子好过啊。需要东西了，就印票子给你，或者在计算机上按一下就可以了。我能不能拿美元去买美国的东西？估计要挨揍了。华尔街有一群人天天在玩弄中国，你要是大量买石油铁矿石，价格直接涨两倍，如果你少买了，直接打五折，去抄底？又涨了，反正你永远看得到，买不到。手里的外汇储备，“就这样被你伤害”。想骂人？好，陪你对骂。想打架？先派几个小弟陪你练练。害怕了？好吧，给颗糖。

为啥外汇储备是负担？ 2014 年外汇储备接近 4 万亿美元，也就是 25 万亿元人民币的规模，相当于 GDP 的一半，相当于 M2 的 23% 左右。这部分外汇，很难控制它的去留，因为经常性项目下的资金流动是完全开放的。这么多外汇，留下来是加剧通胀，跑了造成经济紧缩，又不能强力控制，烦人啊！但央行还在强制结汇，越垒越高，为啥？因为若对外币收入不强制结汇，就必须同意美元自由出境，富人就会大笔收购美元去欧美消费买房，造成就业率的问题，华尔街热钱随时可以出境，造成汇率动荡。所以，M2 走高是必须的。

外汇占款分为两个统计数据，央行口径和商业银行口径。商业银行口径是指全社会外汇数，央行口径是指央行手里的外汇数。央行口径的外汇占款下降，因素超级多，不能简单认为美元外逃了。举例来说，如果市场预期美元会上涨，那么商业银行和企业就不急于售汇，央行自然就买不到。另外，中国对外投资上升厉害；房地产企业外债到期，都需要买入美元，这都是央行口径外汇占款下降的原因。根据我的经验，如果两者差距在 100 亿元以内，说明 RMB 强烈升值预期，大家都把外汇卖给央行了。现在差距 5000 亿元，说明大家看跌，不愿意卖外汇。RMB 贬值意味着 M2 进一步上升。

2015 年开始，中国已经成为“资本净流出国”了。什么意思？中国已不再需要外汇了，外汇多得用不完，只能拿到帝国主义那里，买酒店，买大厦，实在买不到什么，就直接对外投资了。出口创汇，已经是经济的副作用力了，小老板没有未来了，老老实实去给工人交社保！

■ 扭曲的利率

利率和汇率，说得简单一些，其实就是国内和国际对人民币印刷速度的预估值。

西方的货币银行学在中国是垃圾。西方货币政策的核心是价格调控，就是利率。中国的国企根本不关心利率，如果现在加息到 10%，城投公司也毫无压力，反正过两年，市长调走了，银行要钱，好吧，地铁给你。所以，西方货币学，在中国不读也罢。

利率的调控作用很小。货币调控，必须简单粗暴，只管数量，因为有关部门根本不在乎价格信号。贷款利率不管是 4% 或者 14%，对于国企、城投公司而言，毫无意义，他们都会毫不犹豫地借钱，而且从来不担心还钱的事情。到期之后，借新还旧，皆大欢喜。行长完成了指标，国企拿到了资金，城市漂亮了，GDP 上去了，外国友人赞美我们，拆迁户也很满意，爽死了！

资金价格（利率）下降，就是两个原因：一是需求下降，但是现在大把大把的人因为贷不到房贷，在信贷部哭鼻子，这显然不是因为需求下降了，而是货币供应增加了。

利率扭曲导致的是实体经济下行。如果印下去，房价飙升，房地产能承担更高的利率，实体不敢融资（价格扭曲）；如果不印，实体无钱可贷（数量扭曲）。发达国家地区企业贷款利率，美国约 2.25%，日本约 1%，德国约 3.5%，中国香港是 2% ～ 3%，而在我们内地中小实体企业是 10% ～ 15%，让国企的大基建和房地产去玩吧，小老板只能回家抱着机器哭了！

那么，为啥中国贷款利率如此之高？很简单啊，低价贷款都被公家单位拿走了，剩下一小点儿份额，民企像疯狗一样去抢，银行就果断抬价，水涨船高了。那银行又为啥热衷于把贷款给公家单位，而且是低价，银行美女大嫂还亲自上门服务？因为公家单位是政府信用，政府信用＝央行。商业银行的票子来源于央行，把钱借给公家单位，归根结底是，把钱一转手，又存回央行吃高利息了，简单舒服。

更重要的是，中国目前不是完全的市场经济，降息没用，国企根本不考虑利息。资金便宜了，利益更大，国企会发疯似的来抢，你一个破民企，哪里抢得到？从这种角度看，我倒希望存款利率上涨到 10%，贷款利息上升到 16%，老百姓得点儿实惠，民企也不吃亏。

银行放开存款利率上限，短期意义不大。一个央行指导 n 个亲生儿子，不会有太大区别。就像在市卫生局的监管下，各三甲医院之间不可能出现真正的竞争。中国目前可放贷的优质客户不多，现在不是拼命拉存款的时间窗口。对存款利率敏感的客户，还可以通过银行通知存款等理财产品增加收益。

中国不能实行银行利率市场化，因为中国经济本身就不是市场化的。利率市场化的基础是企业市场化和银行市场化。现在各类所有制企业中，国企国资是高私企一等的，银行也不是依据市场化成立的。美国有上万家银行，企业和银行，各自充分竞争，才能实现真正有效的利率市场化。我们尚不具备利率市场化的基础，利率市场化的唯一结果是，国企继续取得与市场业绩不匹配的资金优势，中小微企业则需要自求多福。

可以说，利率市场化，对中小企业是灾难性的。正规民企对贷款利率很敏感，高了就不敢借了。比如2014年6月，上海地区小企业贷款的利率差不多在18%，假设贷款100万元，每年就得还18万元，还要再加上3%左右的手续费也就是3万元，融资成本就接近21%。而国企和地方债把利率当作空气，国企可以垄断涨价，地方债根本不在乎成本和利润，反正是公家的事情，多高利率也不怕。有的地方债是通过理财产品拿到的，一分利也无所谓，一分五也不怕，到期了借新还旧，无所谓，你不批就坏账，钱已经变成高速公路了，我又没有拿回家。而这样一搞，一是中小企业和出口型企业就彻底玩儿完了；二是房贷飙升到15%的利息，那就玩儿完了，小白领再也买不起了。所以到最后，倒霉的还是贷款的白领和小老板。

利率市场化，必然导致价高者得。那么，当今谁最敢出高价取得资金？地方政府，大国企，楼市。BAT这种互联网大佬根本不贷款。根据商业银行法，银行的一切出发点就是谋利，你指望银行降价，那是与虎谋皮。中小企业，走好，不送了，屌丝，走，去银行，把家里的钱拿出来，去找关系。

利率市场化，最后的难点和“瓶颈”何在？央行行长周小川曾表示，我国经济还存在“软约束”现象。一些地方的融资平台，作为负债主体其实不对还债负责，不借白不借，再高也敢借，借了不想还，为什么银行愿意借呢？因为有政府背书。那么多毫无效益的大公司，因为政府信誉担保，永远不会破产，永远占用那么多资源。倒过来，让中小企业去承担银行利率市场化的成本。利率市场化的结果就是，小银行全部变成高利贷公司。

2015年10月，央行决定，条件成熟后将不再公布存贷款基准利率。这意味着，高利贷合法化的第一声号角已经吹响。小微企业今后要在资金价格上和大国企竞争，结局都不用想了。现在资金供大于求，好项目不多，所以暂时还看不出后果。一旦经济转热，资金紧张，那么中小企业会被立即抽贷压贷。

有专家说，可以通过提高贷款利息 1% ～ 2%，来遏制经济过热。可问题是，就算提高到 20% 的利息水平，国企和城投公司也无所谓，反正没有想过怎么还债。而高利息倒是把正常的出口企业和市场化的民企外企，迅速搞死了。

日本和中国香港的房地产泡沫破裂，都是本币利息飙升点爆的，起因各不相同，但是利率飙升的结果是一样的。我们的利率会飙升？不可能。有关部门是低利率的最大受益者。房价高涨，只不过是低利率受益者的合法套现工具。谁要是动利率的邪念，壮士断腕。

金融改革难破冰

The Best of Cai's Economic Insights

金融的根本意义是为实体经济配置资源，在识别风险与机会的过程中，促进实体经济的更好发展。但中国目前的情况却是，理财市场混乱，天量资金流入国企和房地产，而中小企业融资难、贷款难，银行坐收高利润，金融改革困难重重。

■ 名词解释

【非借入准备金】商业银行及存款性金融机构在法定准备金数量不足时，按其自身存款总额的一定比例提取的用作准备金的部分称为非借入准备金，又称自有准备金。向拥有超额准备金的银行借入的货币资金称为借入准备金。

【非标准化债权资产】指未在银行间市场及证券交易所市场交易的债权性资产，包括但不限于信贷资产、信托贷款、委托债权、承兑汇票、信用证、应收账款、各类受（收）益权、带回购条款的股权性融资等。

【杠杆收购融资】以企业兼并为背景，是指某一企业拟收购其他企业进行结构调整和资产重组时，以被收购企业资产和将来的收益能力做抵押。双汇 71 亿美元收购史密斯菲尔德、阿里巴巴 2012 年退市私有化的贷款均是杠杆融资。借入资金占收购资金总额的 70% ～ 80%，其余部分为自有资金。

【众筹】一种新产品或者服务尚未问世前，发起人向公众募集资金，拿到钱后，发起人完成项目。对出资人的回报是：产品或服务，例如一本书、一张电影票、一次洗脚按摩等。如果发起人给出资人现金回报，可以定性为“非法集资”，直接抓起来。于是，众筹在中国变成了“产品预售”。

【减记型二级资本工具】全中国知道这个工具的人，可能不超过 100 人。图穷匕首见，一句话解释：高收益，不保本的证券。何种情况发生不保本，由央行通知。这种东西，起码利息是 7%，玩的是心跳。

【央票和定向央票的异同】央票的作用都是减少商业银行放贷规模，不同点是：央票是自愿购买，不买也可以；定向央票是央行强制某个银行必须购买。因为央行觉得这个银行放贷过猛，给它敲敲警钟。

【央行为啥要规范表外业务】表外业务的形式，千奇百怪，每个合同的风险，你不花上很长时间研究，根本无法理解。央行的职责是不发生系统风险，但是面对汪洋大海般的奇怪合同，头大了，怎么办？于是，央行就要规范表外合同，央行在月底拿着报表一看，心里基本就清楚了。但这断了金融民工的财路！

【抵押补充贷款（PSL）】央行的新玩具。说白了，就是凭空印钱。第一步是商业银行把国债抵押给央行，商业银行增加准备金，释放 4 到 5 倍的 M2。第二步，让商业银行自己印一点债券，央行买回来，再一次释放流动性。哈，房价啊！

【抵押支持债券（MBS）】银行把天量房贷余额切份，再卖给屌丝，贷款人交银行 100 元利息，银行拿走 20 元，剩下 80 元发给买 MBS 份额的人。本质是银行创收项目，人民币总量无上限，所以和宏观经济关系不大。这项目又养活了一大批银行人员，对社会没啥促进意义。银行不缺钱，缺的是给自己发钱的理由。看，发钱理由来了！

【常备借贷便利（SLF）】打个比喻，就像是一个灭火器。日常的同业市场利率 6%，如果因为某个小事情，利率的火苗一下子蹿起来达到 12%，地方人民银行直接用 SLF 这盆水浇灭，平时不用的。还是看不懂？就是印 1200 亿放在一边，谁家急用可以向人民银行申请。

【货币空转】这是个新名词，说白了，就是用新贷款偿还旧贷款，旧贷款的利息都是新贷款得来的。比如借 10 元新债，还 9 元旧债和 1 元利息，所以规模越滚越大，但是实际没有从事新的生产和劳动。一旦不让借钱了，立即暴风雨。之前的钱都变成高架桥了，不可能还银行的贷款。再比如你买 1 万元理财产品，利息 6%，实际贷款人成本是 12%，于是一年后使用人要付出 11200 元，但他根本赚不到 12% 的利润。奥秘是：储户得到本金利息后，觉得有利可图，会继续转买下一期理财产品。实际上你并未提取这笔钱，借钱人实际上用你的钱还你的债。如果 M2 持续超发，就能拖下去，直至最后一棒！

【同业代付，买入返售】二姨太想把家里的钱借给老相好，但怕老爷知道，说不清楚，就委托丫鬟小红出面办妥。同时，二姨太向丫鬟担保：到期还钱。

【第三方回购协议】某投机客要向银行借钱，投机客只能提供各种复杂证券作为抵押，而且今天借，明天还，每天的笔数非常多，资金大大小小也不一样。银行不可能天天去研究抵押品够不够。于是，银行就让隔壁当铺的小刘天天算这些证券的价值，只要小刘说没问题，银行就闭着眼睛放贷，银行很省心了。

【影子银行的根源】银行放贷是要记入“表内业务”的，央行银监会天天看着你，一不高兴就来个电话指导你，真烦人。怎么办？银行想出了“不出钱也能赚钱”的绝招：利用银行信誉，给人担保。例如某行因为限制不能给某个每战必胜的老赌客放贷，就指使信托公司放贷，自己做担保人，赚他一笔。

【银行自营理财产品】三姨太把老爷的钱借给王员外，利息很高。丫鬟突然跑来说：老爷月底要查账。三姨太就把府里的长工和姨婆召集起来开会：大家信得过我三姨太，就把手里的银子借给我 28 天，对老爷就说是你们把钱借给了王员外，我不能白纸黑字担保，但我用贞节牌坊担保，除非老爷把我休了。

【货币乘数弱化之谜】金融民工惊呼：7 月份，M2 快速上升，新增贷款反而下降，货币去哪儿了？这简直是白痴问题。货币乘数是依靠产业链拉长获得的，甲贷款后，再存入银行，银行又贷给乙；乙再存入银行，银行再贷款给丙，以此类推，越长越好。现在是甲贷款买房，房产商还贷，完了。货币乘数自然消失了。简单普法一下。现在最有钱的是理财产品机构，也就是非银行金融机构，2011年，央行宣布，这类存款计入M2，也就是说，货币空转，即在基金公司和理财产品公司之间倒来倒去的那些钱，也被计入了M2，这个和贷款无关。这就造成了，M2越来越大，贷款反而下降了。

【夹层融资】银行给中小企业提供有信用和价格优惠的一到三年期贷款，同时，安排其子公司或关联公司获得该企业一定比例的股权认购权（通常不超过10%）。夹层融资客户一般都是房地产企业。比如一家企业买地需要10亿元，但自身只有5亿元，那么就先向我们贷款5亿元买地，地下来后再抵押给银行。我翻译下：我借给你高利贷，你去开个温州指压，然后每天的收入首先还给我，直到本息结清。如果倒霉被警察查了，你就要把家里房子卖了，还我钱。其实是一回事。

【夹层贷款，股权质押，结构性融资】你看得懂吗？其实就是一句话，通过合同约定：如果出借人最后收不回本金，整个项目公司股东一毛钱也拿不到，且项目公司的母公司承担全部的担保责任。

菜嫂和我一起去闲逛时，路过一个甲级写字楼，28层大楼名称是“某某大厦”，菜嫂一脸迷茫地说：“某某就是老张家二娃的谐音，他们家和我们家认识二十年了，他确实很赚钱，但也没有这么夸张到建甲级写字楼啊！”我告诉她，这就是“夹层贷款”。什么意思呢？就是这个大楼，名义上是老张家的，但实际不是。大楼地段较差，成本估计5个亿。夹层贷款可能是65%，老张的公司只要出钱1.5亿元。如果老张占到公司股份的一半，那么老张自己只要拿出8000万元就可以了。老张还有其他几个公司，贷款3000万元不成问题，也就是说，老张只要真金白银拿出5000万元，这个大楼就可以挂他们家二娃的名字了。

但贷款怎么还呢？打个比方，投资银行实际出钱3亿元，一年利息是5000万元。甲级大厦，5层以下是旺铺，大楼28层，简单说，每层楼只要能够收到180万元的租金，差不多就够利息了。每层楼可以隔出最多30间办公室，每间办公室是6万元的租金，每个月只摊到5000元。实际租金是1万元起步。在满租的情况下，老张家是赚翻了。投资人一看生意火爆，可以按照事先确定的低价，把20%的债权变成股权，这下子老张家的负担就立即减轻了。菜嫂说："但实际上不可能满租啊。"我说，老张就要测算一个租金水平和租约比例，最低要求是租金达到利息和日常费用，就可以维持下去。菜嫂说："一旦维持不下去，怎么办？"我说："老张这个大楼，股权全部是质押给投资人了，工商局登记了，而且不能负债，如果老张违约，大楼就归投资人了。"菜嫂恍然大悟："哦，其实就是赌一把。"

■ 中国不会有金融危机

出现什么情况算是金融危机？银行挤兑，资本外逃，本币贬值。如冰岛银行、美林银行和雷曼兄弟，没钱给储户提款而倒闭。金圆券从来不缺，但货币买不到东西，物价飞涨，反正是老百姓亏了。

化解金融风险，特别是化解呆账，只有一个办法，就是继续注水，那么原来的那些呆账，就不值钱了。比如1995年，一个上海人欠10万元，那是天文数字，房子卖掉也不够还债，现在也就是一两年的工资，基本就不算事情了。再比如沙县小吃，20世纪90年代初，沙县民间集资失败，好多农民欠了几万到十万元的民间债务，不是跳河就是跑路。身无分文的沙县跑路农民，在外地靠卖小馄饨谋生。现在，10万元算什么，这些农民全部还清了债务又愉快地回家了。所以，印钞是化解债务坏账的最佳办法，也是金融稳定的最佳工具。

中国是不可能存在系统性金融风险的，不就是纸币吗？银行行长无压力，坏账展期即可，反正是国企。但系统性人民币风险倒是事实——票子毛了。

有专家说：中国已经存在事实上的金融危机现象，若不再猛发货币，对资不抵债的融资平台和金融机构实施破产，那么市场资金马上紧缺，房价因缺乏资金而下降，一大批人就会因各种原因无力还贷，进一步造成更大的银行坏账，恶性循环，甚至引起人民的愤怒。1997 年朱镕基总理采取雷霆手段时，当时居民没有贷款，完全不受影响，现在房产商把上亿贷款购房人绑住了。

美国走出次贷危机，一是法院强制没收拍卖了大量的已售住房，把原房主赶到大街上了，当然，美国有最低救济途径，不会让人真的睡在马路上。二是把风险转嫁给全世界，包括把两房债券卖给了中国。中国如果发生次贷危机，那是无法挽救的，法院不可能把你赶到马路上。所以，只要你不是社会最差的 20% 人群，就放心吧。

总之，中国没有产生金融危机的可能性。我们出境只能带 5000 美元，汇率是央行决定，挤兑就更加可笑了，银行卡在你手里，你挤兑啥啊！

■ 金融创新难进行

金融的利润是从哪里来的？古典自由主义认为是金融业支持企业，企业取得经营利润，银行业分成。但在今天的中国，除了房地产，哪个行业企业有能力支持如此高的银行利润？于是金融业找到了新途径：一是货币狂印，金融业在操作过程中揩油截流；二是通过垄断资金供应，吸走实体经济利润；三是资金池，寅吃卯粮。

金融行业近十年引进了一个恶劣的赚钱模式，也是第一个赚钱的法宝：把价值1亿的企业，通过讲故事、说愿景、亏损占市场、关联交易，包装成价值20亿的企业，然后上市或者私募转让，抽取天价通道费。这个搞法引发了全社会的浮躁心态，导致其他小实体生存艰难，进入“比差模式”。这种华尔街玩法，都是那群哈佛人带进来的。金融行业赚钱的第二个法宝，就是理财。它的运作模式是，高价吸储，不计风险借给地方平台，倒逼央行放水，地方平台借新还旧，一鸭三吃。如果央行不放水，地方政府信用破产，中间人倒是躲得干干净净：手续都合法，地方政府都不还钱了，我怎么办啊？然后抄起一把厚厚的钞票（通道服务费）去美国写经济评论了。所以，所谓的金融创新，说白了就是：绕开监管，给房地产输送资金。金融民工自己也在其中揩点油，做完几单，抓紧移民！

目前的一切金融创新，都是基于存贷款利率双轨制的。居民和一般公司存款的利率上限是央行规定的，但同业存款利率是可以协商的，一般参考 SHIBOR（上海银行间同业拆放利率）。合法贷款利率是基准贷款利率的 4 倍，最高约为 24%，你的活期才零点几的利息，这个差额太诱人了。一切金融创新，说白了就一句话："胡说高收益，拉你去存款。"

现在的金融创新，在现实面前不堪一击，例如保兑仓业务，设计确实精妙绝伦，但最后一地鸡毛。关键是一条：国企无所谓，你银行爱咋咋的。银行吃了亏，也没办法，也只好夹着皮包去找民企的晦气："小刘，通知授信部，下个月，对民企的贷款再加两个点的利率。"金融创新的最后，要债的混混成为最大赢家。

金融创新问题无解，如果银行业放开竞争，老百姓一旦亏了就要无赖，到最后政府惹了一大堆烦心事，天天被大妈缠着闹。如果不放开，现在这几个得到牌照的宝贝银行，吃拿卡要，什么事情都做得出来，根本不管微小企业的死活，只管自己使劲地合法捞钱，用书包发年终奖。天下没有白吃的肉，事实上，三四五线城市的风险正在暴露，接下来，两种可能：一是继续印，二是把利润吐出来。

还记得冰岛银行业彻底破产案吗？2008 年，冰岛因为金融创新过头，遭遇金融危机，几乎所有银行破产。当时英国和荷兰的居民在冰岛有 53 亿英镑的存款，冰岛两次全民公决，决定赖账。到 2014 年时，英国和荷兰还在追讨债务，冰岛现在已经是欧洲的弃儿了。

中国金融创新的手法是，通过多种合同的主体的互相搭配，绕开监管条例，把资金导入房地产。只要房地产不出现大问题，那么各种金融创新总体风险极小。如果房地产真的滞销或者大降价。各种高富帅立即变屌丝，抱上军大衣，去蹲号子吧。

金融创新其实很简单，非标业务，说到底，就是几家人关门谈条件，谈好了就签合同，第一份借款合同还是比较正规的，像个借款合同，但涉及第三方、第四方合同，就纷繁复杂，但其实在法律上，规避第三方销售很简单。第三方负责拉客户，签合同的时候，由信托公司的工作人员直接对接客户就可以了，然后信托公司给第三方咨询费或者其他名目的费用。那第三方销售机构风险在哪儿？因为禁止第三方销售了，所以不能自己直接经手资金了，这个最要命，也就没钱搞内部资金池了。如果其代理销售的产品违约，他就算自己想拿其他项目的钱垫进去，都不可能了。如果他以前的产品出现违约，今后的资金又不经过他的手，两年之后，我不知道他怎么玩了。

中国投资人的逻辑，只能赚钱不能亏。如果高风险的理财产品无法兑付了，投资人就说是诈骗，要求抓人去追赃，不能得到满足，就闹。这个环境下，金融创新，只要亏一次都是街头对骂。监管者拥有全部权力，一旦亏钱，就是监管失职，监管部门等于变相承担了全部的信用责任。这哪是市场经济啊！

从温州金改，看今后的改革方式。改革模式分类：一是以顶层设计为主导；二是以群众自发，政府少干预为主导；三是地区试点后，逐步推广。三种方式各有利弊，效果不一样。温州金改就是堵在这个思路上。如果是完全合法，那就没什么改的了，如果突破法律，那么各地群起效之，则会乱套。最后，就是不了了之。

■ 只有行长，没有银行家

中国银行和美国银行的本质区别是：美欧日银行经常遇到没人来借钱，银行家痛苦得直跳脚。在中国，贷款永远不够，无数人排队来借钱。为啥？因为很多公司借到就是赚到，永远不会还钱的！

有人说，放开银行管制，让银行竞争，银行就会降价了。中国还有降价的事情？全中国有几十万家房产商，你见过降价吗？源头上就不是市场经济，你却指望得出市场化的结果，那就成妄想了。有关部门反对建立“外资银行”，表面上是维护金融安全，实际上，有了外资竞争，四大行就难受了。

另外，外资搞银行业也不大现实，因为在中国，银行的竞争力是由“法院执行力度”决定的。外资银行就算是精确管理，一切从优，若没有能力和全国各地的法院搞好关系，有判决书执行不下去，还是没办法玩。私企比较擅长搞关系，但是这个关系也不太稳固，容易人走茶凉。

发达国家银行的普通业务员，不是那种高大上的投资咨询专家，收入也就是社会平均工资。大银行有四个监管机构：①财政部是大股东，按照公司法，有权组阁。②组织部是管人事，董事长的级别太高。③银监会是日常管理，高管资格，分支机构和新业务审批。④人民银行是管货币政策。监管机构多了，其实不见得好管，可以用这个监管机构去忽悠那个监管机构。监管机构和监管机构又不通气，所以银行们才能胡乱折腾。

中国的银行业，没有银行家，只有行长。银行家的最大作用是判断风险，做出决策，赢了发大财，失败了破产卖房子！我们的银行行长，拿着上级发的几张A4纸，上面写满了考核细则，然后给员工读几遍，就可以了。业绩好，分奖金；业绩不好，换个位置等退休。没啥大不了的。新中国成立前的银行家，类似于现在的风险投资人。区别是：中国不允许集资，所以资金来源区别很大。另外，银行家也有点儿像是放高利贷者，但是高利贷是短期的，银行家大部分是中长期贷款。

有专家在博文中说：银行到了转折点。这只能说明一件事，这位专家没在体制内混过。银行行长都是干部跨界发展，大项目都是层层审批的，过几年就退居二线了，是赚是亏，又如何？最多奖金少个两万元。但是你要是不知深浅，贸然转折，那是自己找难受，抱团混，不怕。

银行由于历史坏账的原因，由于采取严格的坏账考核制，基层行长都是对上负责，不敢对微小企业发贷款。中国的银行是纵向管理，不是区域管理，银行层级多，总行不可能给某个微小企业放贷。微小企业找不到风险投资，很难发展了。外国的社区银行对小企业很熟悉，层级少，决策快，所以对微小企业的帮扶较大。

现在很多专家和大企业家要求降低中小企业融资成本，其实那是明修栈道，暗度陈仓。实质是，这些人想自己办银行。等他办成了银行，也不见得中小企业融资会容易。

现在的商业银行恍惚回到20世纪90年代，贷款主力从原来的“上某三厂”

变成“市政公司”，其实都一样，票子打水漂了。不同的是，朱镕基总理不印票子，让没有现金流的企业破产，而 4 万亿是印票子，维持市政公司的正常开工，反而变得一片繁荣。出来混，最后还是要还债的。任何违背常识的东西，改变不了历史规律。

■ 央行的工作

央行和银监会的区别：央行管钱，银监会管人和机构，二者权力交叉。央行规定了准备金率和季度放贷总额审批。央行说完后，银监会闪亮登场，再加一道锁：存贷比。实际上，每个银行放贷总额都是两个部门共同决策的结果。

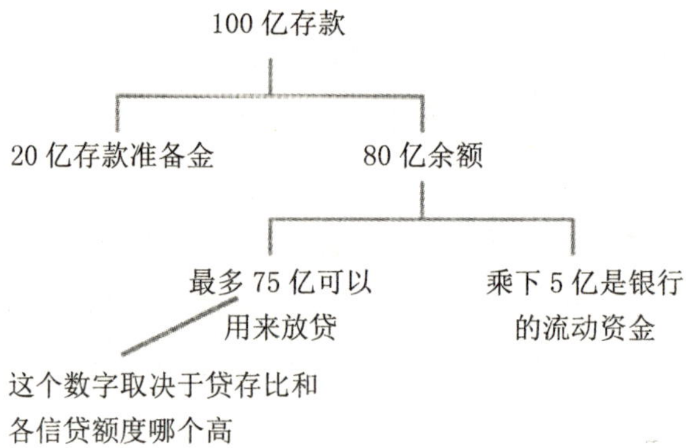

存贷比和准备金的关系

松房贷，会把潜在需求提前变为实际需求。由于限购原因，首套放松等于是银行基本放手搞了。紧开发贷，那是更加隐蔽的哄抬手法，小房产商资金紧张，导致停工跑路，直接减少了市场住房供应。银监会增加了需求，减少了供应。

如何弄懂央行的政策意图？很简单，一是看央行的公开数据和专家言论。当然，你肯定只能看个表面意思。二是看我的白话文翻译。我告诉你一个最简单的办法，凡是央行报告中，中国人看不懂的新名词，其实就是那一个字：印。

央行除了印，还有什么兵器？全世界央行多的是，又不是你一家。你想得出的办法，别人早就做过了，故弄玄虚。你指望稻田里长出人参果？不过就是：长印、短印、快印、慢印、年底印、年初印、年中印。一个土豆做出18个菜，它还是土豆！央行为啥很忙？因为它在研究如何用土豆炒出第19个菜。比如经济下滑，税收下滑，财政收入减少，但财政支出是年初定的，怎么办？印票子，通过财政赤字补足。央行意思是，现在经济下滑，赤字增加量不能抵消财政收入减少量。是印少了，要继续印！这就是土豆的第19个做法。其实，你也别管它把土豆命名为PSL（抵押补充贷款）还是LV，“央行出品，都是土豆”。

央行搞了很多新措施，其实就是继续印，搞各种基建项目，但同时要把民间资金凝固，防止冲击CPI、拉高楼价，例如信贷资产证券化。假设卖出去1万亿证券，个人要买房，可抛售证券，没问题，但是所有持有人都抛售兑现，然后去买房，那这个证券就卖不掉了，或者央行印钱再买回来。高速、高铁、地铁、隧道等基建项目，自身是无力还本付息的。地方少建一点还能够支撑，搞多了只能是贷款不还，印钞空转，这就是存量。银行今后若减少融资平台和大国企贷款了，现在银行100万亿元资金贷给谁？有效益的企业，现在是屈指可数。要钱的企业都是没效益的，例如环保、铁路。有效益的企业，背不动这些利息。

央行信贷质押，类似于美国Q3的一种操作方法。很简单，商业银行贷款后，把借条给央行，央行闭着眼收购这些借条，商业银行手里就会有无穷无尽的现金。当然，央行可以设立个内部指标，控制放水节奏。老是搞些遮遮掩掩的动作，没啥意思的，不能改变局面。

央行又创造了一个审批——定向降准。定向调控、精准发力，也就是有的保，有的不保。保谁不保谁，必须是有关部门来甄别，还是审批说了算。作为管理部门，要是下面的人不来汇报请示，不毕恭毕敬地递上报告，眼巴巴地求你签字，这日子还有啥意思啊。所以，定向降准，说白了也就是换了种说法，中小企业仍是“一贷难求”，政府类项目还是各家银行眼中的“皇帝的女儿”，政府信用仍“管用”。票子印出来之后，谁能管得住票子的去向啊！哪里风险低利润高，就往哪里去。

市政项目是政府担保信誉好，楼市利润就是高。

工商业经济是一个有机整体，货币是水，任何“定向”措施基本无效，纯属扯淡。银监会要求存贷比是75%，但整体实际上是65%左右，还有巨大的放水空间。但钱都在大行手里，小银行吸储能力差，没水可放，于是定向降准，给小银行一点水。大银行不做的生意，其实小银行更不会真心实意地去做，定向降准实际是给穷地方的小银行发糖，说白了就是给小银行直接发钱，因为小银行是靠资金量和息差赚钱的，降准降息，增加了贷款总量，扩大了息差收入。所以，降准对银行股、地产股是利。银行按照资金总量抽水，房地产有钱扛价格了。

降准是放水，必需品物价水涨船高，普通企业被迫工资上涨，成本上涨，利润越来越差。只有降息才能救一把企业，现在企业贷款利率普遍在7%～9%，且申请困难。这个资金价格，其实就是拖着不倒闭，根本不赚钱。企业贷款利率降到3%以下，才有活力。但这么做，银行就无利可图了，银行才不管你好不好过呢。

我天天在和央行赌钱，赌“M2增长率－贷款利息>5%”。这是什么水平？其实，现在发财的人，都是天天在和央行赌钱，而且赌赢了。

■ 商业银行的变化

商业银行在房地产兴起的前后发生了巨大变化。2000年前，中国经济没有哪个行业是特别暴利的，所以，商业银行过得也不算很好，银行职工的收入大概比公务员略高一点儿，逢年过节发个福利，也就到顶了。

逐利是商人的本性，当一个最容易牟取暴利的行业出现的时候，商人的第一反应是：我也要进入。要加入房地产，第一条是要有资金。那么这个社会，谁最有钱？银行！2003年后，房地产异军突起，成为商业银行的暴利起点。

房地产是一个审批和资金混合体，不存在任何工业技术障碍。2008年前，中国经济形势一片大好，供需两旺。审批是政府事项，公务员本身不能直接进入商业领域，最多是搞点儿黑色收入或者灰色收入。唯一能够摆得上台面，合法赚钱的就是银行的“开发贷”和“个人房贷”。从此，商业银行一飞冲天，成为中国经济宏观层面的“带头大哥”，把其他经济部门远远甩在了后面。

2009 年的 M2 大扩容再次把商业银行推向巅峰。每一笔的贷款、表外业务和中间业务，都会给银行带来利益。M2 基数越大，银行的获利也就越大。当前，中国 M2 已经超过美国，想不赚钱都难。4 万亿的直接表现是国资背景的大市政建设兴起，市政贷款是政府信用，这成为商业银行毫无风险、包赚不赔的好生意。但也正因为如此，使中小企业的贷款成本越来越高，15%～18% 的贷款利率成为常态。同时，表外业务和影子银行成为商业银行的利润新通道。由于宏观调控和审慎监管原则，商业银行对房地产的支持在表内项目中的份额逐渐下降。但房地产对资金的强烈需求，各种纷繁复杂的金融创新，使得银行有能力通过影子银行对房地产输血，获取高额收益。

商业银行高额利润的根源是贷款领域上存在非市场因素，如房地产的政策性暴利、国企携带的政府信用。但商业银行也在逐渐面临隐忧。一是房地产暴利已经逐渐下降。在房地产和银行的博弈中，银行始终是占据优势的，因为房地产企业众多，但银行是垄断性的，一个地区就这么几家。房地产的谈判劣势，导致楼市利润逐步向商业银行转让，一旦房地产滞销，那么商业银行的暴利也就失去了根基。目前，三四五线楼市供大于求的局面已经呈现。在今后几年，这些地区的商业银行将面临一定的坏账风险。二是中小企业的利润下降，很难再持续承担 15%～18% 的贷款成本，贷款规模也会萎缩。这也将影响银行利润。而表面上愿意接受如此高利息贷款的中小企业，往往是“不务正业”，从而加剧了银行风险。三是存款利率的逐步放开，将压缩银行利润规模。以“余额宝”为代表的互联网金融和即将实行的“大额可转让存单”等，进一步推高了银行吸收存款的成本，而商业银行面对房地产和中小企业的下滑，无法直接转嫁成本和风险，这一块的成本必将是由商业银行自己消化承担。四是央行的规模控制，导致商业银行不能再享受 2008 年那时候的货币大增长带来的利润，以及货币大投放造成的坏账稀释利好。

另外，存款保险制和利率市场化，也是对小银行的毁灭性打击。存款保险费的意思是，如果银行破产了，通过保险公司赔偿。但是老百姓的理解是，天啊，银行也可能破产？那还是存在大银行安全。利率市场化，会导致存贷差减小。所以，中小银行，如各地的小银行、城商行、农商行、邮政银行郁闷了，尤其是欠发达地区的城商行和农商行，网点少，拉存款能力不足，信誉也不高，高息拉存能力弱，会陷入规模小、利润少的困境，长时间恶性循环后，破产倒闭，在所难免。

小银行肯定斗不过大银行。同样是大比例坏账，大银行的资金池足够大，亏一点儿看不出来。本乡本土的小银行的资金池小，周转不开，同时辖区小，容易走漏风声，出问题是必然的。现在是国家担保，所以很多居民无所谓，就近存款，图个方便。一旦国家告诉你，银行也可能倒闭，富人就不敢去小银行存钱了。

举个例子，欧盟是最有才的，逼迫塞浦路斯征收 9.9% 的存款税。消息一公布，一旦不通过，储户立即会“挤兑”，而银行已把钱贷出去了，根本无钱可提。要么通过征税，要么塞浦路斯的银行业面对挤兑，全部破产，无一例外，欧洲人对自己下手也够狠。欧盟存款保险的上限是 10 万欧元，相当于当地三年工资的水平。超过 10 万欧元，一概不理。我估计中国是 50 万～ 100 万元人民币上限，超过上限，遇到银行破产，那就自认倒霉吧，富人哪里敢去这种小银行！

中国的各类银行在老百姓的潜意识里面是政府兜底的，不相信会出现塞浦路斯银行破产的情况。如果你要让银行间开始竞争，那么竞争彻底失败的银行破产后，谁承担损失？这就是个无法破解的难题了。如果还是政府兜底，那么银行根本无所谓有无风险了，最多是被领导骂一顿。所以，中国的银行从不挤兑。如果放开民营银行，日常情况，民营银行利息高一点儿是能够吸收存款的，但万一有风吹草动，如何确保避免挤兑？存款保险是有上限的，并不是保险箱，而且兑付过程是否方便都未知。一旦民营银行门口大排长龙，按照国人的习惯，不管你说啥，都不好使。

大银行今后会去兼并小银行吗？绝无可能。你小银行除了一堆坏账，还有啥？房子是租的，机器是旧的，人员都是七大姑八大姨的，大银行是要给自己找难受啊？你破产了，我在隔壁租个房子直接开张。

如果某小银行资不抵债破产，企业和居民存款怎么办？如果无损失，老百姓根本无所谓，如果企业和居民也要承担损失，那么我可以讲，其他中小银行马上就会出现挤兑风潮，把存款转移到工农中建四大银行，那等于是把所有中小银行打趴下了。所以，丝毫不用担心此事。

■ 咱们宝宝有力量

支付宝2003年起步，本来第三方支付最好是银行做，但银行在2003年—2012年躺着也赚翻了，所以对产品创新无兴趣，可电子商务急需支付手段，于是支付宝一上线就广受欢迎，赢者通吃。支付宝的弱点是依附于银行。一旦银行进入微利年代，必和支付宝竞争，那时支付宝是搞不过银联的。因为银联要击垮支付宝很简单：在提供相同功能的前提下，一是对商户，免收手续费；二是对用户，以银行名义支付余额利息。这两条足够让支付宝彻底结束，沦为街边小摊，就像淘宝收拾易趣一样。银联拥有行政手段，又有银行手段，支付宝只不过是个普通公司，足以一击而中，就看银行什么时候参战。

当初支付宝上线的时候，有个硬伤，马云保证不动支付宝的余额和利息。上万亿金，法律上属于阿里巴巴，实际上是水中月。余额宝就是解决这个问题的第一步棋，首先，把支付宝的死钱，变成余额宝的活钱。余额宝，说白了，就是“网银U盾操作+存取自由”，其实银行网银都可以，没什么稀奇。关键是“存取自由”有较大的波动性，所以大银行为了规避风险，不愿搞。余额宝付出定期存款的成本，得到的是活期存款的权利，很难长久维系高收益。但是马云的目的是，造成既成事实，为今后其他的玩法铺路，是个坏主意。

银行不可能出现让自己很难受的改革，因为银行有个杀手锏——绑架了房贷。只要银行不爽了，就大幅度削减、迟缓发放低利润的房贷业务，这就控制了中国经济的命脉。余额宝不可能取代银行去做真正的信贷业务。所以，在银行垄断的情况下，金融改革只是个笑话。

2014年2月房贷收紧了，原因是：余额宝等6%～8%的存款利息提高了银行的融资成本，导致低利率的房贷，银行无利可图，所以，必印。否则，银行搞死房地产是分分钟的事情。房地产完蛋，那就搞哭了农民增收。

银行会不会加息？理论上应该加，但一旦加息到5%（还不如当时余额宝的收益），贷款基准利息就要达到11%左右，如果实行这样的贷款利率，中国经济就进入紧缩状态，中小企业大面积萎缩，工地锐减，大学生和农民工就业就靠国企了。国企很快会陷入泥潭。所以，不印，不可能；印了，就不必加息了。这个搞法的结果，一是房贷猛涨，银行主动加息，达到和支付宝6%差不多的利率水平；二是支付宝停止高价吸储，歇菜。

银行以收紧房贷作为制约余额宝的手段，太高明了。银行认为，我是赚大钱发大财了，但是我也承担了很多社会责任，例如利润不高的房贷、灾区减免息、支持国企、支持中小企业，等等。余额宝啥也不做，就来抄后路，那我也不尽义务了，一起竞争，怎么赚钱怎么来。

但银行和支付宝对掐，小白领郁闷了。再搞下去，楼市也卖不动了，那是对中国经济逼宫的架势啊。但从目前的情况来看，银行竞争不过支付宝。因为银行的成本高得离谱，银行人员庞大，工资很高，房租很高，烂账一堆。而余额宝成本确实低。当然，余额宝是只吃肉，不啃骨头，不好比。

总结一下：余额宝通过高利息，痛殴了银行，银行一肚子气，央爹央妈也不管了。不识趣的小白领，这时候上门找银行求贷款，银行一把抓住小白领的衣领子，狂抽耳光，打得小白领眼冒金星，眼泪直流。

余额宝推高白领买房成本，这点是可以肯定的。小白领今天多拿了几百元余额宝利息，明天可能要多付十万元房贷款利息，已经是板上钉钉了。每次，屌丝在余额宝一个月多赚了200元，兴奋得小脸通红。过几个月，屌丝买房要多付50万，就知道自己是真傻货了。因为你的房贷利息，不管你是哪一年贷款的，一年一变，不要以为余额宝与你无关。银行借口余额宝冲击太大，会把贷款利息上浮

15%～30%，然后余额宝降低收益率，银行继续高收益。马云和银行一起发财，就是白领倒霉。银行还是会继续放房贷，只不过是涨价而已。

虽然银行用“卡房贷”反击余额宝，抓住了要害，但地方政府和权贵房产商有点儿坐不住了。是啊，你马云去做低收益的房贷吧，你给铁路公司放贷款吧，还有几十万亿的地方债，余额宝也可以接过去。余额宝逼宫银行，推高资金成本，唯一可能的结果是，印得更多了。

支付宝的竞争手段是取悦屌丝，发点糖果。银行的反击手段是，逼宫中国经济，如楼市销售、地方债、铁公基、国企贷款、支持中小企业，随便拿出一个烫手山芋给马云，他就扛不住了。所以，如果银行下决心转型，支付宝必败。但是，银行今后就彻底过苦日子了，银行不愿意啊。所以，银行真实的想法是，我不想和你竞争，我玩点桌子底下的招数，让支付宝自动滚蛋。但是支付宝就是不滚，这下子，银行又气又急，难道真的要和屌丝一起过苦日子？

一旦银行把吸储利息或理财产品的利息也抬高到7%，那么余额宝就活不下去了。但是这么做的后果是，贷款利息涨不上去，银行成为不赚钱的屌丝了。所以，银行不是怕余额宝，而是不想过苦日子。余额宝的成本低，又有外国投行撑腰，所以敢于较长时间不赚钱来恶搞，银行是大少爷，受不了苦日子。马云就是看准这个，抄银行后路。

余额宝的盈利模式是利用手里的巨额资金，打劫银行，迫使银行在缺钱的时候支付高利息。如果大规模开印，余额宝立即丧失存在的意义。到时候，他手里的4000亿元没人接盘，那么付利息也会搞死他。一旦收益为1%，低于活期存款，那么大家就会立即挤兑，大家应该明白挤兑的可怕后果吧。所以，余额宝必须是高收益。

余额宝的操作模式，严重依赖因为钱荒而出现的银行高利息协议存款。如果银行过几年再次遇到2008年的4万亿，彻底不缺钱了，那么手里拿着可能上万亿的余额宝，真可能会出事了。因为余额宝和银行不同，银行有正常的放贷业务等多种收入，能够支付存款利息。余额宝除了高利息协议存款，没有其他收入，拿什么付利息？这个很可怕。余额宝出现在钱荒年代，所以是顺风顺水。要是不钱荒了，余额宝就是个笑话。当年，长虹彩电垄断了国内显像管，要一统彩电业江湖，最后各方势力角逐的结果是，国家彻底放开显像管进口，长虹直接吐血倒地。余额宝也是这个节奏。

银行不会是无缘无故唱这么一个大戏的，交通银行，那是五大行之一啊。现在是银行反击余额宝的火力侦察，要是没有后续安抚，所有银行都会跟进。到时候，房贷利率翻倍都是可能的，最后谁尿裤子，不好说了。银行就是大明朝，余额宝就是努尔哈赤的七副铠甲，形势变化很快的。

银行业协会对付余额宝的办法是，宁愿不放贷款（例如小白领的房贷），也不接受高利息的协议存款，那么余额宝就失去了无风险的利润来源。余额宝可以自己去做理财产品，但是那个风险是很大的，也需要大批专业的人员去审核各种各样、千奇百怪的项目。

打击余额宝，就是降低全社会融资成本。虽然中小企业不一定会得到贷款，但是融资成本必须下降。中国经济承受不起这么高的利率。

有人说，余额宝体现了利率市场化。其实余额宝本身也不是市场化的产物。隔壁老王想做个小额宝，你试试看？揍你丫的。虽然我厌恶马云，但是，余额宝的信用比银行高。余额宝要是垮了，马云损失几百亿美元的身价。某个小银行垮了，银行行长一年也不过几百万的收入。所以，有钱的人，最有信誉。

银行和余额宝，必定有一场决战。

■ 稳赚不赔的银行

银行为啥赚钱？很简单。比如某房产商或基建项目愿意出 12% 的利息，甲银行拿到项目后，搞个理财产品，以 10% 的利息卖给乙银行，自己不承担任何责任和成本赚 2%。今后乙银行接到项目也卖给甲银行。而银行给储户的利息是 3.5%，银行已经成为资金贩子，小微企业很难拿到贷款。

储户的钱被银行借出去，形成了各种地铁和高铁，这些玩意无法较快归还本金和利息。储户怎么办？两个选择：一是储户坚持要现金，那么只有印；二是储户不提取现金，银行把这些个公共资产打包切片卖给你，于是存款转成理财产品。

有人问：为什么银行能拿我的钱去放贷赚差价，我自己为什么不能直接放贷？我答复：区别在于收回贷款的能力——老张欠银行信用卡的钱，要坐牢的；老张欠你的钱，不还也无所谓。所以你害怕风险，不敢自己放贷，银行赚的是“权力折现价”，这就是金融机构牌照的价值。

内地的商业信用极差，讨债难已经到了无以复加的程度。但银行讨债很简单，你要是欠了信用卡，你家卖房子也会主动偿还，为啥？因为银行的后面就是公检法。欠了几千元的债，真的会坐牢。民资办银行，看中的就是这个。

为什么银行是稳赚不赔的？因为银行的绝大部分贷款是给国企背景的企业，例如高铁，这一块业务已经导致银行保本盈利了。剩下一小块资金，就高价贷给中小企业，所以中小企业面对总量控制，挤破头也拿不到多少份额，银行成了“二政府”，对客户是管理心态，而不是服务心态。比如中行和国开行贷给无锡尚德60亿元，不好玩了。高铁几万亿的贷款，你指望他会靠卖车票的利润还钱？大家心里清楚。

金融行业面临尴尬，实体经济没有这么高的盈利水平，你按照15%～20%的实际成本给实体，结果要么续贷，要么坏账，于是金融不和实体玩了。金融关起门来，和大基建公司玩，但是贷款搞的基建大项目无法收回本金，例如高铁、隧道、大桥、高速公路。一旦作为坏账计提，那么银行这些年的利润为零。所以，现在银行的做法是，不处理，不暴露风险。小业主还不出钱了，银行起诉就是坏账，不起诉，债务展期，就是正常贷款。原铁道部2012年利润1.96亿元，负债达2.79万亿元。铁老大借的贷款，能还吗？最后就是挂账、拖着，以后再处理。银行也不怕，反正是纸币，成本低。

那么，银行的利润来自哪里？借新还旧，额度不够就要求降准，降了，继续借新还旧。不降准？大不了你把我的行长帽子摘了，反正以前的奖金是合法的。

如果不是借新还旧在维持，那么，2008 年后，那些高速、高铁、机场、隧道等基建工程，根本不可能归还本金。所以，银行实际上是在自欺欺人，别说什么不良率了，还是降准，印！

银行最喜欢地方融资平台，公对公，高收益，又有最大的隐形担保人，最优质客户。如果平台坏账了，银行说：这种客户也坏账，我还能怎么办？一句话就可以把责任推得干干净净。我见过央企的工商登记证，注册资金到底有几个零，一时半会儿还真的数不清。同样去申请贷款，小民企怎么玩？银行业把公权力作为自己的免费员工，你的信用卡欠钱，立即抓进去。银行业躺在沙发上就能赚钱，有什么创新动力？只要房价上涨，银行房贷永远是高收益无风险的项目，小微企业是死是活，与我无关。

银行为啥怕风险？这五年，很多老资格的大行长，合法奖金已赚得盆满钵满了，犯不着去冒风险，把以前吃进去的吐出来，我就搞无风险的同业业务。再就是大国企，你小企业就算出 20% 的利息，我也不感兴趣，唯一的目标就是控制坏账率，平安退休。现在四大行的贷存率只有 65%，已经看得很清楚了。

如果银行的有毒资产多了，唯一的办法就是大量注水，稀释就解毒了。美国次贷是祸害别人，我们是灌水洗胃，也可以的。好不好，看疗效。现在周围所有的白领阶层，都有 100 万～ 150 万元的贷款，加上利息，就是 170 万～ 250 万元。要是经济出问题，那真是不玩了。所以，最后的结果是货币注水。

房贷是银行的优质资产吗？不是。房价肯定会涨，没问题。但是小白领、小老板按时还贷的基础是，中国经济再高速发展二十年，不能出现一年以上的萧条，否则大多数人就无力还贷了。由于唯一住房是不能没收的，这就造成银行彻底傻眼。1998 年房改至今，中国都是高速增长，但再维持二十至三十年，难度很大。

为啥以前银行最爱房贷？因为行长是职务任期制 + 收入考核制，在三到五年的任期内不出大面积坏账，就算 OK。所以过去这些年，行长最爱房贷，坏账率极低，比起那些国企大爷动不动就两手一摊的情况，好多了。经济高速发展，房价几年就翻倍，群众收入年年涨，谁会赖账啊？但是这种局面能够维持多久呢？

所以，目前商业银行实际是赚多印出来的钱。中诚信托是银行道德背书，银行是政府背书，储户根本不考虑风险。银行信贷主要在国企和楼市，背后是政府信用。银行就躺在政府身上收利息。实体企业中，好企业不缺钱，烂企业不敢贷。

合理保持货币总量，用好增量，盘活存量，更好地服务实体经济发展。核心是盘活存量。怎么盘活？信贷资产证券化就是盘活存量的方式。证券化最大的份额应该是近十年居民的房贷。美国次贷也是这个搞法，三年内看不出问题，前提是房价不能跌，但实际上是甩包袱、风险转嫁的做法。

新华网说："中国式'钱荒'：不是没钱而是放错了地方。"其实不是放错了地方，是用错了地方。放错了还可以收回去，用错了，就没办法了，只能资产证券化了，再卖一次。一旦信贷资产证券化，就说明投入大基建的信贷资金根本收不回来了，只好用20个微积分公式混合一下，面目全非后，加个某某银行的标签，卖给老百姓，这是世界上最恶劣的做法。银行按照2%的成本吸收存款，把贷款按照12%的利息放出去，再以7%卖给老百姓，自己稳稳当当赚个5%～6%的无风险差价。当然，老百姓也看准了你刚性兑付的弱点，必然抢购。银行的好日子又要持续几年了，银行真的是永远赚钱啊。信贷资产证券化，就不计入贷存比和法定准备金了，因为不存在挤兑的问题了。其实就是降准，大印无疆，不印不痛快。

马云曾说：如果银行不改变阿里，阿里将改变银行。最后的结果预判：一脚踢到钢板上。阿里巴巴的小额贷款，实质是偷吃了"信用卡小额套现"形成的创收份额。手法是把已在支付宝冻结的，但要15天后支付的账款，预先付给客户，整体上是无风险，单笔金额平均7600元，类似票据贴现，本质上是把沉淀在银行监管的无效率资金拿来创收，是个好办法。银行之所以不开展小额贷款，是因为单笔审核成本太高。马云的小额贷款，是通过云计算，对每个还没来贷款的淘宝卖家已经打分评估了，只要申请，几分钟就放款。这个是依附于淘宝客户的大量交易数据的，银行无法模仿。这个算是好办法。

■ 理财产品的内幕

你去储蓄柜台，会感觉回到计划经济：黑色职业装妹妹，爱理不理的，隔着很厚的防爆玻璃，感觉是监狱会见。如果再走几步到了理财柜台，我的妈，这才是美丽人生，妹妹先端上一个纸茶杯，轻声软语阵阵袭来，如果谈得愉快，贵宾厅伺候。

理财产品类似民间集资，说白了就是高息揽储，只不过多了一个环节，就是金融民工配合律师，绞尽脑汁设计"资金池和合法化"。我一直在想，金融民工为啥老是加班加点设计这些坑人的产品？想了半天，我明白了，要怨就怨京沪房价高！因为理财产品的募集资金，很多是拿去建设大桥和道路，你指望一年还本付息，那是鸡同鸭讲。怎么办？银行提供过桥资金，再发一次理财产品。只要续贷续发的模式存在，那就掩盖了实际不能还钱的情况。储户会买吗？会的。因为银行利息低得可怜，买房子被限购了，或首付还不够，只好去买理财产品。

由于房地产利润实在太高，大家都去贷款进入，这就造成了宏观经济结构性失衡。顶层不是想着打掉暴利，而是说，严禁银行借钱给他们。于是，金融民工就设计出绕开监管的复杂模型，绕了几个弯把钱借给开发商，最后风险还在银行。但金融民工狠狠地抽了一笔提成，金融监管到最后变成了金融民工的肥肉。央行一方面不希望出现大的风险，另一方面央行要照顾银行的盈利，不能完全卡死，"猫捉老鼠""监管滞后"，反复上演。宏观经济严禁发生的金融行为，你绕了几个圈，合法办成了。金融监管犹如大门上锁，你拜师学艺或自学成才，变成了开锁高手。对于个人而言，那是牛气冲天的开锁技艺。但对于整个国家，只不过是增加了全社会的成本，有害无益。

各种金融公司有点儿类似于证券交易所，金融民工本身不创造利润，他们只是人民币的搬运工。现在金融民工动不动就是 30 万～ 200 万元的年薪，这些利润哪里来的？ 1. 小部分是来自高收益的基建房地产。2. 大部分是今后投资小户们将要亏损的钱，只不过现在投资散户还不知道。金融民工把高息揽储的算法，用 20 行微积分的公式重写一遍，直到大妈看不懂就对了，然后一群黑丝美女和西装哥哥，租 200 平方米漂亮写字楼开始打电话。“王总，公司最近代理一个收益率很高的理财产品，份额很紧俏，我给你留了一些，你什么时候有时间，让章小姐来介绍一下。对，就是你熟悉的章美女。”

信托、货币基金、有限合伙、债权分割，还有无数看不懂的私募名词，如果强调风险，就卖不出去，如果回避风险，就违法。于是黑丝妹妹在客户交钱时，随手拿出一张纸，轻描淡写地说：“孙老伯，这是风险提示，你签个字，你懂的，也就是个手续。放心，我们这么多年都是刚性兑付的！”所以信托业，还有那些杂七杂八的理财类的销售员们，给你一个正式的法律意见：你最好仅仅做到部门经理，拿点销售提成就可以了，千万不要进入管理层，否则你知道多了，日后你可能就惹上麻烦了。

全世界所有的债务信用评级方法，在我国的垃圾债面前统统失效。于是，黑丝销售蹬着高跟鞋，闪亮登场！关键一条，发行的理财产品，一定要搞一个老大爷看不懂的奇怪名称，最好有 12 个中文字以上的，再掺和几个英文字母，保证畅销。而大部分理财产品的购买人，根本不知道他买的是什么东西。那厚厚一大本合同呢？我负责任地说，法官律师都是文科生，看一天也看不懂。这一套复杂的组合拳，有个美丽的名字——“金融创新”。说白了，就是把简单事情复杂化，最后多少收益率，那看爷的心情。不服，20 行的微积分，自己去算！

理财产品的收益率是怎么算出来？邮局门口小黑板上，粉笔写的，最高收益率是 8%，那是门卫大爷写的，别当真。真正的收益率计算，是极其复杂的管理会计范畴，微积分是基本工具。后来金融民工嫌麻烦，就搞简单了，看看兜里还有几个钱，扣除 40%，剩下就是收益率。现在的理财产品，最高给到 18% 年化收益率。其实，这些公司绝对不会告诉你，钱去哪里了。我知道一部分资金去向，大部分是投资到了和地产相关的行业，都是长期投资，没有五年不可能有钱还的。后面就是拉新钱还旧钱，拉不到新钱就违约，然后一大群老头老太在银行躺倒干号。

什么“投资失败，大股东兜底，第三方保证收益率”之类的大忽悠，还要再玩点新名词：证券定向增发收益权优先级理财产品。这么好的产品，银行怎么不自己买啊，何必辛辛苦苦到大街上，走街串巷，苦口婆心，拉老头老太入伙？展示一个20%收益率的！有第三方担保？任何当过老板的人，都不会去买什么乱七八糟的理财产品，因为这个世界，没那么多高利润项目。即使有，银行早就一把抢过去了，哪里轮得到街头大妈去占便宜啊！比如某个理财产品年化收益率超过25%，那么你承担的风险，比打麻将输的风险还要大。你一开始赢钱，也可能是庄家在钓鱼。如果你赢钱要跑，大多数人是不可能拿回本金的。所以，各类千奇百怪的理财产品，包括信托，还有“债权分割、有限合伙基金”等金融民工自创名称，核心就是一句话：“高收益，无风险，交钱吧。”出事后，按照《信托法》《合同法》《公司法》告诉你：买家自负风险，关我屁事，滚！

现在的理财产品主要是老年人在买，中青年干部都在发愁房贷，不大有钱去搞这些的。前几年，很多人尝到甜头，拿到10%的利息了。放心，很快会让你一口一口吐出来。看紧家里的老头老太，手里几十万你都不知道，这群人最容易出事。很多屌丝一直以为家里没什么钱，其实你错了，很多看上去普通的退休老头老太，真有100万元存款瞒着所有人。我见过很多，这些钱的来源千奇百怪，遗产、拆迁结余、中奖、一辈子积蓄、伤残金、工伤赔款，甚至是赃钱。

老年人进入理财市场，就好像是幼童闯入了高速公路。老年人成为现金最多的人群之一，很多人积攒了几十万到几百万现金。这些人已失去了敏锐的辨别能力，只要抓住他们“贪财、怕死、孤独”的三大特点，敢于下狠手，往往无往不利。银行、保健品，纪念币、工艺品，都是这类货色。所以说，欺骗老人钱财是快速赚钱的捷径。

现在的这批老人，大部分时间是在计划经济年代度过的，对市场经济形形色色的玩意儿见识少，又恰巧遇上拆迁、房价暴涨和退休金较高，这真的是人傻钱多，不骗他们骗子都不好意思了。一般是两个事，贪婪保命，高息理财+神奇保健品。我家已经中招了。我有个亲人，快70岁了，是看不懂短信的文化水平，在农业银行办存款时，被几个制服女人忽悠了，全买了红双喜保险，十年期，每年要付款 2 万～ 3 万元，相当于他退休年工资的 80%。由于我每月给老人钱，表面上看不出来他买了保险，老人回家后一直没说。最近，小辈偶然看到老人手机的催款短信，才知道存款全变保险了，要 72 岁才能取。子女和老人差点儿吵起来，我专门给他们家属开会，让他们不要再提及此事，最后我出钱买下来了。老头老太因为几十年的是是非非，很多老年人在内心不相信亲人，而相信热情友善的外人。这就是理财产品和保健品泛滥成灾的基础，而且这种情况将长期存在。

所以要看紧家里的老头老太，估计他们也不会听你的。如果他们不幸买了理财产品，你要做好思想准备：一是如果投资失败，你就要无休无止去找理财公司，撒泼打滚，索债尖叫，哭天抹泪，来回报案。二是损失后果由你承担，老头老太的医药费就靠你了。三是要请长假，陪伴他们，防止出事情，特别是精神恍惚。四是你的心情也会极度恶劣。

我现在发现，老人被骗了几万元还算是小损失。今后如果哪家骗子发明了“免费担保一次，就送大桶花生油，当场返现 1000 元，”那你家房产证也没了。很多亲友因为自身贪小便宜和文化程度低，被那些卖各种理财产品和借贷的人拖下水了 . 有的人因为误解，自以为找到了发财捷径，还继续拖其他亲人下水，现在反目成仇的，比比皆是，真的很可怜。

担保分三种：全额担保，小部分担保，仅仅担保利息。买理财产品的时候，他募集 10 亿元，但担保公司可能只担保最初的 1000 万元。出了问题，你自己去销售大厅干号吧。2015 年 CCTV 播出了一个新闻，说安徽合肥街头的担保公司集体跑路，涉及 1000 多人，过亿元。都是河南乡下几个农民搞的，都在闹市街头。然后，各个职能部门都义正词严地说：我不清楚啊！你查小门脸罚款的时候，什么都清楚，一到这种事情，你就什么都不清楚了。科长有水平啊！担保公司这种货币中介的存在期，有个著名的温州公式：第一年笑，第二年哭，第三年跑。这个公式在温州已经被实证过无数次了，屡试不爽。任何货币骗局，都分为上半场和下半场。上半场，人人赚钱；下半场，集中围歼。索罗斯之类的人，就是在中场休息的时候，悄悄溜了。这是刀口舔血，看你的心理素质了。

有个网友问我："同事的老婆在做短期贷款的法务，公司主要是给企业做短期转账，目前为止没有收不回来的。推荐我投个一两个股到他们公司，5万元一股，月息2.5，算下来，年息30%。要不要投一点儿？"我的回答是：上半场肯定是赚钱的，下半场，你本钱也拿不回来。你下注吧！30%的利润，这么好的生意，银行为啥不做？月息2.5，相当于年化利率35%，复利计算，主要是靠熟人拉人入伙。

货币市场的实际情况是，如果你要债务人拿出足额房产，到房产局登记抵押，那么10%的利率你也很难贷出去。如果不要任何抵押，有人愿意出30%～48%的名义利率。大家想想为啥？压根没准备还钱。现在名目繁多的理财公司、信托公司、投资基金，其实也面临巨大风险。一方面筹钱难，给出18%的收益率，还要像房产中介那样拉客户。另一方面，至少要24%的利息才能够贷出去，但愿意接受这么高利率的企业，可想而知是什么货色了，于是在上半场，理财公司靠资金池混，下半场，就看你家老头运气好不好了。

理财产品种类复杂，有真有假，有好有坏，这对投资人的专业知识要求很高，我是n年前法律系毕业的，但如果不查资料，我也很难通过字面意思理解嵌入式衍生产品、ETF、资管、红双喜保险、众筹、货币基金、黄金交易。大妈唯一看得懂的是，收益率18%，比存银行好。跳完广场舞，看见上半场有几个熟人吹牛皮，就立即心动了，拿出一辈子的积蓄，不管真假就冲进去了，一旦"中奖"，对于一个家庭就完了。而那些害人的理财产品销售员，真有问题，一走了之，一脸无辜，一言不发。

影子银行能扛多久？只要后面新客户减少，立即暴露风险。2014年下半年的情况是，这些理财公司把手伸到了穷乡僻壤，拉来了最后的老农民。我家保姆从来不出门的，也知道理财产品了。这些下半场进来的人，最可怜，也最穷，最后倒逼央行和银监会，放松127号文的资金池管制。否则，我假装移民了，你收拾残局吧！

中国绝大部分的理财产品，如信托、理财、资管、有限合伙，最后都和房价地价之间存在某种联系，哪怕是绕了几个弯。一旦房价下跌超过10%，楼市滞销，卖地收入锐减，理财产品大面积违约就板上钉钉了，银行大厅里全部是愤怒的老头老太。一旦出现这种情况，在有关部门面前闹闹，那也是不可能承受的，挽救措施无非是投放货币。与其被动投放，不如提前半个小时投放。而实际情况是：老头老太用私房钱维持了高房价，让自己儿子最后买不起房子，老头自己得了一点儿利息，但老头没办法逃脱的，真的没办法了。

楼市经济崩溃的最后买单人是：理财产品的散客。如果二线、三线、四线新房销售滑坡，那么与之捆绑的卖地收入、市政工程、矿山、工程施工，以及重化工行业的现金流会快速断裂。这些行业吸纳了大部分理财产品资金，最后亏损者是：理财产品的买单小户。而理财产品的发行销售环节相关人员，赚足了通道费，爽！

前两年，白银投资火得无与伦比，现在被揭穿了。用不了多久，理财产品、互联网金融也会被打脸。

■ 你还敢炒股？

中国股市和欧美股市的区别：人家把企业上市作为新发展的起点，我们的企业把上市作为终点，然后抓紧卖掉股票，移民欧美了。这种股票，你敢长期持有？

我以前没有关注过新三板，因为小学同学王二狗作为董事长，公司上板了，同学圈一片热闹。我在惭愧到脸红的情况下，好奇地看了一下股转公司公开信息，差点儿一口血喷在屏幕上。近三年，一个这么牛逼哄哄的公司，每年利润还不如内环线三套房的房租，员工人数不如一个物业公司，它的年纳税额还不如卖一套内环线的二手房所缴纳的税费和中介费。我实在是无法理解，证监会搞这种板是要干吗？再看看几个不愿意上市的企业：老干妈、海底捞、娃哈哈。为啥？赚钱的事情，干吗要给别人沾光啊！再看看那些上市公司，股息回报不如存银行。你去买，就当是支援国家建设了。

为什么股市这么差？因为股票的供应量太大了，要多少，就可以供应多少，还有近1000家企业已经过会，等待圈钱，要是卖得掉，估计还有无穷无尽的股票可以让你接盘，你有多少资金也填不满啊！他们拿到钱后，立即去买房子了，你就在高高的山冈上放哨吧。土地是稀缺产品，股票就是个电子符号，可以无限量供应，傻子才去长期持有。因为股票这个玩意儿，真的不能赚钱。我统计了周围的人群，这几年买股票的，主要是低收入人群，有些媒体居然怂恿这些人去买股票，缺德啊。中产阶级考虑还房贷和买车。富人阶层，大部分以前买过股票，都亏了，现在压根不考虑股票，只想买房。

楼市与股市间有着某种必然的联系。建筑工地上赚了200万元的包工头，肯定是买房的，没人会去投股票的。如果“买房必赚钱”的效应不打破，傻子才进股市。股市是靠大户支撑的，这些年暴跌，小散户根本无力翻盘。麻烦的是，现在大户全部去买房子了，我见过的所有有钱人，都极力远离股票。这种烂股市，怎么比得过楼市？一个只有穷人才会参与的市场，要大涨，难了。大家想清楚，看明白。当年陕西神木有个房姐，买了几个亿的房，要是买股，估计可以控制一个小的上市公司了。但是，房姐连上市公司老板都不想当，就想买房子。所以，炒股的人可以醒醒了。

股价和房价上涨的区别在于，房价上涨对消费的拉动是负的，一是涨价的钱拿不到手，二是涨了之后，更加节衣缩食，争取买第二套。股市上涨就搞笑了，钞票当天晚上就拿在手里了，喝啤酒，啃鸡爪了，再来一盘鲜辣鲍鱼，吃完桑拿大保健。某大美容店的主管告诉我，以前股市一涨，员工就当晚不准请假，晚上必定爆满。

楼市比股市公平，因为楼市基本没有内幕信息，没有坐庄作假。无论你是聪明人还是普通人，无论你是权贵还是拆迁户，要涨一起涨，要跌一起跌，这是中国最后一块净土了。

原始股1元，你买入是5元，最后10元卖出。屌丝觉得自己是股神。但是，2006年5000元单价的房子，2010年卖给屌丝2.5万元单价，99%的屌丝会无法接受，然后跳起来大骂社会不公，上下五千年独欠他的。而1%的屌丝接受现实，2.5万元买入，捂到现在单价已经是4万元以上了，完成人生转型。

如果有人通过炒股赚钱，买了京沪的500万元漂亮公寓，那么至少有10个屌丝这辈子就毁了。为什么有那么多的屌丝喜欢炒股？因为炒股没有门槛。屌丝的特点是：没钱没技术，不愿意吃苦，天天幻想发财，OK，炒股满足了你的一切幻想。我不懂股市，但我懂人心。喊涨的人，都是等解套的人。普通人的心态是解套就抛，注销账号，彻底绝交。这六七年，炒股被套的人活得那个委屈啊，对不起家人的地方太多太多了，很多老股民的孩子在这几年中成家立业，买房款被套，造成了多少人间悲剧，数不胜数。总之，股票不是屌丝该玩的。

世界上最坚强的人：股评家。跌了七八年，还在天天说，即将会有反弹。股票何时上涨？房价下跌六个月后。什么时间点？做外国梦的时候。认亏出来吧。券商也不管涨跌，只要有交易就很赚钱，散户好可怜，经常输光，是不是券商比散户聪明？不。券商赚的是牌照利润。牌照如何取得？证监会批文。好了，屌丝你认命吧！你永远不可能赚到这个钱的。

不要羡慕那种一笔交易赚几亿的事情，人家玩的不是经济，你懂的。屌丝唯一应该做的事情是，压抑自己的欲望，忍忍忍，然后找个土肥圆熬到退休，运气好，可能来一场风花雪月的通奸。屌丝要认命啊，就像我一样，认命了。上海首富刘益谦是靠定增发家，就是不公开买股票，股价七折，锁定一年不能卖。一般需要提供数亿资金和受到上市公司的邀请，利润超级可观，一年增值一半也是正常情况，屌丝是不要想了。

股票盘子太小，监管数据太及时，几个庄跳来跳去，监管天天看着你，难啊！普通小市民也没有这个精力和专业去玩股票，家有几百万，不如去买内环线，省心多了！

教科书说：利率下降，股价会涨。我的天！利率下降，赶紧抛售股票啊，贷款去买房，因为货币贬值了。利率上涨，全社会货币收紧，银行惜贷，那么，大家手里的闲余资金，买不起房子，又实在是无处可去，配置一点儿股票，搞不好，股指还能够涨一点点。关于股票的涨跌，教科书说参考企业的利润增长等等一大堆胡说八道的指标。实际上，老百姓是把股票、房价和余额宝互相比较。所以，看股价，应该是证券市场、货币市场、房产市场宏观对比。

股市跌了，股民不找有关部门？因为股市讲得很清楚，“有风险，不保本”，所以股民也愿赌服输。理财产品没有明示“不保本”，银行销售人员为了拿提成，还故意误导老年人是高收益，这个恶劣搞法盛行，最后结果可能是那些老大爷老大娘时间多，闲着也闲着，反过来把银行玩残废了。不信，大家等着看。

所以，今后的赚钱之道是：远离股市，远离比特币，远离高收益的理财产品。钱不多的，可以买一些5%以下的理财产品；钱多的，可以买京沪或热点城市住房。如果你认为自己是技术牛人、销售奇才的，可以去创业。如果你认为自己心够黑的，可以去卖10%以上的理财产品或保健品。实在low的，去骗个土肥圆，先用起来。

财政的困惑

The Best of Cai's Economic Insights

财政是国家治理的基础和重要支柱，货币政策、金融政策、产业政策等都必须围着这个指挥棒转。但目前中国的财政状况并不理想，财政包袱沉重，政府开支巨大，而地方财政收入又以房地产为主，中小企业负担逐年加重……到底该如何破局？

■ 被“消灭”的财政赤字

政府的钱从哪里来？赚、印、专营。一是帮助企业赚钱，获取现金流，从中抽税。二是印了直接花。三是专营某些商品卖高价，例如古代的盐铁，现在的石油、土地、水电气、电信等，实质就是征税。

经济发展的目的是：增强国力，增强政府财力。所以，财政是总把子，货币政策、金融政策、产业政策，必须是围着这个指挥棒转悠。

财政学的核心是预算法，主要是研究如何增加政府财力，所以大家不感兴趣了。预算法主要是人大和政府的权力平衡。财政支出，主要是铁公基，和你没关系。财政平衡主要是卖地，没办法研究了。国债主要是银行间市场，老百姓也不关心。

预算法在实践中，其实只有一条管用，即中央财政不能贷款，地方财政不列赤字。其他条款，根本没人关心。现在，中央的外汇占款、地方的土地财政走到尾声了，预算法要是不改，真的可能回到20世纪90年代公务员发不出工资的状态。

消灭财政赤字很简单，我们知道，支出大于收入，就成为赤字。那么，我们把收入的定义扩大一下，立即变成财政盈余了。OK，统计局直接把国债收入定义为财政收入，虽然我说出来，颠覆了你们柔弱的内心，但这个搞法已经几十年了。所有的财政学教科书，都不会赤裸裸地写明“发国债就是收入”，而是绕来绕去，写得含含糊糊，其实就是担心小清新们接受不了。所以，我们基本不用考虑财政赤字。

所以，我们的财政状况不是你想象中那么美丽。这些年，我们的央行兄弟，为财政堵枪眼，有苦难言。央行面临三大互相矛盾的任务：发展经济、稳定币值、稳定汇率。第一和第三个目标是要多印票子，第二个目标是要少印票子，结果央行就在这三个互相矛盾的目标里纠结，再加上国际国内各种无法预测的突发事件和趋势性问题，央行最后成为所有人的笑话。其实，央行也无辜啊！

港币就从来不看财政的脸色，港币发行，与众不同，是三大行发钞，存入货币当局1美元，这个银行就可以发行7.8港元，以此类推，所以港币币值比较牢靠。但这么做的结果是，港币失去了货币主权，发多少，全部看美元存款。1997年，索罗斯在纽约卖空港币，引发港币贬值的市场预期，这时候，大家抛售港币，买入美元。港币有实实在在的美元支撑，本来不是问题。但金管局实际上把美元拿出去投资了，一下子凑不出这么多美元来买回港币。港币本来准备崩盘了，但内地及时把美元借给香港，买回港币，侥幸过关。

新一届政府宣布，扩大财政赤字50%。我完全赞同，抓到点子了，中国还是有高手。但是也有些小弊端，就是房价继续涨。

2013年，中国财政赤字是1万亿元，占GDP的1.9%，国际安全线是3%。其实，这里面有个统计漏洞：地方资产负债表上没有财政赤字，实际是地方很缺钱，于是融资平台，例如城投公司去银行贷款，弥补了财政资金缺口，结果是地方债高企，财政赤字低得可怜。说白了，就是自己骗自己。

如果把地方财政看作一个大公司的财务部，你会发现，支出是刚性的，年年增加，而收入的一半来源于房地产及其相关行业。比如县城，财政支出年年增加，但财政收入的大头是卖地，土地财政的背后是公务员工资和农民增收。如果不印，县城房价必然一落千丈，无人买地。如果真这样，教师工资都发不出了，科长小轿车的保养费都交不起了，可能吗？小企业必须垮掉一大片，否则谁知道小老板是不是假装哭穷啊？即使把小老板刮干净，也就维持一年，后面会更恶劣。我走访过很多中西部县城，那里根本没有像样的财税来源，都靠卖地。我还研究了某区财政。原来观念中的偏远穷镇，由于前几年土地卖得少，现在反而有大量的土地可卖，一下子成为最富的镇。而早已开发完毕的街道和镇，现在的财政收入升幅极小。今后怎么办？印钱发工资或裁人！二选一！

新常态，说白了就是财政学术语：紧平衡。那是计划经济的名词，现在不用了。其实，还是那么回事。操作方法是，印钞跟在指标回落后面，慢一拍。而 4 万亿的操作方法是，印钞抢在指标回落前，快一拍。如果大家看清楚了我们的地方财政收入构成，那么只有一个结论：买房就是为国出力。

■ 精兵简政

现在最大的财政包袱是两个：一个是财政供养的公务员等人群太多；二是地方债太大。财政供养人群的作用是维护社会秩序，地方债是发展 GDP 和农民工就业。过去改革的一个经验是，卸下包袱，轻装上阵。怎么卸？看决心了。如果不甩包袱，今后青菜 20 元一斤，是完全可能的。

财政供养的临时工、城管、协管员、文员等，实际也是低工资公务员，根本不可能大解雇。如果你在街道办上班，你可以打听一下，就一个两万人口的小街道办，财政供养人群已经到了你无法理解的程度。多到什么程度？多到了报纸都不说的程度。他们都眼巴巴地指望楼市经济带来的大繁荣，大实惠。屌丝为了一己私利，盼望房价下跌，那是绝不能答应的。更可气的是，他们居然还要买房子，还要把儿子送出去留学，你说，这是不是要求太多了。于是，只好从小老板和小白领这里想办法了。

近几年，物价低，产品多，是因为有太多的活雷锋创业公司和淘宝大妻，把自己的积蓄和劳动力无偿来补贴消费者。不过，现在纳斯达克上市路断了，这种烧钱熬不了两年的。接下来，不搞货币投放，我真想不出还有啥办法了。中国13.8亿人，6.1亿不上班（老幼残、失业），就业人口7.7亿，农业就业30%（自己管自己，余钱不多了）。剩下5.4亿在非农领域，其中0.4亿算吃财政饭的。那么5亿上班族要供养：6.1亿（不上班）+0.4亿（吃财政饭）。想想头就大了。所以，房价、就业、M2，三者无法做出平衡，必须要牺牲一个。压缩政府开支，减少大吃大喝是小头，关键是精兵简政。有没有勇气？朱镕基总理曾在记者招待会上承诺："为什么不能实行科教兴国？因为政府太庞大，把财政都吃掉了。""本届政府决心精简机构，减掉一半人。"当他认真兑现政治承诺时，才发现利益相关者的反弹力有多大。

如果地方预算管不住开支，那么有热闹了。假设一个县收入20亿元，支出30亿元，多出来的10亿元，会成为各色各样闹剧的源头。因为现在的财政收入和GDP，完全是靠房地产这个工具自我循环。政府卖地给房产商，收钱后建铁公基，铁公基的大小承包商赚钱后，去买房子，房产商赚钱后再去买地，反复循环。目前，中国地方财政收入，仅土地出让金就占到一半，各类建材、水电气，建设、开发、销售、流转，所拉动的财税和就业，我粗略估计（不准确的），土地楼市及其拉动的相关经济活动，占地方财政收入的65%～70%。这个比例已经让人无法想象，一旦改变会如何？2002年前，很多地方，公务员、教师发不出工资。所以，大家都看明白了吧？你认为，公务员会为了降低房价，而自己发不出工资？

如果不搞财政刺激和炒房，那么财政主力就是中小企业税收。十年来的大基建和大炒房，太舒服了，贷款、发包工程、卖地、还贷，形成了一个有效循环，所有人都来求我。如果现在把财源锁定在中小企业：一是寅吃卯粮，猛收重罚；

二是放水养鱼，过苦日子。你觉得呢？我想大家都知道了。在经济下行的情况下，如果财政支出减不下来，干部不愿意少花钱，那么其他改革的效果是不明显的。反正不管怎么改，企业还是要缴纳这么多钱，还是要被上门指导工作。

因此，今后必须是二选一：一是继续维持土地的高地价，从而继续稳步推高房价；二是有关部门减人，例如退休不再招、提前退休、违纪开除、鼓励辞职等。否则，财政难以为继，全部由手机电饭煲和衬衫裤子厂承担，很难实现。继续对实体经济大搞“税、费、罚”，再赠送一本劳动法，小老板我看扛不住了。出口？外汇太多了，已经是负担了，还指望出口？

■ 减税的困难

中国现行财税体系中，征税思路是按照市场经济办法，但是财政支出思路不是，所以当中有个巨大的差额，这个差额就是现在很多问题的根源。

国外几乎看不到国家统一印制的发票，只有各个商业单位自己的销售小票，例如麦德龙大超市、老佛爷、路边店。中国发票的目的是征税，不是保证质量。这个就涉及了中国的税制结构。中国的税制是流转税为主，所得税极小，比如一瓶可乐，流转了几次，必须按发票进行计算征税。

中国税法的核心是，核定征收。专管员如果认为你交税少了，他给你一个指标，你必须交。专管员不需要严密证明，他的核定额是否符合实际，发个通知就可以了。你不服没关系，把钱交了再去投诉，这就是著名的“先履行后复议”政策。那么专管员怎么知道该定多少？这是该你问的吗？你是啥身份啊？你想干什么？

最大的税收征管条例是，今年指标增长是多少？完不成任务，取消年终奖。俞光远说，实际税收征管过程中，是依照上级下达的指令性、指标性的任务来征税；而不是按照税法规定的范围和税率，来依法征税。按行政指令征税，意味着税收征管法在实践中被架空——这个税收征管中最根本的问题，秒杀了其他任何程序性、技术性问题的讨论。所以说，目前的税法和执行，那是星星和月亮的关系，永远不搭界。学长们吃饱了，瞎吹乱贫，还不如去专管员那里懂事一点儿。这种批复式样的税法条例，把简单的事情改成了天书，最后，专管员嘴巴一张，你自己看着办了。

很多上海小白领不知道，公司给你发的薪酬奖金，公司都要交17%的增值税（还有各种附加、教育基金等）、48%的社保费、20%左右的个税。你到手1万元，公司估计支出是1.9万元。我做了好几年的塑料厂小老板，这是成本核算常识啊！当然，员工是不关心这些的。另外，公司给你提供的免费午餐也是要缴税的，会计术语是“不能抵扣项”，说白了就是去缴税。

那增值税和个税有什么关系呢？假如你买入木头100元，在小作坊里又锯又刨，加工成桌子卖1000元，增值900元大部分就是工资支出，17%的增值税主要就是对工资征税。你拿到工资后，还要再缴纳10%～30%的个税，企业红利给股东还要缴纳20%个人所得税。企业和员工合计还要缴纳工资48%的社保，再加公积金5%～12%。员工层层缴税后的工资现金，买的又是含税的商品。

讲故事，拉风投，投资人的目的是上市或卖公司。那么，这个公司的合规性是重中之重，一分钱税都不能少，否则就是一个有重大隐患的公司，没人买。在目前这个税制下，能够盈利的、讲情怀的企业，大概只有马云、QQ了，京东商城也是大亏的。我对滴滴的估值为零，可能你们不同意，各自保留观点。

企业利润是谁创造的？工人喜欢说是工人干出来的。我不反驳，我的观点是，利润的背面是风险，谁承担了风险，谁创造了利润。

中国的税收有多高？如果你买个3000元的锤子手机，你支付的增值税是510元，还有各种各样的你闻所未闻的教育费附加、房产税等，好多好多，再加上企业社保金、公积金。你付出的3000元，最起码1000元的税费罚。有人测算是1400元左右。

如果要减税，大家觉得先减哪个好？我最希望减土地增值税，它是全世界独一无二的，50%，这也太高了，净资产并购就卡在这个税上了。我希望，把住房买卖的税赋提上来，营业税15%，500万元的房子，缴税75万元。把土地增税下调，我去收购资产，做长产业链。可惜，没人听我的。

营改增，说是减税，但是我问了一下实际情况，不一定是这样的。比如你要运输一个大钢架，如果找正规公司开发票、抵扣，价格比较高，开票的手续烦琐，抵得上去法院立案的程序，而且是东一家、西一家，极为分散，耗时耗力，烦不胜烦。百元发票抵扣 17 元，但开票成本是：去那个公司会计室，停车费 20 元，会计忙半天成本 100 元，还要占用一辆车半天成本 200 元，汽油费 10 元。企业有很多琐碎的 1 ～ 200 元的支出，如电话费、汽油费，被迫放弃抵扣。而找个私人车，便宜，所以最后你也不得实惠。

我们为何要收取如此庞大的财税？因为庞大公务员群体的存在。如果不在源头上解决问题，而是要求公务员不许大吃大喝，你觉得效果怎么样？白养活一个公务员，平均 20 万元顶天了。但是公务员要做事，要出政绩，这就不是 20 万元的事情了。

大部分小企业一年交不到 10 万元的税吧？但是大城市平均一个公务员的福利工资奖金合计就要超过 10 万元，垄断行业的正式编制最少要 15 万到 20 万元，还不算其他各种各样的办公开支、三公经费、办公大楼的建设装修保养，还有各种各样的市政建设。财政收入减少后，吃财政饭的人，哪个愿意减少收入？教师、医改、养老、廉租房，层出不穷的民生问题、国防、城建，公务员收入，三公支出，救灾，哪一个能够减少？所以，大规模减税非常困难。

对农民的减免税已经完成了，泥瓦匠、快递员的工资已经是 4000 ～ 7000 元，够了。接下来，对普通市民和小微企业的减免税，应该是时候了。减税之后，财政支出怎么办？减少支出，扩大赤字？答案揭晓：扩大赤字。

现在有关部门增加老百姓负担，不是直接来收钱，而是在赚钱和花钱的环节设卡。例如对企业狠搞，间接影响了工人收入；在老百姓买房买车时征税；直接减少你的购买力。若你既不赚钱，也很少花钱，恭喜你，各种各样的好处在等着你：低保、免费低质医疗、廉租房、子女免收学费、逢年过节还有米和油。

摆不上桌面的个体户会大量崛起（例如装修、通下水道、卖假包、淘宝、地下表演队、黑车、黄牛、家教、黑诊所、烧烤摊，收废品）。这不是其能力强，是规避了社保和税费，赚的就是自己的劳动力。这个结果极其悲哀，因为现代化的目标是企业大而强，现在是反方向演变。

政府支出无法下降，债务已经达到极高水平了，与此同时，财政是基本无结余的，所以财政收入是不可能拿去还旧债的。那么接下来，三选一：一是富人反对的紧缩，楼市和基建行业较痛苦；二是小企业和农民工反对的加税，中小企业无法承受，导致出口难和就业难；三是白领反对的印钞，印到猪肉30元一斤。印钞是怎么印的？实际上，印钞票只是一个老百姓的说法，你肯定看不到任何一个报告，上面写着这个月印多少钞票。实际做法是，增加央行的贷款余额，导致M2余额增加，5万亿元持续增加到100万亿元。也就是，银行无休止地增加贷款，实际上它没有钱。

通过拉高房价敛财，然后把钱无偿发给各个阶层。农民取消农业税、农民工有社保、退休老人加工资、公务员三公支出、房产商成为超级富翁，穷人还有廉租房可以申请，医保全覆盖，城市美轮美奂。买房的人背负了几十年的债务，但是房价涨了，心情不错。表面上皆大欢喜，你看出漏洞在哪里？美国人悄悄撤了。

财政部某专家说："未来十年要做好过紧日子的打算。"这句话，缺了一个主语。谁要过紧日子，估计最后还是普通人。

啥叫财税改革？某专家的逻辑是，通过持续开征新税种，满足不断增长的财政开支需求。我来告诉你真正的财税体制：建立个人所得税为主的财政收入体制，政府开支全透明的财政支出体系。在生产领域，尽可能减税；在分配领域，财产公开，多拿多交税。

财税改革只有一条：除了法律规定的保密事项，政府一切收支全透明，细化到100元的级别，那就天下太平了。我判断，未来财税改革，主要是集中在顶层和基层的分成比例。这种改革，对体制内是意义重大，对朝九晚五的普通人也就那样了。

■ 没有风险的地方债

中国的货币总量是个天文数字，但是中小企业手里还是没钱，大部分家庭还欠了几十年的房贷，钱到哪里去了？地方债拿走了，高楼大厦，隧道高架，高铁高速。

降息，老百姓存款利息减少了。但是中小企业的贷款利息会少吗？很难。因为中小企业就算是高利息也借不到钱，降息更加不靠谱了。那么，降息谁得益？地方债。

地方发债券和找银行贷款的异同：地方债是发改委审批，是权力行为；贷款是商业银行的审批，是商业行为。地方债实际意义不大，但操作学问却很大，比如地方债券的总量和利息与银行利息，怎么对应？地方债的用途是否能以新债还旧债？地方债数量小了，毫无意义，如某县发行 2 亿元，有什么意思？不过是一年就花完了，为了短期目标，去冲破“严禁地方财政赤字”的规定，意义不大，不如找银行贷款。如果该县无限量发债，数量很大，那就是和银行抢生意，本地资金就这些数量，你拿走了，银行就喝西北风了。

地方债券是否可以允许竞争？如果江西和北京同时发债，老百姓肯定是买北京债券。那么江西债券的利息就必须抬升，这就造成债券竞争。

现在地方官员政绩考核体系，很看重城市建设的美轮美奂，GDP 的数据，等于是鼓励政府借债搞基建。如果量入为出，城市面貌改变不大，那是要被鄙视的。地方政府投资要刹车，必须各地同时刹车，但是发展不平衡导致无法一刀切，所以难办了。地方债务，越滚越大，无法避免。

地方债的根源是财政预算缺乏刚性。地方人大的预算报告，根本没有细节，全部是粗线条的概语。决算报告，基本是无人去看，反正钱也花了，再看也是花了。

解决地方债，只有几个选择：一是你让我继续卖地；二是一笔勾销；三是借新债还旧债。

要是你欠银行5000元信用卡，银行催债部门马上拉你去公安局，不还就判刑。地方融资平台的几万亿的贷款，根本还不了，但是银行和地方，都无所谓。奥妙在哪里？这个问题说深了，就难看了（腐败只是极小的原因）。地方债实际上根本没人操心。借钱的，调走或退休了；新来的，无所谓，反正也不是我欠的。

这就是地方政府债务的最大特点：借钱的官员从来不操心还钱，因为债务到期，他的任期也到了。借到钱等于是拿到钱，这个逻辑导致谁不借钱谁傻。接任者是不会为上届还本金操心的，最多是把利息还了。银行也无力去关闭高速公路，那就拖延下去，继续混。

地方债审计，第一作用是分清责任。我搞半天，全部给前任还债，那是很郁闷的事情。

地方债的关键是地方不考虑还债，银行不会逼债，两情相悦。但资金未进入实体，哪来的盈利去维持高利息？很简单：借新债，还旧债+利息。债务越积越多，新的债务不断创新高，老的债务必须借新还旧，还要增加一大块利息，驴打滚，现在掩盖的办法是新增货币。但是货币越来越多，都在空转。一旦收紧，违约就出现了，没办法。

就业下限，物价上限，中间可以回旋的余地很小，所以，解决地方债，只能是印钞稀释。如果不印钞，拿真金白银的财政收入去还地方债，那么今后十年确实没什么资金搞新项目了。经历过20世纪80年代的人都知道，那时候物价很稳定，就业稳定，货币稳定，但是城市面貌二十年没变化是常态，一利必有一弊。

地方债每一分钟都在产生巨大的利息，但地方债投资的“建成”或“在建”的高铁、高速等利润，不能负担这些利息，要么宣布违约（不可能），要么印钞支付利息（现实）。如果停止搞新地方债，那么还能够维持下去，但是继续无休无止地做大地方债（维持农民工就业和钢铁水泥产出，维持房价，灰色收入），后果不明了。

地方债到底有多大？这些地方债已经变成了遍布大江南北的高铁、地铁、高架、隧道。怎么办？一是希腊模式，有关部门节衣缩食N年来还债；二是1998

年模式，通过货币增发，稀释债务，大水一冲，干干净净。你说呢？如果印钞，那么印出来的钱，怎么抵消呢？房价涨一涨，皆大欢喜。

有人说，地方债可以通过变卖优质资产和国企来解决。这个说法是笑话。现在的市面上，有现金的，除了银行，就剩下外资和外资投行扶持的电商大佬了。要卖，只有外资有能力接盘，房产商可不会把资金拿去做国企的。

地方债的逻辑是，建设基础设施，然后高价卖地建房还债，但买房者接盘的资金必须依靠银行的大量信贷，买房者还贷必须依靠火红的就业市场和各行各业，兴旺发达来支撑。一旦信贷收紧，就业马上不行了，地方债和房价就是难兄难弟了，两年肯定躺倒。

地方债是有强大的运动惯性的，不可能说停就停，搞了一半的工程，怎么办？所以，如果发行地方债，你可以尽情买入，毫无风险。这个游戏还要玩好多年，一开始绝对不会有问题的，你就找利息最高的买。

■ 社保困局

我非常赞成建立全民社保体系，就像是美国。但是谁出钱是个大问题。是减少三公，还是在奄奄一息的民企头上再狠刮一把，值得思考。中小企业的现状，大家心里有数。于是中小老板果断收缩，招聘困难，为了安抚情绪，大量人员临时性进入了财政供养体系。表面说是临时性的，但时间长了，很难减了。

现在欧美的福利制度被底层选民绑架了，这些底层选民主要是“二战”后引进廉价劳工后，几十年积累下来的，人口来源复杂，涉及种族、北非、宗教，所以，轻易改不了。这一点，欧美的精英人士是有切肤之痛的。曾经有个欧洲律师和我聊天，说起福利制度，简直是义愤填膺。他说，中上收入的人交了那么多的税（法国最极端，出台了针对富人的75%个人所得税），才有了医院，但是根本享受不到医疗福利。为什么？每次去医院，总是人满为患，人山人海，导致其只能去私立医院。而在医院排队的病人，又往往是不交税的那些底层选民。但是，选举制度来之不易，是战胜各个小国王后好不容易才确立的，很难后退了。所以现在欧洲是进退两难。欧洲大陆现在也面临痛苦的政治选择。贫富差距，就像是自然界中的狼和羊，杀光一方，是不能解决问题的。没有狼，羊繁殖太快，最后也是饿死一大片。

人社局每年上调平均工资，其实就是一个目的，多征收社保金。至于工资究竟应该是多少，人社局才不关心呢。说是企业和员工分担，但其实都是企业财务科支出的，只不过分开了两张票而已。近年来工资上涨最快的是：保姆、装修工、快递员。这些恰恰是人社局不管的人。人社局建议涨工资，实际上是为了多收“五险一金”。比如上海要求外地职工大幅度缴纳高额社保，原本是为了解决养老金穿底的缺口，但是现在外地职工高高兴兴拿着社保卡，大批量地上三甲医院看病，三甲医院爆棚了。以前为省钱，尽量不去，现在是尽量去。

养老金缺口大，但不是燃眉之急。社保中心可以当期收，当期支，维持一个动态平衡，还可以混很多年。现在 80 后，把 4 个老人的养老寄希望于社会养老金。再过十五年，中国 60 岁以上老人占 25%，实际领取养老金的年龄是 50 至 55 至 60 岁不等，占比更高。那时候，到手的养老金，谁去创造？还真是个谜了。进入老龄化社会，三线和四线城市高速发展肯定是歇菜了。青壮年涌入京沪交社保，会受到当地政府的热烈欢迎。

以房养老，就是老人把房子抵押给银行，每月领取 1 万元，最后房子归银行。我们的有关部门太会想办法了，要把一家人彻底榨干啊。那么他的子女再要去买上海房，怎么可能呢？养老金不公平才是问题，不要老想着老年人的房子啊。京沪无数人想的是，牺牲自己这一代，给孩子留个房子，扎下根，养老金就靠社会了。现在有关部门的意思是，房子也是你的财产，你就先吃自己的吧。在京沪买房给很多人留下了极其悲壮的回忆，如果让他们的下一代再走一次，很多人是受不了的。

朋友聊天说，反对“以房养老”的人，竟然是没房产证的老人。想想也对，以房养老真的普及了，那么养老金发多发少，就不重要了。没房产证的老人，养老金缩水了，那怎么办？特别是农村房，银行也不要，那是没办法混了。

走访发现，一个设施完整、中等档次的养老院，一个床位月租金是当地两室一厅的月租。老两口把房子出租，加上双方的退休金，两个人刚刚好。如果遇到大病或生活不能自理，那就……

在京沪的凤凰男十年后怎么应付？遇到凤凰男，京沪姑娘要做好足够的思想准备。否则到时候，双方都难。举个例子，有一对小夫妻，属外地来沪精英，都是80后独生子女，郎才女貌，在沪结婚买房。女方父母在老家兼职，贴补小两口的上海房贷。公婆退休后，来沪照顾他们生活。六个人都赚钱，很幸福。十年后，四个老人超过70岁，孩子尚小，这对小夫妻如果安排四老在沪养老，没有住房，养老院太贵。送回老家不管？太绝情了，都难。

现在几乎所有京沪家庭，都是把双方老人积蓄一生的养老钱、看病钱，拿出来给孩子买房，还要背上几十年贷款，老人退休金也要拿去还贷。目前，双方父母身体还算不错，但随着年龄增大，一定比例的小夫妻必是离婚收场。一旦压力袭来，小夫妻要么彻底绝情，不管老人；要么过二十年苦日子，无可避免，好自为之吧。

70后，一般都是多子女家庭，又遇到了低房价年代，压力不大。我周围的70后，首套房没有贷款压力，有贷款应该是买了多套房，那是发财的好事情。所以，70后父母的养老问题，压力相对小一些。祝福80后，他们注定是历史上最坚强的一代。

上海很多拿到户口的新市民，对上海也不见得有多喜欢，但他退休后，也不敢离开上海，因为医保在这里。一个城市，人口只进不出，必然会弊端丛生。应该建立一个“闯荡一生，衣锦还乡”的规则。新中国成立前上海小老板干了一辈子，攒够30亩地的钱，就回老家了，把房子留给子女，自己颐养天年，现在制度不允许。古代京城，多少人来来去去，也没有导致人口无限膨胀。所有人都把衣锦还乡看作是人生最高目标，这就解决了人口分布问题。现在，北上广简直是拥挤不堪，效率低下。

社保为啥年年涨？社保金最终的主要去向是退休工资和医院。这两块人群要年年涨，社保金也就必须年年涨了。上海老头老太拿到的 3000 元退休工资，是以其儿子再也买不起新房子为代价的，没啥了不起。曾经遇到一群老头老太，是教别人跳拉丁舞的业余老师，都是事业单位退休的，自学了几年拉丁舞，由于上海舞林大会节目的影响，现在跳拉丁舞的老头老太和小孩子特别多，他们退休工资 5000 多元，培训班每月收入 1 万～ 2 万元。既自己健身，又赚了钱，幸福得不得了！

社保制度的最大受益者是医生。现在年轻人的钱，通过强制社保转移给退休人员，退休人员的主要消费是医院，老头老太的医疗消费力强了，各种翻几倍的医疗销售生意火爆。而上班族的日常消费被压缩，普通制造业倒霉了。比如年轻人一年少消费一次衣帽鞋或聚餐，很多企业就倒了，医疗相关行业发财后去买房子了。

现在招聘流行一句话：税前 7000。看上去很美，扣除社保金、公积金、个税、工会费等，到手估计 4500。很多小企业和员工串通，少交一些各种各样的社保和税，最后小老板在辞退员工的时候，往往会被要挟投诉。所以正规企业，特别是外企，是不会干这种蠢事的。小老板最后免不了白忙一场，还要被各路科长依法严惩。社保金保证了退休者利益，一旦搞起来后，就改不了了，大家认命吧！

公积金的目的是贷款买房。上海中小企业的职工，特别是外地职工，买得起房子吗？我看租房都困难。这种强行征收，你懂的。

外地人在京沪打工交社保一辈子，能否在京沪领取养老金？理论上有微弱的可能性，但没细则。这个问题要到 2018 年才会出现第一个案例。当然绝大部分人可能是要回老家县城领取养老金的。所以，京沪户口还是很重要的。京沪户口的含金量体现在：升学、买房、拆迁、大病补助、养老金。哪个你能够避开？

过去十年，中国老百姓享受很多的免费福利，每一次享受都是无比激动，真的是免费的。农业税、义务教育、医保、社保、退休金、廉租房，太幸福了，每一次都有很多人掉眼泪。别急，等你、你在城里的儿子买房的时候，翻个五倍价格，让你深刻学习，“市场经济下的免费”和“计划经济下的免费”，是不一样的。

实体经济不好过

The Best of Cai's Economic Insights

实体经济是社会生产力的集中体现，是创造社会财富、保障和改善民生的物质基础。而当前我国实体经济的发展却面临着诸多障碍，比如实体经济运行的货币支撑不足；内部各行业发展不平衡，垄断企业永远包赚不赔，中小企业利润减少，而成本却越来越高；新《劳动合同法》、高房价、电商等严重打击实业的发展，等等。实体经济，特别是中小企业，已无路可逃。

■ 实体经济的境况

目前的实体经济情况：内销，严重产能过剩；外销，越来越多的行业，没有性价比优势了，摩擦日益增多，煤炭进口比国产还要便宜，衣帽鞋袜慢慢衰落，义乌的小商品慢慢转移到印度东南亚，家电类慢慢转移到墨西哥拉美。大型机械出口，性价比有优势，但是贸易摩擦越来越多，需求不振。实体经济的这些困难，不是货币造成的，但原因很多，比如各种有关部门的审批，脱离实际的新《劳动合同法》，持续十年的房地产的挤出效应，同款半价的假货，还有到处可见的黑心老板的宣传激发了雇工的敌视心态，公款消费被遏制后，老百姓消费没有填补上去。

现在，实体经济左右为难，是转型升级，还是龟缩不动？转型升级，是长期投入，需要巨额资金，银行可能暂时会借给你，但是一旦资金紧张，银行马上逼债，你的资金已经花在了设备和厂房上面，根本无力归还，只能破产，如温州的光伏企业，典型的转型升级失败之作。龟缩不动，就是慢慢落后，最后被外资企业和消费者淘汰。所以，实体企业正在加速分化，特大和特小的，基本苦逼。大企业固定费用高，前期投资大，产业掉头难，利润率低；小企业没实力扛下去，纷纷歇菜跑路，而部分“小而精的专业公司”倒是活了。现在的中小企业，说白了 99% 都是加工厂，涉及的生产技术完全是非常成熟的，需要做的就是“投资买设备、招聘工人，外面跑订单”，老板负责把生产出来的产品卖掉。最大的技术是——节约不浪费。

中央财政增速下降（仅仅是增速下降，总体还是在增长），地方财政增速明显，就一个原因，中央财政是靠实体经济的税费为主，地方财政是靠房地产为主。这就是现在中国实体经济的现状。

我们现在的搞法是，相关部门千方百计从实体经济中抽资金（税费罚款、加薪加福利、推动高价土地和房租），把今后发展创新的积累夺走，再盖几个没有技术含量的摩天大楼，搞几个高速公路，表面上风风光光，实际上是杀鸡取卵。

由于人口的无序流动，大批屌丝进城，老百姓最需要的是北上广深的住房，但是无法满足供应（18 亿亩耕地红线导致大城市住房用地供不应求，价格飞涨），老百姓需要不大的衣帽鞋、日用电器，却在拼命生产，年年供大于求。我观察过周围 100 多个中小企业，各种行业，总结如下：企业自有房屋的，还勉强活着，赚的是自己的房租。企业租房的，多是负债累累，等拆迁，因为有一个经营性补偿。通过观察 2013 年中报业绩，发现品牌服装堪忧，美特斯邦威中报业绩降 48%，安踏体育降 32%，雅戈尔降 10%，九牧王、中国利郎、报喜鸟业绩也分别下滑 13%、21%、23%。HM、zara 的低价衣服都是东南亚进口的，房地产现在成了最后的支柱。不管你信不信，高不高兴，就这么回事了。想起二十年前，中小企业你追我赶的场面，一声长叹，实体经济，极度悲摧。

现在的企业根本无心搞实体，全部想着玩炒房暴富，一旦在经济战上被关门打狗，那真的是热闹了。银行印钞票，建筑工地狂拉高薪，普工价格上涨不断，其他行业萎靡不振，就连外资企业也扛不住了。房价一旦不涨了，制造业、地方债、就业、公务员工资、社保，彻底玩完。

2013 年，有 400 家上市公司利用募集的股民资金去买理财产品。连这种行业龙头企业、超级大企业对投资主业都不感兴趣了，中小企业的情况可想而知了。上市公司募集的资金，等于是白得的钱，不需要还，买理财产品（大多数流向楼市基建），稳稳妥妥拿到高利息，太舒服了。

实业现在是两头恶心，前端是劳资纠纷，人工成本被基建市场人为抬高，产品成本越来越高。后端是销售渠道的成本飞速上涨。比如一条裤子出厂价为零，零售价也要加 200 元，才能勉强保本，因为租金、人员工资、税费、装修、水电气、员工轮休，整得你像杨白劳。中国物流成本也高得离谱，比如发一批货，上海市区到成都市区，仅仅是点对点的运输，普通物流费用要占到货值的 6% ～ 7%，再加上之前之后的打包搬运人力，接近 8%。商业利润，也就是这么多，全部吃掉了。有人说，淘宝无租金，解决一切难题。根据我对淘宝的调研，淘宝的成本高，利润低，赚的基本就是你的义务加班费和社保金。如果哪个屌丝告诉你，某个亲戚做淘宝买了车，你直接拉黑就可以了。

新《劳动合同法》、高房价，是实体经济成本高涨、销售低迷、难以为继的主要原因。一个熟人最近关门歇业了，原因是人工成本越来越高，导致销售价越来越高，价格上涨后，老百姓越来越买不起，于是倒逼企业减产。但是减产后，企业固定成本无法下降，生产就是亏损，被迫关闭。再分析一个挂衣架厂的关闭。不锈钢衣架 5 元一个，用十年无问题，生产是基本自动化的，每天源源不断地大量生产，但是市场上，每家每户新购买的需求极小。以前是出口，现在出口价格高，国内运费贵，也滞销了。需求极度萎缩，结果关厂卖库存，于是你就看到大街小巷摆地摊的在卖不锈钢挂衣架。

现在最大的经济秘密是，老百姓收入增加了，但是日用品的消费减少了，例如衣帽鞋、塑料盆、玻璃杯，导致一般普通消费品企业难以为继，名牌外资除外。钱去哪里了？楼市。

■ 民营企业的困难

中国企业大致划分为两种：一是和基建房地产有关的；二是和房地产无关的。房地产相关企业（包括建筑原料和工具）的效益，完全是政策市，一个政策就直上云霄，一个政策就直下坑底。和房地产无关企业的效益越来越差，内需不足，出口不畅，温水煮青蛙，绝大部分是等死状态。就等最后一个大浪，冲得干干净净。为啥民企越混越差？就是房地产扼杀了民企的内需，百业不兴。社会财富通过房地产向少数人集中。少数富人也是一顿三餐，很难拉动内需。白领收入交给了房产商或房东，自己节衣缩食，消费不振。没钱的人更要储蓄，应付医疗教育养老。愿意花钱的人没钱；有钱人花钱也不多。人人都要就业，只能出口或低效基建。

仔细想想，中国什么商品在国际上是有强大竞争力的？民企的产品。我们现在的实际情况是什么？打击民企。这样下去，玩个球啊。现在，房价高，美元低，一套京沪公寓，少说 50 万～ 100 万美元，这个现实对房产商是最有利的，对民企是最悲摧的。辛辛苦苦，几百人干一年，还抵不上一套房。这不是笑话，也不是经济问题。所以，很多民企混得差，主要原因不是融资难，而是产能过剩，需求不足。普通民企从来不找银行玩，反正互相看不上。民企的活力在于满足市场需求，现在需求不足，又无法裁员，小老板和职工互相折磨。我曾看到一个“奄奄一息的中等民企”，曾经出口创汇的辉煌战绩已经远去，管理员坐在破沙发上，无精打采，中老年职工穿着旧工作服，目光呆滞，看不到年轻人，厂区还算完整，少量机器运转，办公桌上一个大茶杯，满是深色茶垢。一种似曾相识的感觉油然而生，二十年前，某国营小厂即将倒闭前的感觉，再次重现。

加工资、加社保、新《劳动合同法》、科长关心、融资难又贵、经济降温，层层因素叠加，最先关停的不是黑作坊，而是正规中型企业。中等企业竞争力弱，利润比低，守法成本高，又怕闹，老板有家有业，又不能耍无赖，科长又特别爱护，三个月亏损就完了。通过经济降温淘汰一批落后产能，简直是专家拍脑壳想出来的笑话。总之，民企整体上已经被关门打狗了。现在，差的民企已经接近停产了，优秀民企还有利润，但是不敢投资和产业升级，拖个五年，也落后了。最后，就剩下房地产了。

内销民企受到两头挤压，上游国企提高了成本，包括建筑工地大用工抬高了人力成本。下游被淘宝的低价图片搅乱了市场销售，确实差不多到头了。民企是家里的黄脸婆，又丑又烦人，但把家里的老老少少照顾得丰衣足食，安居乐业。房地产是小蜜，花枝招展，前凸后翘，又漂亮又舒服，抱着不肯放，但是最后会掏干你的一切。现在有点儿钱了，就看不上黄脸婆，要离婚了，搂住小蜜不放手，还要天长地久。呸！还是过点老实日子，活得长。

如果经济危机，无数民营企业面临困境，怎么办？由于失业底线的硬杠杠，不允许出现大破产。一是国企出钱，行业大兼并，如本地做袜子的资不抵债企业，全部重组成一个大公司，原有各个小公司变成车间，维持就业；二是银行不逼债，债转股，各个私企老板丢失股权，由国资控股，维持最低生产，不失业。

未来十年，1993 年左右的那一批企业必定进入代际交替了。90%“企二代”是不愿意，也无能力接手经营的。一个年轻人留学回来，看到一大批工人，直接傻掉。所以，中等规模以上企业的退出，会逐渐摆上议事日程。中国一般民企也没有“一铺传三代”的想法。在内地，民企不管有多少钱，都是点头哈腰，唯唯诺诺，送这送那。小有家财的乡镇老板，更是谨小慎微，时刻买单，低三下四，生怕某天罚款单直接贴到你脑门上。这种情况下，很多人并不把企业声誉看得很重，赚到就行了，赚不到就撤，换个地方。

越来越多的私企，已经把正常生意变成了赌行情。比如螺纹钢，进价是 3000 元，如跌到 2900 元，你再精细化也没用了，人人叫你“老赖”；如果涨到 3200 元或 3800 元，你就是成功企业家了，可以去波士堂和女主播谈谈人生理想和创业故事。

什么玩意啊！如果你现在有2000万元，是开厂还是买房？赌吧！企业赌行情比精细化管理更加重要。外贸的成本管理是越来越精细化了，但是精细化节约的成本是有上限的，根本架不住社保金上涨，工资上涨，人民币汇率上涨，最后也就是这样了。有关部门说，产业升级啊。做皮鞋的去搞光伏了，借了几个亿，最后又如何？相反，如果赌对行情，那就是成功企业家。

我有个模模糊糊的感觉，民营经济每隔一段时间，总有一个方阵，全部沦为“屌丝”，这不是竞争后的优胜劣汰，而是整体性结束。我回顾过去二十年的资料，开店发财热、出口热、收藏热、股市热、小商品热、钢贸热、批发城热、光伏热等，都先后依次整体性结束，而现在是淘宝热、电商热。近十年，公家单位，只要不到国际上去竞争，关起门来收老百姓的钱，日子好得如掉入蜜罐。对民企而言，这二年高开低走，打回原形了。按照目前这个搞法，我对十年后的情况，充满了好奇。我们一起熬吧，守得云开见月明。

■ 中小企业的重要性

中国现在唯一还可以有产出的地方——中小企业。农民工、白领、房地产老板、外资、国企，个个都很强悍。但是把中小企业榨干了，游戏也就结束了。CCTV2报道：中国有4000万左右的小企业。2012年我国15～59岁劳动年龄人口9.3亿，扣除3亿真正农民，在校学生，公务员，士兵，残疾人，女性早退休的，实际在中小企业上班的最多是5亿～6亿。那么每个中小企业也就12～15人。我对中小企业的态度是很矛盾的。一方面，中小企业，拉动就业，功劳大。另一方面，中小企业产能过剩也是触目惊心，应该倒掉一批。

根据我对市场经济发展史研究，现在是产生各行业托拉斯的前夜了。这一轮大洗牌十分残酷，有背景的大企业在得到贷款支援后，慢慢熬死小企业。十年后，娱乐版的男主角和产经版的女主角，会是同一批人了。小老板无力反抗大资本的钝刀割肉，人家亏得起啊。小老板只有二选一：要么关厂买房，要么高精尖技术。很多人说，日本德国有很多小企业，活得很好。这些小企业一般有专门技术，在市场竞争中有优势，价廉物美，技术高级，能够拿到大企业的配套订单。但是，中国的大企业、大金主，是国企，他们不关心物美价廉。那么，你成本控制好，便宜3%，有啥用？中小企业基本完蛋了，原因很多，结论是一个：错过了做大做强、厚积薄发、技术积累的黄金时代。小老板拼了十多年攒的那点儿小钱，本来是用来进行技术升级的。

过去十年，小白领和小企业是最苦的。但是听不到他们的声音。农民工的嗓门比小白领和小企业响亮得多。有个农民倒卖农产品（高风险），贷到了 120 万元贷款，年息 13% 左右，比起温州的中小企业 50% 以上的贷款利息，简直是幸福到了天上，但是人大代表还是抱怨利息高。印钞何时结束？夹在房产商和农民工中间的中小企业和中产阶层管理人员陷入困境，无力再组织广大农民工生产了，农民工失业增多，那时候，就必须去挽救中小企业和中产阶层了。人大代表中，有 31 位农民工代表，但是真的没有看到小企业主的代表。谁的发言权大？但是，很多人熬不到那天。现在天量印钞，但是没有引发工业品大幅涨价，是中小企业在用以前的利润，亏损维持生产，因为任何企业都不想退出市场。但是几年后，中小企业扛不住了，陆续退出了，那时候，再印就笑不出来了。

现在最正确的做法是，千方百计压缩，保留骨干，苟延残喘，不要成为第一批倒下的，你就赢了。救市是肯定的，不确定的是什么时候救，有关部门希望淘汰一批落后小企业。珠三角、长三角的这些小工厂是救不活的，这不是贷款问题，而是滞销。一是内销无力，老百姓节衣缩食，钞票全部拿去买房买药了；二是外销无力，供大于求。如果小老板在前两年负债大投入的话，肯定是完了。如果是在内环线买房了，那是笑歪嘴了。我曾走访了几个貌似不错的企业，无一例外，都在参与土地经营，主业已经是个贷款幌子了，银行嘴上说得漂亮，身体也很实在：表格上填的是支持小企业发展的经营性贷款，回去可以列入考核，给银监会看的；实际上是拿企业的土地房产做抵押，两全其美，都不耽误。

地方收入主要是卖地和贷款，现在被收紧了，只得收税、摊派、罚款。小企业的苦日子来了，工人要加薪加社保福利，有关部门要税费罚款，中间被国企的基础资源要素和物流收费狠抓一把，银行贷款和减负政策不见实惠，导致产品价格上升，销量减少，雪上加霜。第一批消失的小企业，应该是集中在几种情况：一是竞争力不强的，垫底的30%行业中，被迫关闭。二是企二代无法接班，主动关闭。三是飞来横祸，例如制造业工伤死亡一两起，或出现较大坏账的。四是突围方向错误的，小企业遇到困境后会赌一把，赌错了，就加速出局。当正常的小企业无法消化经营高风险和成本急涨时，那么它会选择走向地下，毕竟消费需求还是存在的，只是各路神仙伸手太多，导致无力承担。走入地下的小实体企业，绝不会有长远打算和诚实经营的想法，假冒伪劣，坑蒙拐骗，就会层出不穷，执法成本急剧上升。恶性循环，矛盾上升。

小微企业难题：一是不合理税费罚过高，二是社保费高得离谱，三是产能过剩，四是融资难。鼓励小微企业贷款会成为灾难，因为小微企业贷款是要求小老板及其家属的个人资产做担保的，利率一般是10%～15%，一旦小老板生意失败，那是灭顶之灾，一生完蛋。最应该做的是，降低小企业负担。近十年，我第一次对经济发展感到担忧。有关部门对老百姓和中小企业收重税，财政和货币才基本稳住，等于是寅吃卯粮。中小企业后劲不足，央企赚的主要是中小企业的钱，中小企业没钱了，怎么办？

上海提高最低工资，有关部门可以多征社保税，老百姓感觉是政府关心农民工，都很高兴。前两年，小厂老板买了机器，租了厂房商铺，全部资金已彻底套牢了，如果关厂，还要赔偿一大笔钱给员工。这些小厂老板估计没救了，慢慢欣赏这些小厂老板一个一个被定点清除吧。工商联说，房价61%的份额是政府拿走了。那么上海卖一套房子，有关部门可以得到100万～150万元税费。而一个上海中小企业，估计也就是10万～30万元的税费，雇用的还是外地人多。所以中小企业不是上海的菜。上海广大郊区土地充沛，再开发十年都没问题。所以中小企业，你爱上哪儿上哪儿吧。

中国经济的核心是中小企业，乃重中之重，承上启下。对上，供养大企业；对下，解决就业。如果把这一点打断了，任何政策都没用，就算把银行送给中石油，它也不能解决当前的经济降温问题。现在的大街小巷黑板报宣传板，都把中小企业作为不交社保、克扣工资的坏榜样。小老板蹲在地上抽闷烟，无话可说。中小企业不景气的初期，不会有什么大的社会问题，因为建筑工地把农民工全部吸引走了，住房、地铁、高速，工人还不够用啊。但是到了中后期，我们会慢慢发现，全社会只有建筑工地热闹，其他企业越来越静悄悄了，这时候，建成的这些高楼大厦和公共设施就缺乏真正的买单人了。

■ 不合理的退出制度

中国的民营企业未来十年会遇到麻烦。最大的麻烦是，制度成本高，使得民营企业退出。在青岛，曾经发生韩国人办的小企业因经营不善直接跑路的事。再比如孙楠餐厅欠薪跑路案，孙是小股东与欠薪无关，但韩国大股东跑路值得深思。中国的新《劳动合同法》和《合同法》导致企业退出程序太繁，成本太高。本来就亏了，再要被盘剥一层，连外国人也只能选择跑路了。供应商和工人就只能闹，一片乱哄哄。再看华尔街的雷曼兄弟破产，一切按部就班。在经济好时，法律设立过高的企业退出门槛，经济一差就会乱象丛生。今后，中小企业破产会越来越多，怎么办?

中国企业的退出机制，理论上是合理且合法的，但事实上没有。所以，最后温州的企业家采取了一种破坏性的退出办法，一开始尽量维持一个中小企业的表面正常，到最后实在无法支撑了，就大量借钱，最后一天，买好出国机票，跑路到国外。要是正常倒闭，还要支付几百万的员工遣散费，那是不可能的。要是有几百万现金，企业也不会破产了。工人去找劳动局，劳动局就垫钱，然后拍卖机器厂房。还有的企业破产后，工人去工厂搬东西，那时候是无人管状态了。据我见过的，没头脑的一般是去搬电脑；有头脑的一般是直奔最值钱的某某中小设备，以后自己可以单干了。来晚的，只能够去拆铁门，卖废品了。

现在很多民营制造业企业，真正赚钱的，我估计 30% 都不到，70% 是逐步收缩，实际亏损，但很多还是不关门，继续开下去，原因就是关厂的成本更高，无力承担遣散费用。有房有地的老板，不愿意跑路，被逼无奈，干耗下去。结果：一是几年不加工资，工人辞职完了，顺势关厂；二是亏损太大，高利贷一逼，跑路。三是时赚时亏，那就混吃等死。我曾调研过某百人厂遣散费用：一是明损失，工人补偿金 150 万元，机器报废损失 200 万元，办公用品电脑报废损失 20 万元；二是暗损失，企业间互相欠钱是正常的，但你关门了，就会迎来大批要债人，同时你关门了，应收账款也很难收到，这个金额要 400 万元。一下子就要拿出 700 万元，但该厂年亏损 40 万元，只好拖下去。像这样的“待关闭工厂”很多，比如企业原来有 500 ～ 1000 名员工，现在亏了，立即关厂，企业付不起近亿元的赔偿金，就给最低工资，等工人受不了辞职，中层干部接私活，老板也不管，等人数降到几十人了，老板一次性补偿，关厂。所以，现在很多企业是在硬拖，其实早就想关厂了。还有一部分小老板是心存侥幸，希望过段时间经济形势转好，为啥走到这个地步？其实大家心里都清楚，但是无力改变。现在，各个环节都在考虑自己的利益，就是不考虑企业的持续发展能力，那就没办法了。把牛杀了，还可以吃几天牛肉。明年怎么种地，就不考虑了。最后，在科长的认真负责之下，企业注销和企业破产的难度，超过正常人的思维模式。所以，大家也不去注销了，变成了吊销。然后，科长认真地发出了罚款单。当年上市公司诺奇老板带着 2.28 亿元跑路，他的房子我见过，超级漂亮。如果公司财产和私产分开，他是不应该跑路的。我推测，银行肯定是让这个老板以全部私产担保的，现在生意垮了，意味着老婆孩子就要住到大桥底下，和乞丐搭伙捡菜叶了。你说他还有什么选择？

我们的财政收入占 GDP 的 25%，这个还是明的。还有社保费等不计入财政收入的企业支出，可知企业的税费罚有多沉重。如果购销两旺，那么还可以承担，如果市场下滑，中小微企业就没办法了，倒闭也不能赔偿新《劳动合同法》的负担。

外资公司在退出中国时如何妥善处理劳资关系？闵行区上海神明电机有限公司，发生了超过千人的员工罢工，部分管理层人员（包括 10 名日籍员工）被员工围堵。不得已采取这种途径的员工表示神明电机隐瞒去年被中资“鹏成集团”收购，现员工被迫重签劳动合同，面临工龄清零风险，这就是新《劳动合同法》的负面影响。公司改名改制后，如何计算工龄补偿？利益巨大，但新《劳动合同法》没有规定。当年神明电机出的难题是个案，日资也算是富裕人家，估计是各让一步解决。但是新《劳动合同法》带来的各种影响，一旦到了经济大降温的时候，对于内资企业就是大打出手了。

2008年突然修订了《劳动法》，不让投资方有选择权，对外资企业，关门打狗，痛下狠手。这个短期内对工人好像是保护，长期看，外资慢慢跑了，吃亏的是就业。非洲很多地方，对外资企业很恶劣，要么外资不来，要么就是带着战斗机来投资。所以说，经商还是要守信。

■ 跪下的小老板

中国经济中，中小老板是个特殊群体。他们素质不高，缺点很多，但最具活力。改革开放三十年，他们是市场的基石，他们拥有官办企业没有的竞争力。用好他们，还是限制他们，是今后一个重要的事情。现在是限制的搞法，再折磨三年，大部分中小老板就垮了。现在实体企业的小老板和股民有一拼，都是一副亏钱的苦相。大部分十年以上的实体企业老板，是靠赌行情发家的，他们不能借助政府的力量，所以他们赚钱，完全是靠对市场的敏锐性，吃苦耐劳。这群人真的有能力。要是这几年把他们整垮了，实在是可惜。但就现在来看，社会上大部分人对搞实体经济的人充满了鄙视和歧视，好像做裤子的、做小机械厂的、做塑料瓶的、做低档手机的老板，全部是垃圾，是盘剥农民工的坏蛋，是污染环境的坏人，是监管的对立面。可小老板没有朋友，对上，他要及时缴纳各类缴款通知书的款项，例如税费罚、水电气油通行费；对下，他要每年给员工增加工资，增加社保，员工能辞职，他不能辞退，否则科长立马赶来。生意好的时候，小老板还可以忍一忍，生意不好了，小老板就是第一波倒下的先驱。

小老板为啥现在叫苦了？其实前几年，新《劳动合同法》和社保金刚刚出来的时候，小老板就立即站到了悬崖边上，不赚钱了，但小老板手里还有前几年积攒的小存款。小老板干了这些年，机器设备一大堆，舍不得直接倒闭，熬了几年，本钱熬光了，还看不到希望，这下子小老板真的发慌了，转型当房东也没机会了。很多小老板傻乎乎地乐：我不给员工交社保，也没人找我啊。等你辞退员工的时候，你就知道谁傻了。我所在的工业区，每一个小厂的关门，总是伴随着一大堆劳动官司，还有罚单。很多小老板懊悔不已。

现在，很多小老板把最后一套房子都抵押出去了，在维持小厂运转，但越来越失望。他们很羡慕房东啊，房子在增值，房租妥妥的，还不用上班，也没有审批。2011 年 7 月，上海社保全民推开。我当时劝很多小老板关厂买房，安心收租。听我的小老板，多在 2012 年的近期最低点买入，现在每平方米增值一万元左右。有几个傻货嘲笑我没魄力，做不成大事，现在像傻子一样到处借钱给工人发工资，还嘴硬：以后会好的。好你个头！等银行上门收房子的时候，你就知道了。

如果同样贷款 1000 万元，房子的贷款利率是 6.55%，一年增值 150 万元；小老板的贷款利率是 15%，累死累活，交完利息和社保，纯屌丝！而且房东在赚谁的钱？不是房客，是在赚小老板的钱。小老板每年给屌丝加工资，屌丝一转手，就交了房租，你涨我也涨。看懂了吗？发展经济的目的是造福员工，给员工加福利、加工资是对的。但把所有的责任全部压给小老板，那是不可能长久的。小老板没有出路了，你让一个做鞋垫的出口商，改做高科技？谁有病谁知道。总结一下：倒闭光荣，你为了压缩产能做出了贡献；买房光荣，你为国家税收做出了贡献；当房东光荣，你造福了屌丝。很多人不希望私营企业有利润，不希望小老板赚钱比公务员多。他们喜欢国企和外企，这个目标很快会实现了，大多数小老板会变成房东。以前某个小老板悲伤地告诉我，开了十多年的厂子关门了，工人 120 个，全部补偿遣散了，没有纠纷，他情绪很低落。我告诉他，好事啊，马上去买房收租。现在，他整个人都好了，幸福得不得了，开着私家车，到处旅游，那种苦逼式的自驾游，比较节约，还开了新微博，在网上晒幸福。那个小老板告诉我，他最伤心的是，明明自己在亏损，工人们还是认为他赚了黑心钱，年年要求加工资，谈福利。为啥？工人的思路很简单，不赚钱，你怎么会开厂？小老板说，自己永远也说不清了。直到关厂那天，工人才明白小老板真亏了。现在他说：最后悔的是，自己白白苦熬了两年，损失了一套房子。他还告诉我，最后两年一直在亏，他损失的那套房子，主要是新增工资和社保支出。120个工人，社保大概是80万元，加工资增加了40万元，改善伙食10万元，130万元一年，两年新增成本合计约260万元，熬不下去了。他说，当时是舍不得，干了十多年，每天擦得亮晶晶的机器当废铁卖，心疼。我说：活该！

我以前经常参加有关部门召集的各种经济座谈会，我去多了，就有一个感觉：会场里几十个人，你可以一眼就把那个私企老板揪出来。为啥？最猥琐的那个就是。别人都是外企、国企、银行、医院、石油、烟草单位的领导，或工商税务镇街干部，就那个小老板，一脸卑微，胆战心惊，走过来个倒茶的小妹都点头哈腰。有一次去窗口办事，看到一个小老板由于某种原因办不成，急得满头大汗，而办事人员冷漠到了极点，甚至让你感到，你再多问一句话，就是打扰我休息，丝毫不介意这个小企业可能会倒闭或有重大损失。这就是现实。小老板看不清现实，一门心思以为，爹妈还会爱他的，活该！作为一个曾经辛辛苦苦为职工创造就业的失败小老板，我对实业充满了鄙视和厌恶，我辛辛苦苦研发出来的产品，批发到一半，淘宝出现了低于合理价的产品；我认认真真改善伙食，各类的罚款单，不期而遇；我开掉一个经常迟到的员工，劳动部门说我没制定员工守则，要赔偿。当了房东，我幸福得直跳脚。

二十年前土地人工成本低，老一代聪明人抓住机会发财了，现在生意不赚钱了，小老板默默退场，积极买房，抬高了各种成本。新一代聪明人，没能力承担现在高昂的前期成本，除极个别得到风险投资，其他人只能去卖小吃、做淘宝、开黑车了。现在就剩下涉公单位很有钱，其他行业的小老板不倒闭，就算有本事了。现在，哪个小老板发财，不是看你水平高，而是看，国家是否把钱投入到你的行业。普通人没有消费力，达芙妮也剧烈下滑了。

而且工业小老板的二代传承，基本中断。1亿～2亿元工业资产以下的小老板，我认识十几个，55～65岁，子女全部工作了，但接班的一个没有。子女多从事其他行业，或自创公司，或废柴。近几年，这些老板主业备受打击，销售难，工人吵，成本高，正在大力收缩产量，老设备坏了不买不修，等机器全部报废就歇业。这些老板我很熟，小本经营起家，有的是大厂车间组长，有的是国企商场的组长，在低成本年代，拉一群工友，路边棚子里，摆10台二手机器开始，遇上了二十年黄金期。其中大部分因为吃喝嫖赌败了，小部分成了大户。现在创业成本太高了，没机会再复制当年的低成本优势了。

二、三线以下地区，百人以下的小企业，老板的资产也就是内环线的两套公寓。但这些小老板承担了巨大的社保和税费负担，还要被罚被诉，动不动就要去劳动仲裁庭，接受员工夹带着鼻涕眼泪的控诉。辛辛苦苦一年，一算利润，还不如一套内环线公寓涨得多。没有一个经济体能够通过歧视、欺负小老板，强行抬高工资来取得成功。这么做的唯一结果是，富人离场了，购买安全资产，保住剩下的财富。这直接导致综合成本急剧抬升，断了后面聪明人的机会。但斌的七年期基金，用铁证说明了努力是多么愚蠢的行为，兢兢业业，如履薄冰，最后只换来广泛嘲笑。

经济发展政策已经到了十字路口。小老板拖到最后，资金耗干破产，家产拍卖给员工发工资，寡头再和权贵一结合，齐活了。那时候，倒霉的就不仅仅是小老板了。当然，屌丝对今后的事情是不感兴趣的。没关系，十年见分晓！我相信大家看得到。并且我奉劝各位小老板一句，如果生意不好，抓紧不露声色地裁员，最后只保留骨干几人，收缩规模，等待时机。现在打发工人，还好办一点儿。到了真正风暴来临，你就裁不了了，那时候工人知道找不到工作了，会死命赖上你。我的预测一般是比较准的。

经济之根本：工商业繁荣。不要担心小老板发财，他发财了，就愿意扩大投资，招聘更多员工，希望继续发财。如果他不事生产吃吃喝喝，也没关系，一方面拉动了内需，至少服务行业多赚钱了，另一方面，这种人会很快败家的。经济不好的原因也很简单：小老板没钱了，裁员减薪，减产歇业，恶性循环，最后大家一起歇了。

经济下行，就必然有人付出代价。小老板已经跪了，明年轮到谁？

■ 无人保护的民营企业

从现实来看，民企几乎是没人保护的。私人公司一名员工出差到某沿海城市，在一个双休日去海边的景点游玩，虽然景点有明确的指示牌，禁止游客下水游泳，该员工依然下水，结果淹死了。家属吵闹到公司，坚持认为，公司派出差公司就要为员工的死亡负全责，要求赔偿100万元，家人在公司满地打滚。有关部门就逼民企出钱，民企出钱，家属不闹了，他就完成任务了。如果民企不出钱，有关部门就在旁边看热闹，直到这个民企被闹得停工，一般小老板都是认栽的。小老板因为要经营，没精力在地上打滚，所以肯定吃亏。我认识的一个开厂的小老板就遇到这样的麻烦了。一个工人在厂里出严重工伤事故了，小老板想走法律程序，家属觉得太麻烦，就到有关部门闹得鸡飞狗跳。各路科长云集，软硬兼施，劝小老板花钱买太平。小老板如果出言不逊。结果更惨，各路科长带着好多个检查小组，拿着放大镜检查，小老板彻底崩溃了，准备卖厂退休。所以，今后搞劳动密集型企业是自虐的做法，雇工越多，纠纷越多。任何一个小纠纷，只要家属在地上一打滚，有关部门再逼一逼，这个小民企要么出钱，要么关门。打官司？判决可能几年都执行不了，但是小民企已经关门了。所以，很多人做企业做到最后，感觉实在是无力继续了，收摊，炒房，轻轻松松，赚他一大笔。

我曾经打12333电话咨询了一个问题，如果员工一个月连续迟到25天，能不能辞退？劳动局回答：如果合同或者员工手册没有这一条，不能辞退，否则就是违法。不信？你打个电话问问！

有关部门出台通知，很少考虑中小企业的时间成本、办事人员成本、停车成本、交通成本，等等。他觉得，没有乱收费就是恩赐了。闲得发慌，找你逗逗闷子，让你跑跑。现在，几百人的大中企业和3个人的蚂蚁企业，在办证和年检方面是一致的，这就造成了小微企业很大的苦恼。一个卖皮鞋的小老板，三天两头去办证，各种各样的手续、资料，少一样就白跑，晚了就罚款，忙得不亦乐乎，到了地方，找不到停车位，乱停还要罚款。

很多有关部门、垄断企业的办事大厅，人多拥挤。各部门的证，大小不一，要全部带齐，且复印。不同部门资料要求不同、时间要求不同、程序不同。很多文秘蹲在地上整理资料，再填写密密麻麻的表格，填错了一个数字，一顿训斥，领号排队好久，交钱盖章。

所以，在这个世界上，最招人恨的就是办证。你办个什么证，有关部门可能也就收你 50 元，但是你要花费半天时间，成本 100 元，停车费、汽油费 20 元，这还是超级顺利的。要是哪个窗口办事人员给你挑几个瑕疵（他们天天研究这个，很有水平），你跑个三五次，再托人托关系，我的天啊，这个劳心劳力的结果，傻子才愿意承受。

一个小厂，面对有权罚款的部门很多，最少十个，各部门经常在网上发文件。这些中小企业老板大多是中学文化，熟悉技术或销售，对浩如烟海的法规政策，确实无力精通掌握，于是就委托给会计。小厂会计工资也不高，天天忙着办证做账，也没能力学习。于是，有关部门上门找个错就简单了。然后呢？你懂的。同时，公家单位的日子是越来越好过了。他们的经营模式是，只要你想创业，就必须到我这里来报到，办证、交通通信、基础原材料、水电气、税费罚、判决裁定通知书，全套服务，样样让你嗨到家。其实中小企业是奶牛，奶牛饿晕了，就挤不出奶了。

各级政府近五年出台了惠及中小微企业的普惠政策、单项政策、定向政策，如果汇编起来，厚厚一大本。但中小微企业根本没感觉。纸上写什么，小企业不关心；专管员喜欢“黑标”“蓝带”还是“五星”，这才是最真实的。

为什么很多生意你做不了？你可以去签约一块地，我估计某个村干部就让你开不了工；搞个石油冶炼，没人给你运输；建个手机发射塔，明天就消失了；开矿，出口设个收费站，你就趴下了。

当年的浙江精神：白天当老板，晚上睡地板（小店的地板）。现在这么做，会被人鄙视的，开店不如买房，坐在家里等增值。以前做生意，各方面干扰极少，现在开个店，开个小加工厂，四面八方的检查红包，就会把你气得吐血。说到底，既得利益人群索取太多，平摊到每个弱势的中小企业头上，负担就重了。一个小企业一年缴税 15 万元，已经很不容易了，但是这也只是一辆奥迪车一年的正常使用费，结果可想而知。

如果有关部门对企业征缴超过企业承受能力，一部分前期已经赚钱的老板就退出江湖。剩下的穷混混，索性就不办证了，因为企业第一天就是违法状态了，其他的违法违规也就没有心理负担了，随时准备跑路。这样下去，产品质量、商业信誉如何，可想而知。我一说某某费用缴费比例高，很多人就说，你可以违法少交啊。事实上，也确实有这个现象，但是你最后跑不掉的。一旦员工辞职，马上给你拉清单，起诉、举报一大堆。老板有家有业，不想违法。如果小老板希望靠违法来办企业，你就是各路科长的最爱。

你要是开一个正规小餐馆，你就会知道，你会遇到多少你无法想象的手续，就说一个油烟管道设置，你就会欲哭无泪，还有太多太多要办的证。如果你干脆豁出去了，拉个小推车上街卖炒菜，没人管你在炒的菜里面放了多少化学剂，最多是城管告诉你，这几天要检查，暂时别来了。我有个熟人想做正规的废品回收，咨询我好几次，我查了文件，难度不亚于登山。他跑了几年办不下证件，后来不办了，直接上街收废品，然后穿了个又脏又臭的衣服装穷，家里房子都买了，也不见得有科长找他谈心。

有关部门制定政策的思路是，越严格，越是对群众负责，于是层层加码，严格到了完美无缺的程度。最后，小老板发现要是真这么干，成本高得离谱，根本做不下来。但是市场又有需求，干脆不办证了，直接短平快，质量也不管了，天知道能够做几天。

中小企业永远是沉默的，他们知道别人对他们好不好，但是他们不敢讲。温州人原来好好的小企业已经被高房价逼得做不下去了，于是他们默默地对抗，利用原来的信誉和厂房，向银行借一大笔钱，做高风险投机，赢了就是企业家，上波士堂，输了就跑路，美其名曰：到美国去要债。温州瓯海区为防企业欠薪，强征 5 万～ 150 万元工资保证金。就算 30 万元保证金，温州瓯海区小企业至少几万家，有关部门发个通知，就征收几十亿，每年光凭利息就发了。温州瓯海区征收对象是“租用厂房企业”，国企是国家划拨土地；房地产企业不租用土地。其他企业，“精确制导”，一网打尽。佩服啊！这就是“万恶的黑心小私企”现在的生存状态。

中小企业是个复杂群体，有最恶劣的地沟油企业、毒食品企业、高利贷公司，也有高科技小企业、普通的出口加工企业、小品牌企业。一刀切地打压或帮扶，根本行不通。最好是提供公平环境，优胜劣汰。

二十年前，我亲眼目睹了小国企的悲惨：破旧不堪的厂房，贫困交加的工人，可怜兮兮的厂长。估计今后三到八年，中小民企会重新上演这一幕。具体原因不尽相同，但根子是一个：有关部门认为自己比企业聪明。现在，有关部门把民企大发展看作是“私人老板发大财”，所以打压、刁难民企，毫无心理负担，甚至是有点儿为老百姓出口气的味道。最后，那些老板就不发展了，不做技术创新，不做人才储备和研发储备了，企业技术越来越落后，流动资金去炒房。五到八年后，中国的大学生就业任务，就只能交给统计局去完成。

■ 小老板的苦衷

某小个体感触最深的一件事是，买几套房，赚了几百万，一生无忧，还从不送红包请客。小个体对现在的廉政环境也非常满意，不像以前，在街边开个五金店，那个烦人啊，今天你罚款，明天他骂人，还不太赚钱。所以，现在实体经济难，一方面是经济问题，另一方面是企业家被各路科长批评得心力交瘁，心灰意冷。哪怕你是个给 200 人交社保、发工资的企业家，在一个基层科长眼里，你啥也不是：“你，先到门口站着！”

科长来检查企业，就像是交警检查大货车。那时候，你会觉得做老板是人世间最猥琐的事情。面对一个30多岁的小年轻，遭受对方的横眉冷对、指手画脚，这也不对，那也不对。“可能要罚款哦！”然后一张嘴，法律规定最高是20万元的罚款，你是什么心情？在科长面前，小老板就是一块时刻挨宰的肥肉。小老板要是不懂事，那就直接去撞墙吧。科长最需要屌丝的投诉，因为屌丝提供了信息，科长才能舒舒服服去检查工作。然后小老板一脸惶恐地迎接：“科长来啦！”我听到的最有创意的罚款是，轿车后玻璃前有个纸巾盒，罚款200元。因为物品放置，挡住驾驶员视线了，属于不安全驾驶。

我有个亲戚，某年春节前雇了个小面包车，三人带了六箱儿童服装，被高速拦下，人货混装，罚款一万元。那对小夫妻身上没有一万元，走不了，春节前，那么冷的天，小夫妻在高速路边上哭了一晚上，没人理他们。我听到后，哈哈大笑，活该！罚，坚决罚，把他们罚到倾家荡产才好呢！谁让他们不买房而去做生意。对于渣土车直接倒在马路上，交通局要研究一下，这事情归不归他们管。但是小面包车装几箱子衣服，他会开出一个罚单：人货混装，罚款8000元。还有环保罚款，来个屌丝听得懂的简单项目，工业区噪声标准。简单说，你只要开机，就肯定违法了，要是测量的时候，你厂货车正好进门，你可以直接给那个驾驶员一记大头耳光了，大概只有律师事务所的噪声标准可以达标。

中国的流通成本高，为啥？举例来说，你是个普通人，开个小店，约有10个部门可以管得你服服帖帖，各个部门都有厚厚几大本政策文件和科长的口头政策解释，你要是能够搞明白，你可以去当教授了。普通人是搞不明白的，那么OK了，接下来，就看你懂不懂了。现在，只有律师才有能力办一个基本不违法的企业。否则，一身的小辫子，科长爱死你了。但是，面对大街小巷遍地都是的违章搭建、流动摊贩，科长不会去管的，原因？你懂的。正规小企业是科长的最爱。据我了解，有关部门的那些人对“小老板赚钱了”这个事情，其实很抵触的。老子辛辛苦苦读完硕士，考过公考，一月才万把块钱，你一个私企老板赚几十万，凭什么？这种心态是普遍存在的，只不过嘴上不说，你就看看科长对老板的态度就知道了。所以，小老板，“你在门口站好时，脸上还要有谄媚的笑”！

在中国办企业，500强和国企，谁也不敢惹你，科长连大门都进不去。要么是山寨厂，科长找不到你。若是想正儿八经做事，遵纪守法的中小企业，你要对各路科长有足够的心理准备。当然，专业喷子会说，你做到完美无缺就不怕了。呵呵，你从小到大，每次都考100分？

一到了私企检查，那简直是“领导来了”的感觉。私企由于没有背景，小老板也只好自降三等，曲意逢迎，如此恶性循环，直到今天。某熟人，真的去做群租生意了。包下一个老厂房，分隔装修，分割出租，据说三年回本，但是经常被有关部门罚款。美国是鼓励富人办企业，穷人买房。我们倒过来，鼓励富人买房，穷人创业。感谢科长！要不是科长的持续爱护和关心，很多小老板也不会想到收缩企业，多买房。

我对基层的熟悉程度超过很多人。一个科长，可以通过对执法对象的不同偏好，让你瞠目结舌。举例来说，大的违法，他可以暂缓，那多麻烦啊，就专门盯着小事，天天罚。罚款数额屡创新高，皆大欢喜。有的企业排放有毒有害的水和气，他假装不知道，上班后跑到中小企业：警示标志不规范，罚款！我们经常见到的一个现象是，科长熟视无睹地路过一大堆无证经营、卖假冒伪劣产品的摊贩，径直走入一个漂亮的大店，然后开始仔细认真地检查，最后发现，小老板的价格牌设置不规范，开单！城管们走过一大片违章建筑，视而不见，然后在一个漂亮的大店门口，停下来，凝视许久，店门的广告横幅没有审批，开单！我们立法的原因是要解决问题，结果是赋予了科长开单的权力，问题却还在那里。

我在上海的大街小巷，多次看到卖三无产品的皮包皮夹子、拿小喇叭喊“老板带着小姨子跑了，欠了我们的血汗钱，拿来抵债的”之类的。科长，这时候在哪里？科长喜欢正规企业。快播公司的注册资金是1000万元人民币，投资人都是国内股东。2.6亿元的罚金，等于是通知你，赶紧去破产吧，公司员工算是倒霉蛋了。其实，科长对大超市门口长年累月的盗版光碟，基本是习惯了。

总之，中国小企业因为“科长来了”而承担的隐形成本很高。因为科长有绝对权威的罚款权，而可怜兮兮的小企业，面对浩如烟海、不断变化的部门规定和科长的口头解释，那就是砧板上的肉。于是，稍微有点儿姿色的小企业就必须抽出很大的精力时间财力去结交朋友，更惨的是，科长经常换岗，又要从头再来，烦不胜烦。

■ 如何降低企业成本

2009年之后，上海实行全口径社保。现在大部分企业的社保金支出，已经超过税收支出，换句话说，就是增加了一倍的税收。这个狠啊。于是中小企业收缩招聘规模了。51job的销售员，急得火上房了，不信你去问问。其实五险一金也是税收，我不交，给员工买意外险，剩余部分直接现金？哼，等着处分！

上海的社保金，大概是你到手工资的一半，确实是高得荒唐了，比美国还高。这种以损害企业长期竞争力的方式，满足短期目的和农民工诉求的搞法，是劳资双输的局面。有关部门说，不喜欢可以搬走。放心，小老板们已经在搬了。但是留下来的农民工，就没有那么好说话了。

1998年的时候，我就感觉有关部门正在进一步严厉执行《劳动法》。现在再去招聘的小老板，那真的是民族英雄了。我仔细研究过新《劳动合同法》，一句话，全是老板的错，除非你把员工进入你公司的每一分钟的事情都拍下来，然后按照律师取证的严苛程序，做成档案，还要缴纳所有的税费文书等。国企困难，有关部门全力帮国企，让工人统统下岗；现在私企困难，有关部门和专家一起，以漂亮口号为由，发文件，谈思路，年年强制中小企业不断为员工增加收入和福利。一帮一推，大家心里清楚。在这种环境下，私企是什么心态？社保48%，增值税17%，企业所得税20%，个税累进，粗算10%，贷款利息9%，辞工还要不等的赔偿，动不动起诉罚款，你还要找个律师应付一下。你可以办个企业试试看！

亲儿子，欲壑难填，强取豪夺，无休无止。干儿子，拼死拼活，起得比鸡早，睡得比牛晚，都要快饿昏了。一旦真的饿昏，家里脏活累活杂活，包括挨骂背黑锅的事情，谁去干？有人说，既然农业税可以免，那为什么不能免那些小微企业的税？让财政学家来告诉你：土地征税，一目了然，土地是明确的，农产品也是一眼就看出来的，免税好操作。工商界的微小企业和潜在大户，你从表面看是无法区别的，例如淘宝店，有的躲在小村子里，看上去可怜兮兮的，但一年销售几个亿，但是不做账，你怎么办？

中小企业在设立之初的目的，是解决小城镇就业和增加农民收入，后来又遇到国企大下岗，又成为就业带头人和知心大姐。现在，就业形势大好，于是有关部门对中小企业这个夜壶也不感兴趣了，中小企业成了黑心老板的代名词。现在所有的措施，对中小企业的成本都没有降低，甚至是更高，这种局面若再持续两年……不敢想了。那种免个几百元的事情，就不要拿出来说了，一个10人企业，一年的乱七八糟看不到东西的支出，大概是50万元，以此类推，差不多的。你免个几百元，对一个企业毫无意义，加一次汽油，就归零了。2014年10月，财政部发文，每月营业额3万元免税。是啥意思？上海大街小巷的夫妻老婆店、杂货铺、早餐店，如果日均营业额流水达不到3000～4000元，就是亏损，所以无法享受这个政策！目前能够享受此优惠的只有“洗刷刷”行业：洗剪吹、洗脚妹、洗车男，因为他们没有进货成本。比如小店夫妻俩，毛利30%，去掉房租和自交社保，纯利10%，每人到手1500元顶天了。当然，小夫妻总会想点办法。那恭喜你，科长随时有机会关心你了。我们小区隔壁的小店，每天流水1.5万～3万元，6个营业员换班，老板管杂事，也赚不到多少纯利润。

我们不是采取个人所得税制度，而是采取流转税制度，按照交易额征税。但你今天卖了几双皮鞋和小馄饨，你不会说，科长也搞不清。于是科长是“复杂事情简单化”：按照你的店铺和厂房面积，简单推算一个比例，交钱。不服？科长抽屉里有几百个文件和通知，数千条法律，必有一款适合你。那么我们为啥采用流转税，而不采用个人所得税，多赚多交税？因为个人所得税的前提是，财产对税务局公开，这下子点中死穴了，于是就搞流转税。科长表示，我们最善于在搞不清楚的情况下，把事情搞清楚！

如果表面上减免降低了一些税费，但是有关部门主动来企业检查几次工作，企业实际支出可能更高，你懂的。有关部门要主动为企业服务。你问问企业，如果有关部门真的主动上门来了，你是高兴，还是其他什么感觉？小时候，班主任主动家访，你高兴吗？对于大部分中小企业而言，减税减不了几个钱，有关部门少来几次“上门检查”，才是真正支持实体经济。这个成本高得离谱了。一个企业面对十几个有关部门，每个部门都有很多法律法规和闻所未闻的内部规定，要想在一个小企业找碴儿，那是比喝啤酒还简单。接下来，小老板就陷入无穷无尽的悲剧了。

很多经济愿景是好的，很多发展思路是对的，但是公务员根本没有接触过工商业，难以把好思路真正落地。实践和教科书真的是不一样的，就像小厂老板和经济学家的区别。公务员最大的本领是，让领导高兴，他们 100% 的精力是在研究领导高不高兴，三年到了，怎么去升一级？至于小厂老板赚不赚钱，公务员会关心吗？小厂老板指望他们发展企业，难了。

现在有关部门应该做的只有一件事情，就是降低企业成本，包括降低税费，降低员工住房价格；有关部门勒紧裤带，把三公消费转为社保金，商品价格降低了，老百姓有社保了，生产才能恢复，经济才有循环。但是，根本不可能做到。最后肯定是印钞，上项目。出口垮掉怎么办？没事！统计局去解决。

■ 一根绳上的蚂蚱

中小企业和国企房企，在“水电气油、煤炭钢铁、贷款税费、政府关系、人才争夺、工资待遇”等基础方面的争夺中，是同台竞争的，但中小企业没有亲娘，遇事毫无还手之力。近十年来，中小老板们兢兢业业，绞尽脑汁，却越混越差。国企房企却连续刷新世界 500 强、福布斯富豪榜纪录，所以小老板们只能买房自保。三星，相当于韩国的央企。三星全力以赴，做最优秀的产品，到世界各地赚钱，我们的“两桶油”，就会在家里赚弟弟妹妹的钱。现在弟弟妹妹饿得面黄肌瘦，长子还在说“转型升级”。唯一的出路是，恢复到中小企业生机勃勃的状态，否则，就业难办了。

李毅中说："国企和民企要少挑对方毛病。"民企小老板，天天忙得一头汗，哪有时间和精力去挑国企老大哥的毛病？只有被欺负得实在太狠了，才会"语无伦次地抱怨几句"，还被老大哥一手培养的专家一顿狠批。他还说："国企民企应多看对方优点，相互包容发展。"这不可能啊，国企的收入就是民企的成本，要不然，两者早就平安无事了。孙立坚说了一句实话：垄断行业是资金密集型行业，铁路、银行、电信、石油，起步就是天文数字的资本金，就算放开，有几个民企老板有实力做？搞不好又走上集资的路。我赞同孙桑的意见：给劳动密集型的私企大幅度减负，你搞垄断可以，但要保证大多数民企也活下去。各得其所，相安无事。

国企搞到1998年，最后还是搞不下去了。小私企在充满歧视的环境中，只用了二十年就让中国成为世界第一进出口大国，为啥？国企老总都是任命的，只要领导喜欢就可以。私企老总是比出来的，必须客户喜欢才行，这就是区别。今后的大方向，还是国企越来越强势。举个例子，顺丰80亿元融资，拥抱国企。顺丰是个土生土长的民企，创始人王卫在创业之初是香港籍，后来转为内地户口。企业做大了，遇到的内部事情和外部协调的任务越来越纷繁复杂，作为一个私企是极其艰难，力有不逮，于是背靠国企是最好的选择。在私企，如果你能够为企业创造效益，你就是老板的大爷。在国企，你就算是大能人，要是惹了领导不高兴，马上给你穿小鞋，爱干不干，滚！

目前的私企现状，绝不是什么小修小补可以解决的。有的人以为，出点小优惠，取消几百元的手续费就可以糊弄一下了，那是行为艺术。私企面对的是：国企、房企、垄断性银行、劳动法、科长、工会、华尔街的故意亏损、淘宝的假货。老虎可以吃羊，一天吃一只公羊，糟蹋两头母羊，都没问题。谁让老虎的爹是老虎，羊的爹是羊呢？但这块草地只能养活这么多的羊，供养一只老虎是可以的，但再加供养一群狼就不行了。怎么办？一是虎和狼吃光所有羊，然后一起饿死；二是老虎杀了狼，继续慢慢吃羊，虎和羊和美相处。浙江省人大代表、纳爱斯集团董事长兼总裁庄启传曾对浙江省委书记夏宝龙发问："这几年，为什么倒下去的都是中小民企,而国有大企业的日子都挺好过？"这让领导怎么说啊？不懂事,幼稚。

货币增发，资金充裕，百姓有钱，国企房企，迅速发财，五百强、富豪榜，已经成为常态。但是越来越多的民企和出口企业迅速衰败，减产、停产。为什么？因为国企吃了别人的饭，别人没饭吃了。国企通过不计成本的方式，占据了一切社会生产资金和优质资源。哪个行业赚钱，都是小民企经过无数次的血本无归的试错，最后才发现的。但民企有个弱点，融资能力极差，所以，很容易被打垮。央企一般不会在国内市场去试错，而是等待。民企玩好了，央企就利用融资优势和行政命令，找个借口（安全生产、产能过剩之类的话头），强势出击，一击即中，百战百胜。国企强的地方，民企必定弱，例如上海。

市场竞争，就是在危急中"优胜劣汰"。但是，我们在 2008 年金融危机时候的说法是，"不裁员，不降薪"。那么这些大国企，哪里会有危机感？倒霉的也就是中小企业了。

虽然在微信 PK 中移动、快递业 PK 中国邮政、支付宝和阿里贷款 PK 信用卡业务这些案例中，民企占据了上风，但巧的是，这些企业都是无形产业，工商、税务、质监、城管都管不到。在中国，只要民企能够参与竞争，立即会把所有商品的价格打成白菜价，包括住房。民企要是能够参与房地产，绝对不会缺资金，随便一个商会就可以聚集几亿资金。但是普通民企没有关系，搞不定各种房地产内幕和潜规则，只能在一旁默默旁观，无力参与，老百姓也买不到低价房。

民营经济，由于黑白两道，不堪重负，无法经营，而老百姓又有消费需求，怎么办？全面国有化。国企是大型产业、上游产业，不生产商品，是靠给民企提供"基础生产资料"或"收通道费"赚钱的，它的高利润绝大多数来源于中小企业，例如二楼的居民开通燃气 3000 元，而同一个楼的一楼餐馆开通燃气就要 30 万元，相差 100 倍。用电也是同理。兔子都吃光了，猎豹的好日子也到头了。现在，中小企业由于众所周知的原因，走到了众所周知的地步了，今后怎么办？民企 over 了，国企也快 over 了。哪个国企能够在国际上赚钱的？这一点，中石油还不如山东的大蒜头。国企的自我调节能力是很差的，因为开支、人员、报酬、领导的大奥迪，那是统统不能变的，一旦收入下滑，立马亏损。怎么办？印，上项目，神州大地立马到处都是建筑工地的小红旗，飘飘飘。现在大部分小民企亏损了，是靠借债或积蓄在维持，根本无力供养财政和大国企了。国家税收六成来自于民企，就业的九成在民企。国企是赚这些小民企的钱才高大上。如果把这些民企小老板搞得两眼发呆，畏畏缩缩，已经赚钱的民企收手买房退出，没赚钱的民企也熬不住退出，依附于企业的服务业就傻了，到那时候，麻烦才真的刚刚开始。

所以，帮扶民企，刻不容缓。一是取消市场准入限制，向民企开放目前由国企垄断或控制的电信、石油天然气、航空、金融、医疗卫生、教育等行业。二是停止对国企的财政补贴和债务担保。三是国企退出竞争性行业，专注于公共产品和公共服务的供应，即社会需要但又难以赢利的产品和服务。

■ 金融杀猪刀

金融的起源是，大家凑钱发展实体经济，满足人们的物资需求和精神需求，然后演变出各种各样的风险控制和利益分配机制。现在金融已经变味了，成为人们之间的价格博弈的赌场，你赌涨，我赌跌，一把定生死。

从银行贷款来看，分为两种：一是借给地方政府融资平台的，这一块本金收不回来，只能续贷；二是可以收回的民企贷款，不还钱，直接封厂，移送公安机关。如果减少贷款总额，肯定是对民企抽贷。民企借钱，主要是买设备和建厂房，资金压死了，银行哄着民企去借高利贷，还给银行。民企受骗后，高利贷无力偿还，跑路了。比如 2009 年的时候，温州的各个银行天天主动到企业给贷款，服务态度之好，是你无法想象的。但是两年后，当企业把钱买了设备，刚刚投产，银行立即翻脸不认人，逼债抽贷，搞垮了一大批温州企业，令人恶心。银行贷款给"大国企"30 亿元，如果逾期收不回本金，银行行长毫无压力，转个手续续贷就是了；如果贷款给小私企 50 万元，收不回来，银行会急得直跳，马上起诉到法院，要求查封小私企的资产。这种歧视已经蔓延到社会各个角落，就连在校大学生都超级鄙视小私企，认为去小私企上班是丢人的事情。

所以，现在中国贷款结构严重扭曲，有能力还本付息的，得不到贷款；得到贷款的，基本是不打算还账的。根本原因是，法院执行艰难，信用成本太高了，银行就偏向大国企。信用建设不是经济问题。银行不厌恶小企业，而是厌恶法院执行难。如果债权执行很顺利，银行就愿意贷款，例如房贷。现在，银行也只能放弃小企业了。执行难的原因很多，但主要有两条：政府信用、私产无处查。政府信用，有的市政工程，没钱就开工，建完就赖账，小老板根本拿不到工程款，告也没用，银行不敢贷款给小老板。私人财产，由于各行各业的科长拒绝联网，法院也查不到，这就给一些烂货有机可乘了，于是银行对所有小企业歧视。这种环境，很难改变。

大银行的思维是这样的：贷给国企，能不能还债，与我无关，上面会搞定的。贷给私企，要是坏账了，会直被撤职去讨债。贷给私企是因为有硬性指标，没办法才干的，还要求必须有房产做抵押。你说这种环境下，私企怎么可能做得起来？小老板去银行贷款，正常的7%的贷款是不可能的，哪怕你把房产证给他做抵押，银行也不干，银行反而会给你推荐100万元的信用卡，利息成本是12%～14%，但实际使用还有很多麻烦事。信用卡的刑事责任较重，所以，银行就靠这个来玩。

现在，市政建设的资金需求无穷无尽，银行根本不担心贷不出去，银行唯一考虑的就是去多拉存款，然后多贷给国企，中间吃个6%左右的差价，毫无后顾之忧。舒服啊！怪不得小餐馆放开了，银行死活不放开，这就是利益。就2014年的实体经济数据来看，正经企业能接受的一年期贷款利息不超过5%。超过1分，偶尔周转一下可以，超过一年就是赌博。现在，银行因为有国资城投公司和国资房企两个大客户，根本不担心贷不出去，所以中小企业的贷款成本一般是11%～18%。很多普通企业，明知道是个坑，但赌今后市场好转而咬牙签字。某小企业向某银行申请800万元贷款，采取抵押贷款方式先让担保“剥”了2%，即16万元；申请授信时，先给银行提供400万元存款，贴现费用19.2万元。所幸授信额度下来了，贷款利率12%，年利息96万元。最后算账，成本是16%。而各地区城投公司凭借国资身份，无休无止地借新还旧，甚至是贷款还利息，离谱吧？所以某些市场主体，根本不在乎利率，这导致中国的贷款利率已高得匪夷所思了，民企根本无力竞争。今后大部分民企的合理做法是：一是小投入，作坊化，地摊化；二是背靠国资，做高利润的关系生意。

实体经济缺钱，原因是没有利润。现在中小企业银行贷款的实际成本是12%～15%，企业基本就是杨白劳。企业一旦有利润，亲戚朋友、十里八乡的资金自动会聚集而来。如果是硬压银行贷款去支持实体经济，只能一时有效。有形的手一松，银行就会立即反过来找中小企业逼债抽贷，进一步加速中小企业的破产。周彦武说，不提高民营经济的利润率，货币空转不可避免。一方面，一旦出现某个高利润率的行业或领域，立刻就会被国企吞并或被国资挤垮，国进民退，国进的都是高利润率领域。想依靠几个红头文件、几句口号就让货币进入实体经济，难度非常大。

不让银行玩资金游戏了，但是资金也不会进入普通的实体企业。因为实体企业的中小老板绞尽脑汁忙了半天，承担了有可能家破人亡的风险，最后发现，只不过是交了房租和灰色成本，自己根本不赚钱，不如存银行定期。如果出现真的"钱荒"，首先倒下的是绝大部分"中小实体经济"，因为他们最弱势，抢贷款时抢不过国企房企，这就和政策初衷完全背离了。如果出现"流动性盛宴"，中小企业还能够得到点儿残羹冷炙。中小企业和国企房企，完全是两个级别的拳手，放在一起厮打抢贷款，结果可想而知。这就是现实。所以，必须遏制国企和房地产的过分盈利，让出一部分利润给中小企业，资金才会进入实体经济。

民企打着为中小企业服务的幌子要求设立民营银行，实际谋求的是金融机构的特权，以及自己融资的方便。市场经济下的银行，盈利是很艰辛的。现在搞得好像是，抢到牌照就是赚到钞票。新建一到两个民营银行，除了参与者本人幸运地拿到批文以外，实际银行运营和其他银行比不会有任何变化。事实上，加上城商行、农商行等，中国的银行太多了，不是太少了。再增加几个，也不过如此。

关键是，不能让国企、房地产太赚钱，银行自然就回归实体。

实体企业效益差，为保就业和开工率，就要增发货币，大拆大建。增发的货币，层层转手（你懂的），最后剩下的部分，变成钢材水泥材料款和建筑工资。资金到此停止，不再循环。最后的结果是：社会上多了一条高速公路，多出了几十亿静止的钞票。那些多出来的、无处可去的钞票会流向哪里？你用脚趾头想。CCTV2 把放开贷款利息下限吹得花好稻好，纯粹误导。中小企业给银行付高价也都拿不到贷款，你还指望银行给中小企业便宜贷款？莫名其妙。实际是，地方城建公司、高铁公司能够拿到便宜贷款。有几个中小企业能够拿到低于七折利息的贷款，你公示一下看看？国企修地铁，也不太考虑还债问题，所以对利息也无所谓。这样搞，中小企业哪里有机会拿到低利息贷款？中小微企业，到最后都会沦为那些银行和放贷人的盘中餐。实在是没想到，压缩产能，最后会以这种残酷的方式出现。货币大增长，实体经济还有机会喝点儿汤，如果不印了，一般靠技术吃饭的企业是没有能力和房地产、地方政府争夺信贷资源的，最后实体经济会越来越低端、劣质。

中小企业集体悲剧，主要责任是央行的贷款政策朝三暮四。要么是 2009 年乱放水，要么是 2012 年狠抽贷。急冷急热，中小企业被玩死了。那么多的温州小老板，死的死，跑的跑，原因很简单：银行对小老板的所有贷款，必须是私产抵押，变成了无限责任。如果小老板生意失败，就是这个下场。国企领导拿上千万的工资，贷款无数亿，从来没有私产抵押一说。金融政策时宽时紧，宏观调控来无影去无踪，这种大环境下，中小企业只能干一些“短平快”的项目，一年有收益，两年回本，三年赚钱，否则，没人玩的。温州经济遭灾的，就是违反了温州人历来的“短平快”传统，去搞高科技的光伏企业，投入大，回本慢，一旦贷款收紧，直接去死。

现在刺激三农和小微企业，还是一次性给钱的思路，钱花完了就结束，能无休无止地刺激下去吗？小微和三农的本质：不赚钱。基建楼市是不考虑制造成本的，三农和小微企业再精打细算，遇上不考虑成本的竞争对手，看看工人工资、原材料、交通成本，哪儿有出路？所以，现在对小微企业加大贷款，作用很小。

小微企业是有就业，但没资产，全部租的，贷款经营，输了就跑，银行很难持续。银行应该支持大中型民营企业，长期扶持，带动就业。银行以前把钱借给雅戈尔，雅戈尔不是拿去做衣服裤子，而是买地搞房地产，资金又流回楼市，没有对发展主业和就业起到作用，应该纠偏。

在房地产无法破局的情况下，已经发展三十年的传统行业，企业好坏已经可以分得出来了。现在银行应该学习韩国，尽可能挖掘出有潜力的优质企业，重点扶持，争取出几个类似三星、大宇、浦项制铁的民营企业，坚决淘汰小企业。新兴行业小企业，还可以继续扶持。

■ 创新的假象

近一百年，中国只有一个世界公认、国际一流的原创产品——青蒿素——20世纪70年代治疗疟疾的特效药，是云南、四川的几个非常年轻的药物技术员发现的。所以，全世界的疟疾消失了。然后，就再也没有了。近几十年，中国没有一个过硬的“原创新药”，就是因为我们不尊重知识产权。中国的知识产权、商业秘密立法很粗线条，结果是国内的知名产品企业，跟着一起倒霉了。太多小企业好不容易创新了，技术员跑了，几万元就把他卖了；建立了销售渠道，销售员跑了，客户名单当作见面礼给新公司了。新公司直接仿制，效果可能差一点儿，但会便宜一半。有关部门缺乏技术和资金，也懒得管。

小企业搞到最后，只有拼价格，这个无法模仿。拼不下去了，就去炒房。傻子才去创新。狡猾之徒就等着别人创新，然后挖人。无锡尚德电力施正荣，赶走了“创业四兄弟和董事长”，独霸尚德，天真地认为天下从此太平了。没想到，被赶走的这些掌握核心秘密的精英，很快帮助其他地方政府或投资人，复制了大批尚德，并且提供技术和营销支持，导致施正荣自己砍死了自己。中国式的悲剧。中国经济这几年出了很多貌似高科技的东西，例如高铁、海上钻井平台、大飞机、小飞机、航天产品。但是我想说，如果没有了进口芯片，这些玩意真的能够做出来吗？它们本质上无非是电脑城的拼装机。

中国的高端制造业都是进口母设备，国内人力组装产品，等老外两年后把销售款全部收到后，这个行业就结束了。要是很赚钱，人家为啥卖给你？你见过卖波音生产线的吗？你见过卖CPU授权的吗？中国高铁为啥销售难？抛开意识形态，就说技术。你的核心零部件，多少是你能够生产的？要是日本生产的，某天日本不维修更换了，你怎么向买方交代？两年前，中国汽车业掀起了一场收购全世界汽车大品牌的浪潮，吉利把沃尔沃都收购了。我当时就猜测，可能出现新技术了。现在明白了，特斯拉来了。三一重工收购了混凝土机械行业的老大——普茨迈斯特，现在三一重工怎么样了？光伏产业就不用说了，纯粹是卖设备给你，拿完钱就翻脸。说白了，买来的技术，也就是再玩个两年，就结束了。

华为、小米就是电子领域的服装厂。我们乡镇的西服厂，主要模式就是去纽约的大商场买几个高端货，回来拆开，低价模仿，关键零件还要进口。我实在不知道小米、华为的哪个产品是别人不会做的。清华的几个屌丝最喜欢说海思芯片，现在你去看看，好意思吗？只要欧美零件厂断货，华为、小米立即关门。中国缺少真正有盈利能力的产品，这才是根源。印钞、低价、污染，已经难以为继了，但是有啥办法给农民增收呢？这十年，通过人社局打击民企，让民企苦哈哈的，遏制了创新的努力。现在就剩下严重亏损的基建了。

有个小老板说，现在要抓紧搞好技术，提高质量。我笑喷了。你再努力，质量都不会比大厂高的，今后的竞争，主要是广告和品牌影响力的竞争，说白了，就是在CCTV和湖南卫视砸钱播放广告。你砸得起吗？一秒一万元，熟人价。由于企业没有核心技术，都是零件组装，配个时尚外壳。生意一好，内部员工就纷纷复制同类企业，不到三年，就一起不挣钱了。每年“3·15”晚会都会曝光很多企业，99%的企业马上认错，只有苹果理都不理你。原因很简单：苹果产品，没有替代性。这就是科技的力量。CCTV陆续炮轰苹果，可惜苹果是靠技术吃饭的，完全不怕你，一脚踢到钢板上，好没面子啊。CCTV上次炮轰达芬奇家具，把这个家具厂搞得一落千丈，原因是家具有极大的替代性。

孙立坚说，企业没有成为创新主体。原因之一是法制不健全，创新接近成功之前，技术员就带走资料跑了，成功后，对手就大量模仿，无人管；二是企业利润低，无力支撑创新投入；三是有钱就去炒房放高利贷，傻子才去创新；四是国企垄断，你创新了，也很难卖出去。看看高铁和医院的招投标就知道了。中国的高科技产品，一般是欧美产品的替代品，不可能是超越颠覆性的产品。那么，就会和欧美生产商产生巨大的纠纷，外销受阻；内销，内需不足，招标又要搞关系，也很难，还是炒房简单。

近十年来，体制外最富的人是两大群体：煤老板和房老板。和创新有一毛钱关系吗？一切的一切，就是盖章！一座房子，不盖章的 3000 元一平方米，盖了章，30000 元一平方米。乔布斯也没有 10 倍的利润啊，傻子才去创新。房地产是中华民族百年屈辱的起因。甲午战争失败，就是因为政府把科技资金拿去修房子了（圆明园）。政府原来的思路是，先把外汇收入搞上去，然后“以市场换技术”，抓紧追赶新技术，现在是“有钱了，不愿意搞技术”，有关部门也是“一心只要房地产”。所以，目前中国经济的罪魁祸首就是高房价。香港的高房价扼杀了一切科技创新，已经是活生生的例子了。创新五年，不如买套房子增值收租，五年后，保证你比啥创新都发财。但没有高房价，公务员加薪怎么办？漂亮的高楼大厦怎么建？光鲜亮丽的政绩怎么搞？为政者，两害取其轻。投资房地产，包赚不赔，舒服到极点，只要你有本事去盖章，有本事贷款。投资高科技 99% 是血本无归。万科那么有钱，也不会投资科研项目，高科技就是高风险，即使偶尔成功，回报期也极长，也没有盖房子快。你就算有本事研究出个类似苹果的高科技，也不过就是投资一个住宅小区的营业额，傻子才去研究高科技。

全中国所有的洗衣机生产总额，也就是一个京沪商品房小区的价值。傻子才去搞研发，有钱就搞房地产。这个太悲哀了。房价上升对年轻人是灾难，资源集中在老人手中，严重妨碍社会的创新能力和生产效率。各类老头（你懂的），通过房租收入，直接对青年男女收税，或者接受服务。年轻人被房贷套牢，哪有什么心思干事业？

谷歌开发新技术，把手机变成实时翻译器。这种企业才是国之大器。那些房产商就是盖章混混，把钱给他们真是扔水里了。我不是美粉，也谈不上喜欢美国。但美国的企业家精神令人钦佩。谷歌和我国的互联网企业比较，谷歌做出来谷歌地图、谷歌眼镜、谷歌手机，现在又在搞谷歌翻译器，而我国的互联网企业呢？

举个抗日战争的例子。老蒋当年不愿意主动迎战打日本，就是因为当时中国工业的核心部件和设备严重依赖进口。一旦外贸中断，就只能生产“精度不高，射程不远的中正式步枪”了。整个抗战时期，老蒋也生产不出一个大炮。现代战争，芯片是一切设备的核心，我们的芯片生产能力怎样？反正我不知道。老蒋打日军，过程很悲惨。阵地战，日军先是远距离小钢炮轰炸，再接近到600米，精确射击，国军射程不够，完全挨打。最常见的一句话是“靠近了再打”。搞差不多了，日军冲锋，此时国军才有机会放几枪，然后逃命。日军攻坚战，打武汉更简单，直接炮轰。轰平了，就是胜利。所以，科技不如人，很苦恼。再看苏军打日军的过程很轻松，开打之前，先重炮轰平一切障碍物，再坦克冲锋，关东军反坦克武器差。苏军坦克直接开到山地要塞前，炮火压制，步兵一个冲锋，就把日军阵地控制了。然后更绝了，苏军直接往地堡里面灌汽油，烧，或者切断外围的水源。几天下来，就把关东军打垮了。真的很简单。

改革开放三十年，廉价出口赚取了大把美元，中国外汇储备世界第一。怎么用这些钱？搞技术创新，那么工程师和企业家发财了；搞房地产炒楼，有关系拿地的人就发财了。最后，还是有关系的发财了。全社会把一切资源全部投入毫无意义的炒楼上，在国际竞争中是要吃亏的。现在报纸把科技创新的希望，寄托在了大国企身上，还举了一些“模仿或改进高精尖产品”的例子。其实这种东西，只要不计成本地投入，谁都做得出来，没啥大不了的。真正的市场性创新，就是苹果这种产品，一个品牌颠覆了芬兰的经济结构。而这种原创性的玩意，国企是不感兴趣的，国企最喜欢的是靠垄断。产品差没关系，只要让别人干不成，就可以了，例如银行。

清末最赚钱的公司之一是电报公司，官办企业，私人不能干。因为电报要设立很多电线杆子，私人没有能力保护这些电线杆，只有官府有能力。垄断经营带来暴利，北洋军阀发一个全国通电，要十几万大洋。于是，皇亲国戚纷纷在这个垄断企业里面内斗捞钱。谁也不会想如何改进电报技术，技术升级就是买设备。民国初年，上海有个很发财的企业，叫绿宝公司，破解了钢笔生产技术。钢笔对毛笔是革命性的进步，十分热销。绿宝公司拼命研发技术，在福州路一个民房进行手工生产，在隔壁的南京路销售，成为巨富。该公司历经战火，屹立不倒，成为中国钢笔的第一品牌。

美国人民的创新精神表现为，他们相信私企也能够做出最先进的战斗机和航天飞机并且大量采购。美国人发明充电汽车，我们考虑把垄断充电器的生意审批给谁。啥是创新环境？奥巴马找乔布斯开会，让乔布斯把岗位拉回美国，乔布斯说：做不到。这是《乔布斯传》里说的。降房价，降税费，简政放权，让企业有利可图，员工收入增加，扩大内需。与此同时，一小部分企业就会主动去搞研发创新，带动中国产业升级。

大企业可能扼杀创新，马化腾和马云都说过类似的话，就是担心出现一个全新的东西之后，自己彻底出局了。于是他们就用“维稳”的手段搞了，把麻烦消灭在萌芽之中。任何在萌芽中的创新，都会被无情地模仿甚至是改进，然后免费。比如腾讯真的是创新毁灭者，任何创新，他都直接仿一个，然后利用巨大的QQ用户，秒杀你。在这种消耗战中，小公司很难独立生存下去，只能被收购或者破产。不过，我们还是要鼓励竞争，不能让他一家独大，否则消费者就苦了。

今后一般消费品制造业的趋势，肯定是走彩电业的路子，全国每个行业剩下10～20个超级大户，其他厂做配套。阶层固化，新机会越来越少。任何可能产生颠覆的创新，各行业大户们可以按照BAT的搞法，复制或收购，不求赚钱，只要不让你赚钱就可以了。大部分屌丝进入高中低的销售或服务业，京沪买房就别想了。

在欧美发达国家，年轻人创业基本集中在新技术领域。因为他们的新技术，还真的是新技术，还有专利法保护。在我国，清华的学生都在考研考博，连电路板都焊不好。中国的新技术创业，实际是外国新技术新模式的率先模仿，你能干，BAT 也能干，最后比烧钱，屌丝哪里有机会和马云、企鹅比财力啊？

大国崛起，都伴随一个伟大科技进入应用的事件。如西班牙荷兰的崛起伴随着大航海时代，英国崛起伴随着蒸汽机革命和工业革命，美国崛起伴随着核利用和电脑互联网。这种改变，会在中国发生吗？答：要相信中国人，相信央行 M2。大国崛起是必然的，深圳房价已率先崛起，光明就在眼前。京沪的兄弟们，冲啊！

■ 电商的影响

中国零售业多灾多难。第一次被痛殴，是专业商场打垮百货卖场，国美融外资后打垮百货业。第二次是家乐福、沃尔玛把千万家本土零售店、杂货店统统打垮。第三次是外资扶持的电商绞杀了零售业。外资的特征是，不考虑五年内的盈利，只求市场占有率。而中国的本土零售企业，无资金白白耗五年，所以被打得抱头乱窜。

零售业是一国之经济命脉。所有的经济活动，国民的生活消费，归根结底，最后都要在零售业反映出来。欧美日，哪个国家的零售业是掌握在别人手里的？各地区龙头零售企业的汇总数据，是价值最高的经济数据。可惜了，我们拱手送人了。

电商的最大贡献是，中国零售业全面进入亏损状态，导致服务越来越差。淘宝上的低价衣帽鞋是拳头产品，你去买几件看看质量就知道了。中国电商采取了一种最为恶劣的做法。美国日本不计后果地印钱，部分钱跑到中国扶持了电商。他们根本不考虑五年以内的利润，一是和实体店同归于尽，千家万户的实体店不可能熬五年；二是电商互相同归于尽，大资本恶搞小资本。我倒是要看看，美日能够印多少钱出来，能够印多久。

淘宝让你在消费时省了点儿小钱，但省的钱从哪里来的？不是淘宝高效，而是如下几个原因：一是国外风险投资在垫钱，堪称洋雷锋；二是逃税费，视作政府让利；三是不缴纳从业人员的社保，长时间工作，算是压榨劳工；四是商铺和仓库住房之间的价差，但是这一块的差价超过发货数量临界点后为零。淘宝打击了实体店，老百姓挣钱难了。同时淘宝也不需要商铺，但要快递和写地址人员。商铺和仓库一年租金差价算 8 万元，快递一个 15 元，当发货超过 5000 个 / 年，这个差价为零，之后就是倒贴了，所以淘宝并不高效。消费者在商铺享受了试穿、试吃、试用服务后，然后从淘宝买，只能算是投机取巧。淘宝的盈利模式是很恶劣的。所以淘宝不敢公布商铺地址。淘宝对小本创业、罕见需求是有好处的。但是这种需求之所以得以实现，是建立在坑害实体店的基础上顺带实现的，否则成本极高。我曾经参观过一个三个皇冠级的淘宝店，夫妻加六个工作人员，自创服饰品牌，租在上海市区的一套三房一厅，年租金是 4 万元。因扰民，被迫搬到松江某仓库。他们是自己设计，自己下单生产，导致库存较大，也不太赚钱。夫妻俩是上海人，看上去生活较差，很焦虑的感觉。

中国经济最大的两件事情：房子和淘宝。淘宝对于标准化产品，例如图书、内存卡、空调、食品等完胜实体店。但有四类除外：一是需体验的、个性化的产品，例如衣帽鞋、香水；二是需要立即消费的可乐；三是低价产品，一个灯泡加上快递费就不划算了；四是易碎商品如玻璃杯。今后，淘宝会彻底控制中国的家电等所有标准化产品生产企业，因为生产企业无力自建电子商务平台，也无力在全国布点。到时候，淘宝会把前期亏本的钱全部拿回来。其实这是个零和游戏。现在淘宝玩得这么火，只不过是下饵钓鱼。一旦涨价，三年后，实体店又会出现。反反复复，忽上忽下，倒霉的是普通小商户。

淘宝抢了两种人的生意，一是零售商，二是邮政。零售商没有政治地位，所以无力反抗。但邮政局是国家的，现在已经开始反抗了，要求各大快递公司缴纳“普遍服务基金”，其实主要是针对淘宝快递的。零售涉及税收和商业房地产，零售商的逐渐枯萎，税务和房地产大佬不会袖手旁观的，等着瞧。

太多的个体户被淘宝逼得破产，不是个体户的商业能力差，而是个体户要养家糊口，亏不起五年。淘宝以外国资本为后盾，以自己无限期亏损为手段，把太多太多的勤劳的个体户逼得亏损关门了，有违道德。电商没有明天。电商红火是有前提的：淘宝商户基本不交税，快递员不交社保，客车代替货车在城市行驶，外资亏损垫钱，商铺租金高，实体店税费多，衣帽鞋等小商品产能过剩尚未扭转。这么多前提，只要有一到两个因素变了，淘宝在成本上就没有优势了。淘宝货一般比实体店便宜 10% ～ 15%，是因为淘宝没有纳税成本和监管成本（工商、税务、质监、卫生、城管）。所以，淘宝毫无技术优势和成本优势。如果实体店也免除了这些成本，或者淘宝店也增加了这些成本，那么淘宝货就是一堆垃圾。实体店贵的是店租，淘宝贵的是物流和存储分拣成本，其实电商没有优势，就是逃税产品。

淘宝导致中国零售环节税费向沿海地区集中，严重遏制三四线城市的商业地产和零售业发展，加剧了城乡两元结构和地区发展不平衡。内地很多小县城，根本没有像样的工业，主要是服务业和零售业。而淘宝卖家的货源主要是集中在沿海地区的生产企业，例如长三角和珠三角，有关部门可以通过工厂征税。三四线地区的内需资金大量流向沿海地区，导致小地方的商业地产无利可图，零售的就业和税收很惨。居民就业不充分，无业人员只能大量流向就业充分的大城市，激化地区发展不平衡。所以，淘宝店不交税，弊大于利。举例来说，河南某县城，居民搬进新房子要买整套家电，一两万是最低档次了。如果去淘宝和京东商城，那么税收就留在浙江淘宝总部和京东商城的总部，那个县城本身没有任何的利益。原来是在当地的国美、苏宁购买，当地得到了三个东西：商铺租金、税费、就业，现在就剩下搬运环节。淘宝成了吸干当地资金的抽水机。

淘宝的模式是：全国各地的小店家向淘宝总部缴纳技术费、服务费、广告费、押金，以及长期不动的天量交易资金，这些钱是全国各地抽过来的，但最后全部是留在浙江，就大大促进了浙江的发展。所以，淘宝模式得到了浙江的高度肯定，但是对于其他地区的零售商业发展是垂直打击。

我可以负责任地讲，中国 90% 的百货业大卖场，已经内心崩溃了。因为很多百货大楼是国有企业，没有房租支出，所以还能够拖一拖。而北上广实体店彻底悲摧。网购剿灭了绝大多数零售店。超市和服务业的店，赚钱就调到房东加房租，不赚钱就只能退出生意，很可怜。

制造业的窘境

The Best of Cai's Economic Insights

■ 制造业的现状

现在的制造业，除了和基建相关的，普通商品的形势是极其严峻的。内销制造业衰败，大部分日用品，包括手机、冰箱、拖鞋、锅碗瓢盆，甚至是衣帽鞋，基本饱和。日用品质量不错，几年用不坏，例如一件牛仔裤，穿两年没问题，可买可不买了。但是生产厂必须是日日开工，月月发工资，于是供大于求，不可避免了。我去过很多西部小县城，家电日用品和上海完全一样，没有再发展的空间了。对于中小制造业内销品牌厂，产量大幅度下滑，已经是平常事。很多企业只剩下基本框架和少量人员，勉强维持一个存在感，等待市场复苏。但是，他们等不到了。因为国人的钞票都花在了房子上面。与房子无关的消费，所剩无几了。

中国制造业人工贵、租金贵、税费贵、运费贵、融资贵，产品从苏北小县城出厂，到四川小县城销售，中转三四次，基本是涨三倍，否则就是亏。但是价格高了，销售难，产量小，单件成本又要上涨，制造业最后集体傻眼了。内贸的过度混乱，完全没有规则，技术发展极慢，完全是靠低价竞争，钩心斗角。外销则慢慢失去价格优势，也就是有些熟练工做点中高端的小单子，富士康也会慢慢走人了。拉丁美洲和东南亚的熟练工还需要五年的培育期，大家看着办了。有几个制造业的朋友，对人生和社会的意义已经产生怀疑了。其实，同样出口一个圣诞树或杯子，老美给的美元并没有减少，但是我们的内部分配出问题了，汇率还是小头，大头是人力成本狂飙，最后小老板无利可图，只能是收摊了。

可以说，制造业的黄金年代结束了。有央企存在的行业，央企说了算。没有央企的行业，则进入了残酷的相持阶段，例如彩电、洗衣粉、木地板，最后会剩下10个左右的寡头包揽行业80%的份额。大中企业、中小企业，只要是生产一般商品，产能过剩，多数是亏。大家现在就是在比谁亏得时间长，等大部分中小企业扛不住歇业了，那么剩下的企业就供需平衡，赚钱了。估计要两到五年。扛得住的，应是容易得到贷款的大公司，然后进入寡头经济，财团出现，社会固化！

再过五到十年，会出现私人大财团，参见香港的十大富豪。很多行业逐步进入寡头时代，行业前十名的品牌能够活下来了，其他公司出局。这些大财团控制无数个小微公司做配套，同时抬高行业门槛，进入任何一个行业品牌，最少需要几千万的投入，社会固化进一步加剧，屌丝翻身，基本不可能了，新技术行业除外。其实很多行业已经完成了寡头经济，汽车、电脑、冰箱、彩电、洗衣机、洗发水、卫生纸、牙膏，只要是标准化产品，无一例外，以后塑料盆都会是寡头控制。标准化产品，生产不难，以前一个县化工厂也能够做肥皂、啤酒，但是卖出去太难了。大品牌，一块肥皂赚1分钱，还能够发财，小品牌直接跳河了。

非标产品，种类繁杂，如裙子、保健品、圣诞树、各种各样的工艺品，还有点儿市场夹缝。但是这种行业有个特点，三年后就不赚钱。第一年大赚钱后，原来那个小厂的车间主任、销售员、班组长，呼呼地出去自立门户了。供大于求，市场价格直线坠落，最后大家都不赚钱了，例如批发紫砂壶等。大部分民企将集中到个性化的小服务业，例如维修安装服务、美容服务、餐饮行业、中介服务等。

中国普通制造业不存在兼并重组的概念。中国诚信缺失，大品牌在没有政府担保的情况下，一般不敢去兼并别人的小厂，生怕搞出一大堆闻所未闻的债务。中小企业的下场，一大半是破产歇业。珠三角、浙江和苏南制造业，是第一排倒下的。接下来，各地陆续上演，四川最后。三年后，制造业到达临界点。以后，裤子是巴基斯坦进口的，皮鞋是越南进口的，大米是南美洲进口的，塑料盆是缅甸进口的。我们基本就剩下国企、拆房子和炒房子了。我的两个熟人，一个是出口业老板，2009 年鼎盛时，苏南工厂 30 亩，2013 年亏钱撑了一下，2014 年彻底收摊了。另一个是贸易老板，背靠着特大企业，收购工业边角料再卖给小建材厂，生意不错。虽然收不到现金，但建材厂有优势，可以拿到几套房子抵账，所以这几年确实发了。

实体经济，特别是传统制造业问题，积重难返，利益格局错综复杂，暂时看不到整体好转的可能性。现在报纸提出，搞装备制造业，摆脱“塑料拖鞋圣诞球”的依赖。我看这个不现实。传统制造业讲究性价比，重大装备说的是意识形态。很多小国家买飞机高铁，那是交加盟费，性价比不是第一位的，关键是站队。

中国制造目前陷入了两难的境地。五年前利润高了，有关部门感觉私企老板赚多了，把原本应该某某承担的员工福利政策，全部转嫁给企业。这几年利润低了，企业就是混日子，无所谓技术升级换代，导致中国制造越来越“质次价高”，就连企业老板自己都没信心了，赚点微薄的加工费，赶紧买房子增值。通过房地产，权贵们积累了巨额财富，但是他们在国内消费少，而全世界的奢侈品和海外买房、子女留学，成为权贵最爱，中国制造缺乏国内高端消费。中国制造的内需，一直靠中下层居民拉动，他们买房后没钱了，只好买低质低价的产品。中国制造也就恶性循环，价格战遍地，质量越做越差。苹果把订单逐步转移给在台湾设厂的和硕公司，大幅度减少了大陆富士康的份额。起因一是富士康为了给工人涨工资，就找苹果去涨价；二是据传 500 万部苹果手机质量差，被退货。富士康质次价高，实际是中国制造的集中反映。每天几万人入职，几万人辞职，经常跳楼打架，工人队伍毫无稳定性，该被惩罚。

现在全社会鄙视制造业，科技研发也被鄙视。老板去炒房，屌丝去理财，医生收红包，来钱快啊，傻子才去搞研发。房地产搞得全社会不想干活了。凡是楼市供需两旺的地区，制造业是逐年萧条。房地产太暴利了，从没有房地产老板会去搞制造业，哪怕是造玻璃门窗，自产自用，也不愿意，赚得太少了，懒得搞。三线以下城市，房地产一般也就是五年就到头了。因为三线城市属于人口导出区，接盘者会越来越少。房产商赚足走了，制造业垮了，老百姓拿啥还贷款？

中国经济在变差，集资跑路，企业倒闭，外资裁员，上述现象已非个别。但中国人一夜暴富了，西北一小半的农民家庭买轿车，游客买遍欧美日韩。这让我想起了20世纪80年代的日本，一模一样。RMB被高估了，出国消费很便宜了。接下来，制造业萎靡几年后变死狗。日本高科技和海外战略，我们一个也没学会。

中国法律环境最适合一般制造业。你下定金，我生产。美国经济是由各种极其复杂的交易构成的，俗称契约自由，只要双方把合同签好了就行，一旦违约，即使躲到天涯海角，美国法院也可以全球管辖，极其高效。复杂交易能够运行，不是人聪明，而是制度保障，监督有力。中国制造业，曾经是那么辉煌，现在只能默默祝愿了。但是，14亿人日常消费品不可能靠进口，制造业是永远的朝阳产业。现在出口降温，在进行惨烈的去产能，活下来的必是大赢家。现在长三角、珠三角成本太高，外资、台资、内资制造业往成都、重庆转移是大势所趋。我非常看好成渝，成本低，土地多，水源足，劳动力优质到爆。成渝，五年后必然大放异彩。

■ 出走东南亚

中国制造业必须维持低价的原因是，中国制造基本是模仿，打败人家原厂出品只能靠价格，现在失去价格优势，就是自动放弃市场。李宁运动服、三一重工、光伏企业，都是同质化价格竞争，非技术原创。有钱的房产商不搞技术创新，实体经济没钱搞技术创新，大学是靠扩招赚钱，靠论文评职称，无所谓技术创新。相比美国，中国劳动力成本还有少许优势，但税和费、国内运输费、天然气电汽油成本、贷款利息、土地成本、科长成本，远高于美国，再加上远洋运输的时间成本和运输成本，人民币汇率不断上涨，到2015年，中国制造成本超过美国了。结果是：高端回流美国，中低端去东南亚和墨西哥。

现在外贸只能接到小单和急单（价格略高），是那些外国小客户，他们没有能力去开拓东南亚市场，在中国下单时间长了，也熟悉了，价格高一点儿也认了，但都是小客户。大客户，例如宜家、NIKE，自己去开拓东南亚市场了。另外，中国企业拿到单子也很难做，由于平时没有稳定订单，企业养不起稳定的工人队伍，突然来个单子，又找不到工人，找来的临时工价高技术差，企业越做越萎缩。东南亚由于成本低，大批量的订单都给东南亚做了。所以，目前中国制造在全球面临很尴尬的处境，需要原创技术的，做不了；不需要技术的，价格比东南亚的贵。位于北京郊区怀柔的美国杰普莱斯医疗设备公司要搬到印度，工人围堵美国老板4天，不让其离开厂区。闹是常见的，无所谓。但值得注意的是，美国的医疗设备公司不是低级制造业，居然也要走人，而且是搬到屌丝们天天鄙视的印度，就寒意十足了。国进民退，外资也走了。有人说，越南、孟加拉国的制造业很差劲。HM、ZARA是中国大陆地区最畅销的女装品牌，中国市场里面这两个牌子，约70%是东南亚制造，不相信，你去大商场看看标签，而且这种趋势会加速度发展。

衣服牛仔裤上的花边和小珠花饰品无法机器生产，是农妇手工制作。由于体积小重量轻，适合空运。在浦东国际展览中心，有个印度人展台专门承接此类适合空运的小东西，报价只有国内的一半（印度人工便宜），吸引了大量的中国生产商咨询。中国的农妇现在都做月嫂或者基建工地后勤了，工资高。

中国一般制造业，最初发家是靠衣帽鞋，有个很老的电视剧《外来妹》描述得很详细。别克通用汽车，更加偏向是来料加工型的。所以外贸出走，也会从衣帽鞋开始。现在，衣帽鞋的产品加工已经慢慢流向东南亚，但是衣帽鞋原料还是由中国供应商出口，同时订单集中在行业内的大企业。这种态势估计还可以保持几年，一旦东南亚衣帽鞋生产成熟后，再遇到原材料生产设备更新换代，那么新的设备投资也将离开中国，然后慢慢扩大到各种高富帅的领域。欧美外资去越南不会吃亏的，我们很难去东南亚搞制造业，因为东南亚首先在文化和心态上就不认可你。今后我们会成为裙子裤子的进口大国，美邦和HM，两者价格差不多，但品牌影响力差无数倍，肯定是买外资品牌了。东南亚的劳动力价格也就是我们的五分之一，土地价格几乎没有，科长呢，呵呵，你懂的。不过没关系，我们房价高。

失业是有可能发生的，因为外资搬家和温州私企搬家，很不一样。温州很多私企的土地是工厂老板自己买下的，所以很难搬，去一个陌生地方也容易被人欺负。大型外资是强势单位，工业用房也不是自己建，例如“园区配套，外资承诺GDP”的形式，一旦不赚钱趋势成立，外资拔腿就走，毫无牵挂，毫无留恋。当然，外资撤离也不会太猛。不是说外资喜欢中国，而是东南亚尚未有足够的熟练工人，至少5000万，来全面承接。今后先走一步的是最高端的研发中心，最低端的衣帽鞋厂。中间状态的企业暂时不会走，转到中西部可能性大一些，例如有一定技术含量、需要高度组织性的富士康就明白，所以在中国建厂的速度还是正常的。

在高端制造业，印度和中国比不了。比如芯片，生产中最要命的就是电压不稳，生产后需要配套发达的航空运输，印度的基础工业和中国比不了，暂时不必担心。只要看两类企业，一是富士康，二是芯片厂，如果这两家走人了，那是灭顶之灾。衣帽鞋的相关制造厂商走了一部分，释放劳动力满足内销，也不是坏事。

■ 转型才是出路

作为一个失业男，我对中小企业的运作相当熟悉。

当前制造业的困境：

供应端出现了问题，外销企业冲击了内销企业。普通制造业技术一般是低端的，主要是靠设计、价格和营销。2009年之前，内销和外销基本是互不往来的，因为外销的侧重点是拼质量，内销的侧重点是搏渠道。2009年后，外贸形势急剧下滑，我不知道统计局是怎么算出来外贸交易量年年增长的，但我知道，长三角、珠三角的普通制造业已经是越来越难混了。于是外贸企业在新闻媒体的宣传下，扩大内需，建立内销渠道，内销市场进一步供大于求，单个企业的销售急剧下滑，跌破盈亏线。

成本出现了问题。由于工资福利、厂房和商场租金的上涨，带动了各个环节的原材料价格上涨，进而导致产品成本越来越高，相应地，销售价也被迫提高。但涨价后，销售恶化，老百姓减少了消费。由于滞销，只能是亏钱甩卖。

需求端也出现了问题。企业的工资福利支出大涨，但是消费力却萎缩。原因很简单：一是社保金的支出不能转为当前消费；二是到手的钱，为了买房被储蓄起来；三是公款消费急剧萎缩。于是，老百姓节衣缩食，公款消费失踪，普通产品销售萎缩。比如餐馆的桌布或酱油，生意好的时候，购买量就比较多，生意不好，销售量就下降了。

制造业的出路：

原则上讲是没有出路的，因为确实供大于求了。政府为了拉动经济，搞基建投资，例如铁路和棚改，表面看不错，但实际是以印票子为代价的，最后，货币购买力贬值（例如房价），导致老百姓进一步节衣缩食。那么，今后三到五年的出路是什么？

1. 找关系，做政府订单。这个大家都懂，但普及性不高。

2. 技术升级。通过大规模的资金投入，做出新产品，降低单位成本。可能性也不高，因为现在的小老板没钱升级，小老板也不可能做出什么有技术秘密的新产品。

3. 扩大规模，降低单位成本。这也不行，因为本来就是供大于求了，再增产，销售就困难了。

4. 转型做房东。你自己做新的行业，可能性不大，因为别人老江湖了还不太赚钱，你没有过硬的技术和关系，进去就是亏。最好的办法是把自己的房产租给别人，通过一段时间的合作，看看能不能找到合作点，或自己创建相关的行业，这比你没条件硬做效果要好。

5. 转型做货币业务。就是高利贷之类的。现在很多小老板赌性大，你把他的资产评估一下，如果价值 1000 万元，你给他 500 万元的贷款，同时把所有资产全部抵押给你，不行就杀猪。这个搞法，维持几年的可能性是有的。

6. 转型卖理财产品。去找个第三方财富公司签代理销售合同，自己开张卖理财产品。现在很多老百姓手里有现金，30 万～ 100 万元，你做成一单，就是 2% ～ 5% 的提成，也不错。

7. 转型互联网产品。现在的 app 之类的，这个我不太懂，但我周围的富人，没有通过这个发财的，或许有几个成功案例吧。

8. 转型淘宝之类的。这个我只能是呵呵了，因为网上有太多的淘宝迷了，我就不说了。

9. 转型一般服务业。现在一般服务业本身就够惨的，你再进去，也不过是增加一个失败者。当然，你有关系除外，比如你拉来一个特大国企的广告，躺着就赚钱。

10. 转型为投资人。这个需要比较高超的财务技术和法律技术，如果是上亿的大资金还可以，1000 万元以内的，利润还不够律师费和会计师的报酬呢。

■ 案例：一个小老板跑路的分析

我接到消息，外地一个小有名气的小老板跑路了，对原材料商的负债两三千万，热闹场面就不描述了，就分析一下情况。这个小老板是做日用品的生产和批发，再由零售店直接销售给消费者。

一、债务分析

原材料一般占到批发价的 40% ～ 50%，实践中，原材料商的货款也不可能一分钱不付，一般拖欠 70%，这个小老板去年一年的产值大概接近 1 亿元，算是小老板中的大户了。

这个小老板的销售模式是最普通的“自有品牌，夏秋搞生产，冬季拿出去批发”，零售商在销售季节结束后，卖不掉的货退给生产商。问题就出在了这个环节，零售商在不知道销售前景的情况下大量囤货，小老板也知道风险，但不敢减产，被迫满足零售商的囤货需求。原因一是如果减产，零售商就转投其他品牌了；

二是小老板认为零售商敢于囤货，也可能最后能够多卖一点儿。结果是，销售很差，不单单是他一家很差，而是全行业都很差。

二、高杠杆的采购模式

小老板采取了高杠杆模式，采购原材料支付 20% ～ 30% 的定金，季末给原材料供应商还钱。但季末销售情况很差，根本无力还债，仓库里只有一大堆货品，没有钱了，只能跑路了。其实，供应商之所以给他这么大的支付优惠，原因是这个小老板是二十年的老客户了。最后，杠杆断裂，全家跑路。

三、全退货的高风险销售模式

在中国，很多品牌商采取了高风险的接受全退货的销售模式，甚至是直接采取了大规模的赊账销售模式。于是，零售商的风险转移到了生产商。初期看，形势大好，这个企业的零售商客户很多，一片兴旺发达，供应商也很兴奋地同意季末结账。

四、垫资模式的原材料供应体系

由于市场需求下滑，供应商也面临销售困难的情况，看到有这么个客户很多的好企业，供应商的贪婪也上来了，答应大规模垫资销售，于是风险进一步扩大到了供应商。

五、供应商的风险最后由银行承担了

供应商其实也没钱做如此大的垫资，正常情况是找银行贷款。一旦某个环节出事，供应商也破产了。

六、零售商也没有占到便宜

零售商虽然把风险转嫁给了生产商，但零售商的利润还是要来自于销售。如

果销售很差，只这一季度的商铺租金和营业员工资，就会让其亏损。从退货的比例看，零售商这一季度也是亏损惨重。因为每件产品的利润是透明的，零售商的成本也是透明的，一算账，零售商也亏了。

七、谁得到了利益？

一是国企，因为基础原材料，水电气油是垄断价格。

二是公路收费站，货品来来去去运输，收费站笑晕了。

三是工人，拿到了工资。

四是房东。

五是政府，收税费罚。

六是小部分买了甩卖价商品的消费者。

七是法院，法院执行过程中会产生律师费、会计费、拍卖费、执行费、交易税。

■ 不存在用工荒

今后没有工人了，上海市区居民90%的人是工人子弟，但是这些人已经彻底不做工人了，郊区的年轻人也鄙视做工人，都是找个有底薪的办公室文员或者销售员，反正是不进厂的。现在制造业还勉强维持，是因为有一批60后、70后的农民工在支撑，他们上有老下有小，不敢歇，也不敢闹，他们拼命干活的动力是子女绝不再进厂当工人。再过十年，50岁女工退休，男工体力下降了，就没什么人愿意干制造业工人了。现在的80后、90后，进厂打工主要是找对象谈恋爱，长见识，对于学习钻研技术，根本不感兴趣。这批人毫无机会，失去理想，带有绝望，未富先废。

由于制造业都在郊区，导致城市子弟根本不可能去工厂上班，工厂里都是农民工，而农民工越来越少，工资水平越来越高，最后产品就毫无竞争力了。现在哪个男孩子说自己在厂里上班，就是农民工的女儿也会鄙视他。这种舆论环境下，中国制造业真的玩不下去了。那么农民工哪儿去了？主要成了“农二代大学生”。毕业后在大城市的各个角落晃荡，怀揣希望，但是毫无希望。最多的职业是房屋中介、销售员之类的，超过30岁就难办了。这也是中国经济的困难之处。我曾经在外地一家传统制造业工厂考察，车间内的操作工，年轻人很少，最小也是30岁。在管理区，财务、人事、销售等都是年轻人。看来中国制造工人越来越少了，真的走到尽头了。穷二代也是大学毕业，他们的父母绝对不会让子女去车间上班了。十年后，工厂关停，35岁左右农二代大学生大吵大闹一番后，会大批失业。曾和某熟人聊天，他家近五年前后雇用了约10个中年保姆，基本是几个月就不来了。这不是重点，重点是，这10个中年保姆的孩子，有4个不上班，常年在家考证，例如CPA、工程师，还有6个是自己当个体户，送货跑运输之类的。没有一个是进厂当工人的。小老板还有未来吗？

管理员和操作工，中国1∶8是合理的，德国约1∶4。但中国大学生录取率超70%，算上存量劳动力，也是严重结构失衡，制造业难以为继。楼市若偏冷，大批中介和个体户马上就失业。农二代不狠闹一番是不会进厂的，这是隐忧所在。

企业工厂需要大量理科生，但是现在企业利润薄，导致大量优秀学生选择从事金融、法律、中介、服务行业，绝不进厂。从生产领域跨到分配领域，生产行业素质越来越低。不要相信什么高科技研发（光伏），说穿了就是买套进口高科技机器。你看看“机床加工中心”，基本是意大利、德国的。只要有一点儿波折，企业就垮。99%普通职工最希望把企业的利润，年底全部分掉，房价这么高，分钱最实惠。他们不喜欢把利润留出来搞研发，搞积累。企业垮了，反正明年换一家就是了。但是，你站在高的角度看，这样做的结果是，满大街都是乱窜的失业者。

用工荒是企业和年轻人的双输。目前的劳动力市场是供需不匹配，大量的年轻人没有技能要高工资；企业无力支付，双方僵持。年轻人，骑驴找马，随时跳槽；企业面对大量的生手，前期培训费用打水漂。其实大学生也活得差，企业也活得差，双输。企业只想要熟练农民工，不要大学生（娇气且事多），现在一个企业只是招聘10人，却写招聘100人，原因是想多挑挑，但实际上工资低；而农民工被电视新闻误导，乱要高工资；导致企业找不到人，农民工找不到活。企业和工人僵持，却被记者报道为用工荒。

所以，用工荒的真相是“缺少熟练工 + 苦工种”。一是中国毁掉了“技校”，德国 75% 的中学生是去了技校，中国 90% 的中学生是去了大学（主要是文科），以前技校毕业去工厂，现在进高校为了赚钱，活生生把人关了四年，培养了一批酸秀才，剩下的歪瓜裂枣，越来越不会干活，还眼高手低，一般工作不想干，真要技术的工作干不了，企业根本不敢要。做坏一批产品，损失远远大于节约的工资，熟练工培养周期太慢，所以出现抢工人。说白了，工人很多，但是有点儿技术的不多，企业没法用。我曾观察了一个企业，普通制造业，企业员工除了老板一家全部是大学生，其他都是中学毕业，日常电脑管理做得也很好。该企业前几年也招聘了几个大学生做行政管理、人事管理，但是他们上班就是拿着“考公务员”或者“英语六级”书复习，和农民工无法交流，工作马马虎虎，抱怨一大堆，确实没办法使用。二是苦工种，如搬运，年轻人不想干，中老年干不动。我认识一个江苏的装修队长，在上海苦干十五年，为儿子在苏州买了三房一厅和比亚迪。儿子现在某公司混，月薪 2500 元。装修工月入 8000 元很正常，但吃住太艰苦了，儿子果断拒绝。

90 后的农村员工，绝大多数是喝可乐、吃麦当劳长大的，刚刚出来工作的时候，就遇到新《劳动合同法》的强力保护，根本不关心企业的难处。90 后员工只会和老板儿子比生活待遇，然后产生怨恨心态。这个状态，很难维持多久的。我们国家的经济，必将迎来一次考验。

很多企业招聘给出了 3000 ～ 5000 元的工资，其实是“计件，不交社保”，新手根本拿不到这些。

今后机器会慢慢取代一部分人力。有个朋友，买了一台机器 10 万元左右，取代了两个熟练工，效率大增，原来要一天，现在半个小时。机器不需要缴纳社保，也不需要“辞退赔偿”。当然，大部分工种还是要人力完成。但这里少用一个人，那里就会多出一个劳动力，总体还是有用的。

劳动关系不稳定，员工大流动，熟悉本企业特定岗位的工人越来越少，所以做高科技、高质量、高效率企业就是个笑话。但企业负担太重，产能过剩，也无力提供高福利，恶性循环。结果是绝大多数制造业在低水平竞争，你花三年的高成本培养工人，会一夜之间全部辞职。

菜总的“制造业不可能三角”（Impossible trinity）：财政、企业家、工人，这三方是不会同时达到满意的。中国制造业利润薄，就业人数多，是初级阶段，在没有进入高科技打遍天下的德日工业水平前，“财政，老板，员工”，不可能同时乐呵呵。现在情况是：财政满意，员工满意，小老板不容乐观了。中间掉链子的后果就是，就业压力跳过企业，直接到了政府。

■ 成本压力

制造业是一切行业之母。房子不是卖给建筑工的，金融产品的利润是来自实体的，服务业主要是源于生产利润的消费，然后是这些行业之间的相互循环交易。近两年，制造业用工数是大量下滑的，但是表面上看不出来。因为新的劳动力——大学生跑到大城市做销售和服务业了，非大学生去建筑工地了。我对几个制造业企业已经跟踪多年。单个中小企业的员工数，三年减少了一半。那一半人原因多样，一是拆迁有钱了，例如去买个车跑黑车；二是建筑行业工资极高，能力要求低，吸引了大批年轻人；三是婚后顾家，老公收入高，主动不干了。经济发达地区企业实际雇佣人数正在减少是事实，原因是，现在劳动密集型的制造企业被各种税费罚搞得很苦。社保成本和住宿成本上升太大，企业已经无力承担了。上海，社保农民工每月 1300 元，住宿 300 元，三餐水电气 400 元起，工资最少是 2500 元。农民工成本是 6 万元，奖金另算。制造业利润是 5% ～ 8%，得多少产值才养得起 100 个工人？企业都在等关门。

有关部门认为，工人短缺，无所谓劳动密集型了。其实工人短缺的原因是，货币刺激，基建疯狂，百业兴旺。一旦基建熄火，停工待产的农民工用不了几个月就会闹闹，企业主无单可做，卖厂赔偿，劳资一拍两散，几十年建立的工业化体系，无人关心了。

中国普通制造业产能过剩，负担严重，导致价格高，竞争大，销量不稳定，订单时有时无，工人收入也就无法保证了。以前，新《劳动合同法》是强迫中小企业拿企业积累给工人发钱，现在，中小企业慢慢收缩用人了，农民工只能去建筑工地了。基建是个吸纳中国劳动力的无底洞。有多少吸纳多少。2008年汶川地震，各省市援建集中开工，大家为了抢工人，又不在乎钱（就当捐献），迅速拉高了建筑工价，吸引了大批的农民工。由此开始，工地工人的工资犹如火箭一般上蹿。相比中国前十年买房装修潮，因是自己花钱，没有拉高工价。国家花钱，就是不一样。

现在工人回乡，一听说建筑工地的高工资，马上去找小厂老板加钱，不加工资就走人。一部分老板被迫加了工资，就传染到周围企业，出口价格越来越贵，外贸越来越差了。关键是，建筑工地拿着无穷的钞票，拉高了各行各业的成本。房地产和基建有暴利，所以给得起高工资。但是大部分中小企业给不起高工资，所以，农民工以房地产的工资，来给中小企业打分，谁的错？《武汉晚报》有位女硕士发文称，她在南昌一家国企工作，年薪5万元，不如农民工。我可以肯定，女硕士的思维有问题，中国的硕士创造财富真的不如建筑装修工，今后收入还会更低。

普通制造业破产倒闭后，建筑工地包工头就把农民工拉走了，于是就出现用工荒了。只要建筑工地不停，用工荒会一直持续。在工地上，4000元一月的工资是起步价。实体经济哪里有能力承担啊。你去工厂看看，现在和房地产无关的工厂，主要是女工，男工越来越少了。农民工的好日子，很难再持续几年了。农民工工资是2009年开始涨的，正常情况是人力贵，就会转型机械化。但是这几年大部分企业又遇到经济不景气，无力购买昂贵的机械和信息技术，所以农民工收入一下子就起来了。今后的趋势是，效益差的企业关闭，好工厂会逐步使用机器代替人工，慢慢恢复供求平衡。

富士康在中国的农民工有120万，富士康待遇其实不高，但春节后各地车间工人返厂率高达90%～97%，这说明其他中小企业的实际情况有多糟糕了。大规模推广机器人，是需要时间的，至少三年的磨合期。现在机器人还在研究，富士康就不招聘了，说明它也受不了。中国制造唯一的优势是便宜，现在不便宜了，正在等待关门。

对于制造业，主要生产要素都在涨价，工资社保每年增加12%～15%，食堂菜价、水价、气价都在涨，房租是长期合同，一般也是每年上涨一点点，偏偏是出厂价在持续下跌，所以，靠逼迫工厂多发工资来提高工人收入，是靠不住的。企业成本高了，老外和消费者不买了，大家都完蛋。新加坡是全世界最富裕的国家之一，新加坡某铁皮厂雇用一名大陆工人成本：1050新元工资，650新元的税和保险费等，合计1700新元，包食宿。新元汇率是5.1，成本8670元人民币。上海商场营业员的人工成本，工资3500～4500元，加1600元社保费，合计是6100元，上海的成本已经接近新加坡了。三星公司这种千人大厂，工人社保金1800元，工资奖金3500元，饭加住宿成本700元，加上高薪员工，全厂人均成本1.2万美元左右。而上海平均薪资的成本，5000到手+2250社保+手机费50+一个月年终奖=1.51万美元，如果是包吃包住，再加2000美元成本。现在上海郊区的电脑类外贸大厂，大概劳动力成本是1.6万美元，越南最多是6000美元，一个人差1万美元，一千人的大厂，就是1000万美元的纯利润。再加上劳动仲裁、办证、税费罚、讨好科长，有几个外贸行业玩得下去？同时，工人对这个收入还是不满意，动不动就要和建筑工地月薪1万、保姆能到手的有6000的去比，这种企业怎么管得住工人情绪？都走吧。外贸萎缩指日可待。捷克，欧洲工业国家，当地普通人的工资水平是8000～10000元人民币，还不如我们拎灰桶的农民工。如果再加上不能公开的科长检查工作，制造业的希望应该是在《新闻联播》里。

私企和建筑业要留住工人，被迫互相拼职工工资待遇。基建的背后是地方债和印钞机，小老板积攒了半辈子也不过是几个小钱，玩得了几天啊？

基建农民工将成为严重的经济包袱。基建和制造业完全不同，制造业是稳定就业，循环生产。而基建是大资金投入，修完就失业。现在各地如火如荼的大基建养活了无数的高薪农民工，同时导致制造业人工费居高不下，陷入销售困难。这就必须义无反顾地印下去，不断开工新项目，否则农民工失业了，怎么办？

企业和农民工，本来是买卖关系。在有关部门不断慷慨陈词，要求增加工资的氛围下，员工想当然地认为，可以无休无止地要求中小企业加工资。于是双方变成了情绪仇人。其实老板也无所谓，关门了，买套房收租等增值，员工也无所谓，打打零工，专等拆迁。就是苦了大学生，没有管理岗位了。

■ 小作坊

中国制造业错失机会。2010 年前后，中国制造业已经形成了一大批正规中小企业，如果当时给它们更好的服务和爱护，让它们充分竞争，各行各业会进一步产生“小巨人和优质产品”，但是由于新《劳动合同法》和轮番检查，正规中小老板被管得内心迷茫，退化为房东。失业人员自发形成的小作坊，星火燎原。这也是我观察到的一个现象，越来越多的正规企业，自己大幅度收缩，把厂房机器设备出租给小作坊干同样的事情。我一开始以为是老板年纪大了，不想干了。后来才知道，其实是正规企业的成本太高，无力经营了。现在新开一个正规中等规模的厂，大概要 800 万元起步投入，然后各种折磨人的手续熬半年。试生产，找销路，亏损一到两年内部磨合，可能才有起色，天知道什么时候收回本钱。只有无赖才有一线生机，逼急了跑路。有家有业的企业家跑不掉，只好出租房子收租金。

什么是小作坊，山寨厂？这些企业技术力量和设备并不差，只不过没办执照。普通日用品企业，例如锅碗瓢盆、裤子衬衫、箱包、小家电，生产厂地面积要求不高，几台机器、三间大瓦房就可以了，主要是看设备是否先进。正规企业就悲摧了，一天到晚办证申报填表格，各路科长轮番检查，哪里还有心思搞技术？现在的小作坊，和以前的小作坊不一样了。以前的小作坊是靠大厂做不完的单子，分点儿剩饭剩菜，现在是直接和大厂打“低质量的价格战”，一起拖下水。因为小作坊没有管理成本，不需要社保金，不需要解雇赔偿，不需要税费，不接受任何科长检查，价格低，足以打败正规中等企业。但是，小作坊的特点是，劣质低价。这就是中国日用品制造的现状。

很多农民出来做生意，经商开作坊，毫无底线，为啥？因为他没有可供执行的资产，农民房不能转让。上海人胆子小，因为他有套值钱的房子，虽然不能直接没收，但是总是提心吊胆，不敢违法。

对普通制造业来说，正规小企业VS无证小作坊，在市场上，产品基本无区别，也没有品牌优势，至少消费者不看这个。比如你买条普通裤子，买个小背包，买个铅笔盒，只关心合不合适，根本不看是哪个企业生产的，这就导致了直接的价格竞争。而正规企业的成本远远高于无证经营，这就导致了正规企业难以为继。某熟人是做外贸几十年的老厂长了，生产质量很好，但在2012年亏损停产。他把厂房和机器租给一个小伙子。小伙子把大门上的招牌摘了下来，把厂门关了，招了一伙亲戚老乡，在里面生产最低档的同类产品，在淘宝上卖，生意还不错。老厂长感到很伤心。

我见过最搞笑的出口制造企业，就一对小夫妻，还是出口日本的单子。日本单的特点是琐碎，外贸公司接单后，把琐碎的单子分给几十对小夫妻，各做一个型号。每对小夫妻就租个农民房，在家里干一两个星期，交货拿现金。我问过小夫妻收入如何？他们说，每年带回老家5万到7万元。今年买了个五菱小面包，4万元。

二十年前，两件事情最有面子：儿子读大学，老子开工厂。现在这两件事情成了笑话。以前工地搬砖的农民工最丢脸，现在是骄傲得很啊，工资秒杀小白领。以前坐在办公楼里面的白领有面子，现在白领是群租苦逼的代名词。

■ 淘宝

Unstopable，这就是外国人形容淘宝的词：势不可当。

淘宝的最大价值是海淘，利用WTO规则，为欧美产品进入内地乡村的每一个角落，铺好道路，扫清障碍，例如奶粉、纸尿裤、化妆品、衣帽鞋。用不了五年，一切涉及健康的产品，内地制造业几乎没希望了。这个趋势是好是坏，暂不讨论，但今后一般制造业失去市场、就业难，已经是客观事实了。

淘宝对中国经济的影响力是无限的。我们每一个人的购物习惯，已经在短短五年内被淘宝彻底改变了。从2015年算起，往后五年，淘宝在就业领域会进一步让你目瞪口呆。京沪已转型服务业了，网购的冲击力不大，最多南京路、淮海路、七浦路等日用品市场不行了，但很多依靠一般制造业的地区，苦日子才刚刚开始。淘宝确立了中国制造业的标准，就是图片P得好不好。同样两件花裙子，好不好，实物一看就可以分辨手感、光泽、颜色、做工。到了网上，PS一下，就剩下价格战了。于是偷工减料，弄虚作假，最后企业就剩下低质低价，图片好看。谁家出了好设计，一晚上就低价劣质模仿出来了，还便宜一半，一般制造业真没戏了。我见过太多中小企业被淘宝搞关门了。同样的一套西装或漂亮裙子，上海比贵阳贵80～100元是正常的，淘宝的网络比价导致除了最低价地区能够多活一年外，其他地区就不订货了。没有高价格地区的推广，你把品牌拿到贵阳乡下去发淘宝，也卖不掉，最后一起关门。

我的企业是怎么垮的？我是做品牌产品，层层分销，我无力在全国开500家门店，仅社保就无法缴纳，更不要说税费罚以及房租的问题了。淘宝出现后，由于各地成本不同，导致价格不同，于是低成本地区卖货，高成本地区成了展示柜，很快就没人订货了，企业垮了，被迫卖掉企业，现金买房。从产业资本角度看，屌丝很可怜。你在淘宝便宜了几十元，但是迫使大量的产业资本退出实体，企业关门，现金炒房买房，屌丝买房就要多付几十万。当然，这不能怪屌丝，但是你要明白，你输在了哪里。

现在的中国经济，主要是一群年轻的淘宝小店主怀揣梦想，不计报酬地支撑。居然干出了5万亿元，超过了中国的全部出口，厉害，厉害。多撑一会儿，等你辛辛苦苦忙了五年，最后发现自己两手空空，没有社保，存款不足10万元，你就明白了，这辈子最好的年华，毁了。

某熟人把自己原工厂分割出租给了三个淘宝小店主，淘宝店基本是夫妻档，自产自销，干得很欢。他说，他原来这么大的规模都不赚钱，他们这么小的规模，毫无成本优势，之所以干得欢，是因为他们不计报酬。这些淘宝店主的利润合计，还不到交给他的房租。他天天很高兴，说是等于养了一群态度很好的奴隶。

现在每年 13% ～ 24% 的印钞速度，造成房价每年 25% 的涨幅，青菜每年 15% 的涨幅。这几年工业品涨价也厉害了，你去大商场看看男装女装，你根本是买不起了，只好上淘宝。现在淘宝已经成为稳定物价的一个工具了。但是，淘宝低价的原因是小淘宝业主的创业者不计报酬的结果。据说淘宝有几千万的小卖家，这些小卖家在初期攒人品的时候，唯一的办法就是，对准某个热销的小企业品牌，低价倾销，直接搞垮了人家的正常经营秩序。比如前些年，老王夏天生产了 1000 万元的油汀，正常情况是冬天卖给经销商。结果遇到了攒人气的淘宝小店，直接按进货价销售，导致老王的经销商全部退出，老王辛苦二十年积累的利润全部亏光。而淘宝夫妻只卖了几千元的货，就不玩了。像老王这样被害的小企业，不计其数，血泪斑斑。我见过某个小企业为了防止被淘宝害死，放弃了品牌，直接卖白牌的产品。消费者现在买东西，一般会拿出手机查一下淘宝价，如果商场价格高于淘宝价，他就认为商场黑心，换个牌子买。正常情况，你只要花几万元的成本，低价倾销，就可以轻松搞垮一个普通小厂。小老板的对策是：只讲便宜，不讲质量。

淘宝对中国制造产生了巨大影响，中国每年生产几十亿件衣服和包包，但大牌的服饰包包还是要进口。为啥？因为同款半价的无处不在。我们只能是拼价格，不能拼附加值。这就是我们这个制造业大国无法成为制造业强国的痛苦。以前，我去浙江的羊毛衫大市场看商铺，小老板亲口传授发财秘诀：这款毛衣是某大品牌销售最热最火爆的，淘宝价 500 元，你把羊毛含量降低卖 400 元，保证赚翻天！按照奥巴马的说法：这叫淘宝模式的“搭便车”。

我曾经去日本某公司参观，人家一件女士小西装的设计图，有一本瑞丽杂志那么厚。介绍的妹妹说了，你随便翻到哪一页，随便拿一件衣服，互相对比细节，看看是不是有误差？这要是在国内，一晚上就被淘宝网的价格战直接揍趴啊！按照中国经济的逻辑，某产品一旦热销，一哄而上，立即供大于求，首先是销售环节价格战，然后倒逼厂家降价。生产商由于成本制约无法降价了，怎么办？倒闭、做假二选一。这就是现实。淘宝网把仿制品的传播速度提高到了秒杀级别，这就彻底阻碍了创新！

以前也有假货，我们一般是在假货窝点附近的必经之路，设点查卡车，一打一个准。因为，假货分子不可能把假化妆品，一小包一小包地带出来，必须是卡车运输。现在的电商把假货彻底碎片化了，变成了一个一个的快递，一辆卡车有几千个快递，根本无法打击。这个变化造成了巨大的灾难。

所以，现在只要稍微热销一点儿的产品，淘宝就会在全国范围内出现超低价和假货，导致所有人无利润而退出，下一步的研发创新也无资金继续，这个品牌就结束了。比如某品牌生产 1000 件产品，经过加工厂的严格检查，出现 30 件次品，加工小厂再将边角料偷偷加工 20 件，就出现了 50 ～ 60 件的所谓“尾单”，然后在淘宝零成本低价冲击，会在全国市场造成恶劣影响，如果热销就继续仿造，那个品牌就是悲剧了。这个情况现在越来越多，所以中国出不了品牌。今后，中国品牌会逐步出现“奶粉效应”。内资企业综合成本高，再加上淘宝网的假货和超低价冲击，导致“成本高、售价低”，合法企业为了生存，不断降低质量，一旦出事，全行业垮掉，外资轻而易举地控制产业链。淘宝网不敢搞超低价的“外资品牌”，对内资企业下手，那是拿手绝活。

淘宝店的操作手法是先进货 5 个正品，取得进货凭证等一套资料，然后卖 1000 个仿品，万一有人来找，我手续齐全。最后一起偷工减料，打价格战。所以，我看项目的第一准则是，凡是能够在淘宝卖的，直接否决。因为中国产品还做不到淘宝仿不出来的技术，例如苹果手机、高通芯片。你辛辛苦苦投入上千万，只不过给淘宝增加了一个同款半价的机会，没啥意思！

小老板如何反击淘宝？很简单，买房。淘宝把小企业逼倒闭了，别的行业也不会干，手里剩下的那点儿本钱，也只有去买房了。众人拾柴火焰高，房价就上去了。淘宝夫妻赚的那点儿小钱，最后又回到房东的手里了。低价倾销，导致小老板倒闭去买房，房价上涨。存余额宝，导致银行吸储成本上升，优惠的房贷利率直接飞起来。你说，这些淘宝小夫妻是不是猪头三？现在的所有经济运行新模式，最后只有一个落脚点：房价飞起来！

■ 新《劳动合同法》

2016 年 2 月 19 日，财政部长楼继伟在“中国经济 50 人论坛 2016 年年会”上发表讲话，他在讲话中称：“我们在新常态下，全要素生产率提高。我们说劳动合同法可能是有问题的，劳动合同法对企业的约束，在立法和司法层面上有所体现，最终很大程度降低了我国劳动力市场的灵活性，不利于全要素生产率的提高，最终导致劳动生产率太低。”

2016 年 3 月 7 日，财政部长楼继伟在十二届全国人大四次会议新闻中心记者会上，就新《劳动合同法》再次发表了他的意见：

“《劳动合同法》的问题，我是在两次的学术活动中，以学术的角度讲过。一次是在清华大学经管学院，一次是在五十人论坛，讲过《劳动合同法》相关问题。在企业方面和雇员方面，保护的程度是不平衡的，它所构建的用工的基本模式，是那些标准工时的模式，也不太适合于灵活用工的模式，对于在职的职工保护比较多，实际对于新入职的人，特别是低技能的体力劳动者的实际就业是带有歧视的。我曾经做过分析，一个是没有激励去提高职工的高技能，因为企业如果加大了企业培训，提高技能，而职工可以提前一个月不说什么原因就可以离开，企业为什么花钱给你提高技能呢？目前中高级技师是最为短缺的，这与《劳动合同法》是有关的。一个职工如果工作不努力，企业很难对他进行处理，比如解雇，那么位置就占着，对新入职的就形成歧视。

刚才说到了，由于新《劳动合同法》是标准工时制为基础的，而不是适合于灵活用工，那些外向型的以加工贸易为主的企业，有订单的时候，把工人招来，签订临时合同，没有订单的时候你先做别的什么。企业是灵活用工的。但是我们是标准工时制为基础的《劳动合同法》，使得这些企业都非常为难了，大量的工作机会给谁了呢？低技能的劳动者工作机会就少了。从产业来说，可能会因为成本上升转向其他国家去了。那么最终损害的是谁呢？是劳动者，减少了就业机会。本意是保护劳动者，但可能最终损害了一些劳动者的利益，还可能导致了薪酬的过快上涨。这几年薪酬的上涨是超过劳动生产率的，长期这样是不可持续的。这里有各方面的原因，不能说跟《劳动合同法》没有关系。

至于要不要修法，怎么修，财政部是个宏观部门、综合部门，看到这些问题要指出来，因为会对整个经济产生影响，财政在支出和收入方面也都受到影响，我们需要做出矫正。修法不是财政部的事，之前我在社会上学术活动中说了，今天在这里给大家回答问题，是部长身份，既然问到了，我也给你回答一下。”

在一个国家，现任的财政部长数次公开批评现行的《劳动法》，这在全世界都是罕见的。这也说明了一点，新《劳动合同法》对于经济的不利影响，已经得到高层的重视。

从实际状况来看，中国经济急剧下滑的主要原因就是，2008 年后，新《劳动合同法》横空出世，导致制造业成本飙升，超过了进口国的承受范围，出口逐渐萎靡。第一发动机“出口”熄火后，通过印钞点燃第二发动机“基建”，引发房价暴涨，直接摁灭了第三发动机“消费”。遏制公款消费，等于是再浇一盆水，大家彻底踏实了。所以，新《劳动合同法》是中国经济的祸根，现在有很多隐患，一旦真出现大萧条，新《劳动合同法》就是“闹闹们”理直气壮的工具。到时候，实体经济会被进一步打垮，救都救不了。新《劳动合同法》的隐患在若干年后会大面积爆发。

人人都说法国劳动法，法国是上帝的宠儿，所有的国土没有沙漠、戈壁滩，阳光充足，土地肥沃，家底殷实，科技发达，人口不到 7000 万，还跟大片的非洲老殖民地有千丝万缕的关系，就算是出去抢钱，也能够过得很滋润。我们呢？穷孩子和富二代比生活条件，有意思吗？

发展中国家底层老百姓最希望的是享受发达国家的劳工待遇，让别人出钱，最好直接把全世界劳动法汇编一下，把有利于屌丝的条文留下，其他删除。这就是为啥他三代人在底层的原因了。世界上有这个好事吗？法国劳动法夸张的事情多了，老板开除员工的难度超过申请破产的难度。解释劳动法的书，比合同法还要厚。法国为啥有条件搞这些福利？法国的核电站卖到了全世界，包括中国，一个合同就赚爽了。我们的核电站卖给谁？法国的高铁设备卖给了全世界，上海地铁车厢也是提前一年下单买的法国设备，我们的地铁高铁卖得出去吗？好不容易和泰国签了个高铁合同，过了几个月人家就不要了。那么中国的企业为啥走不出去？看看外企是怎么在中国混的。日常业务，由外资律师事务所全程指导。遇到小事，一个电话领事馆就出面了。遇到大事，总统亲自帮忙。举例，娃哈哈和达能闹了大半年，法国总统也出面呼吁了。服不服？

发达国家的劳动保护法是建立在高科技和品牌溢价基础上的，IBM的集成系统、windows、LV、爱马仕，再贵也卖得出去。我们的经济结构是廉价制造，劳动法抬高了廉价货的成本，直接宣布放弃市场了。出口业是制造成本的全球竞争，你自己抬高成本，不解决任何问题，只不过是逐步退出市场而已，没啥好骄傲的。中国接收的欧美圣诞订单为什么这么庞大？其中一个原因是，圣诞订单是季节性的，欧美企业，由于劳动法的原因，无法维持四个月干活八个月无活干的企业，所以季节性订单大部分跑到中国了。但是，新《劳动合同法》规定，企业不得随意裁员，那么平时维持这么多季节性工人已经是无利可图了。

我认识的小老板都不想干制造业了，已经在大幅度地减少招聘，慢慢过渡。有个业内公认的优秀品牌，老板居然在业余时间去开了家饭馆，真的是没想到。当然，现在还有些不同行业的厂，近期订单不错，还在傻乐。等东南亚接盘后，他们就知道厉害了。现在苦恼的小老板只不过是先转型一步而已，说不定还是好事。

以前企业订单多了，立即买机器招工；订单下滑，就赔钱裁员。现在订单多了，也不想招聘。因为明天有没有订单不知道，但企业一旦招聘，就很难解雇了，合法程序，复杂到崩溃。黑作坊无所谓，大企业钱多也好办，但中型企业就怕了。现在的办法是，大订单分解到各个黑作坊，质量就呵呵了。

春节前，讨薪节目必定上电视，搞的小老板是声名狼藉。内外一压，工厂就被人看不起了，现在出口不振，想拉小老板回来创外汇了。心都散了，产业升级也放弃了，劳动诉讼的罚单一大本，谁还有心思来搞制造业？

工人找工作不难，一般拿钱走人，打官司的少。但技术管理人员，找工作难，一旦解雇，打官司的有 1/3，对客户散布谣言的是 100%。企业摊上劳动官司是双重打击，一是出庭应诉，二是行政执法监察。如果小老板没有律师的水平，被罚是常态。所以现在最热闹的有关部门就是某区劳动仲裁厅，就在我每天必经之路上，每次上班时间路过，都是热热闹闹的，都是员工来控告老板的。新《劳动合同法》对企业规定的义务和证据要求，一个律师去操作都要很小心翼翼，还要平时和员工板起脸操作，才能防止留下后遗症，小老板不可能做到的。结果是，你等着被告吧。

现在，劳动诉讼仲裁形成了连锁反应。只要一个人搞到了小老板的钱，其他人就会一拥而上，一个案子会拖出数个案子。一个厂会波及另外一个厂。迟到、旷工也无所谓，因为你制定劳动纪律的程序不符合规定。就新《劳动合同法》而言，对于很多非该专业的律师，很多细微条款都非常陌生，更不要说小老板了。如果一个律师拿放大镜去查小老板的一切，小老板就是一头随时待宰杀的猪。一个中型企业，一年被告十次八次，真的是筋疲力尽。所以，中国很多倒闭的制造企业，绝不是落后产能，甚至是先进产能。比如罗永浩找的中天信生产最新款锤子手机，这是个数千人、比东北大厂也不逊色的生产型大企业，结果老板跑了，罗老师也去抢桌子板凳了。企业亏损的原因很简单：成本太高，消费者存钱买房，商品价格头不高，收支失衡，完了。

总之，新《劳动合同法》和社保的规定，给大部分合法中小制造业带来了巨大的成本问题。我的看法是，劳动密集型企业抓紧大裁员，快收缩，响应号召，腾笼找新的高科技。有家有业的小老板如果再稀里糊涂地拖下去，科长和员工是不会客气的，结果会很难看。穷到底的无赖小作坊可以赌一把，万一输了，没钱赔偿职工，就躺倒耍无赖。

中国最兴旺的三个产业是建筑类、保姆、淘宝，它们共同的特点是不要交社保。所以，新《劳动合同法》不改，制造业只能逐年下滑。制造业越差，产业资金就越无处可逃，乖乖地来京沪抬轿子。闯过去是欧美，过不去就是呵呵了。

■ 产能因何过剩

产能过剩的根源是，老百姓最迫切需要的是大城市的房子、质量可靠的车、公共服务。但这些产品，民营企业由于各种原因无法提供，任由国资和关系户垄断。民企只能去生产过剩的衣帽鞋、塑料盆，互相杀价，低价出口。

2009 年之前，民企没有产能过剩。之后，社保潮和鼓动加薪潮，导致出口部门成本快速上升，价格提高，出口降温。出口企业的庞大产能，被迫转入内销竞争，导致内销行业也被拖下水。原来面对国际国内的两大块产能，现在挤在内销上互撕，一下子就产能过剩了。到 2009 年的时候，中国制造业走到了一个十字路口，本来危机能够淘汰一批产能，剩下的做大做强，走上良性发展道路。结果，4 万亿来了，产能都是按照每年都有 4 万亿的水平来配置建设的。一旦 4 万亿没有了，全部产能过剩，全部亏损，毫无疑问。因为谁也不愿意首先停产、破产，于是惨烈的价格战就上演了。而且，4 万亿把房价推高数倍，实体全部屌丝，于是，中国制造业就回头走，往人工高成本、产品劣质化、规模作坊化、价格低价化的初期模式道路上走了。可悲！

现在最恼火的事情是，有些特大骨干企业巨亏后，有关部门为了某些因素不让它关停并转，而是继续维持，产能过剩，愈演愈烈。这下子苦了所有人，优质企业也跟着倒霉。维持表面运转的钱，不是天上掉下来的，总有人在默默付出，或许就是你我。

发改委曾经说，容忍适当的产能过剩。意思是，企业自己可以少生产一点儿。

典型的傻子，要是产能过剩的解决办法是只要少生产一点儿这么简单，那就好了，那无锡尚德就不会破产了。而无锡尚德的破产，其实很冤枉。它不是输给市场，而是输给有关部门。光伏行业如果按照生产规律，循序渐进发展，大家都有钱赚，但是有关部门太急了，三年搞出来80%的全世界产能，互相杀价无底线，这下子都活不成了。

企业之间也在互相绞杀。大企业最恨小企业，低成本竞争导致产能过剩。例如钢铁、造纸、光伏、玻璃、水泥行业等，这些行业的大企业根本不希望出台“帮扶小微企业”的政策。小私企的产能过剩是怎么来的？小私企没有技术，都是买几个机器、雇几个人就开工。行情好时，小私企管理人员就眼红了，四处借钱，结伙办新厂。几年后，就供大于求了，行情不好，但本钱还没回来，无法退出，只能死扛到底，和老厂同归于尽。这个过程是很惨烈的，谁也输不起。

目前大部分中小企业都不赚钱，甚至亏点小钱。但要淘汰产能不现实，大家的技术水平都是差不多的，一旦被淘汰，初期建厂的巨额投入就亏完了，没人会主动出局，都在硬撑。现在的小老板，硬撑，毫无希望；退出，就要跑路躲债，很可怜。

以前有一个新闻，广东女车主单车超载40多吨，罚单2万元，不满，在交通局喝农药。表面看，无懈可击。跑运输的人都知道，超载危险的重要原因是刹车可能刹不住。车主拿自己的生命去赌长途超载，真的是车主贪图小利吗？说白了，运输产能过剩，不超载，几十万块买车钱和税费打水漂了，超载，还有一线生机。为啥运输产能过剩？前几年，4万亿的大好形势，十年的事情，三年做完，需求瞬间增加了三倍。很多民间资金被狂热的气氛吸引入场，各行各业增加了新的产能，这都是普通人的血汗钱。现在，需求一下子萎缩了，老百姓投资形成的新产能还没有回本，怎么办？让老百姓几十万投资，割肉离场，那是不可能的。

经济困难期能够活下来的，一是有溢价效应的名牌大公司，贷款容易信誉强；二是无底线的外地人小作坊，或废品回收、大保健，不行就跑路。正规中小工厂产能过剩，盈利能力越来越差，现在大部分是亏损硬撑，但刚性成本还在节节攀升，这几年确实看不到希望了，很多小老板已经迷茫了。

1998 年改革有巧合的成分，当时所有行业产能过剩，生产是贷款变库存，不生产就大面积失业，看似走投无路了。朱镕基总理下决心关大厂，小厂进行市场化改革，自谋活路。小厂起初是生产日用品，但效果极差。廉价牙刷毛巾，自建销售渠道，成本太高，赊账又坏账。巧的是，2002 年入世，大厂接单，小厂配套，一致转外销，发了。

那为啥现在过剩产能无法减小？某小企业已经完全不赚钱了，小老板也不想干了。但歇业损失更大，主要是员工遣散费巨大。按照市场经济理论，供大于求，应该是解雇工人，减少产能。但是新《劳动合同法》插了一杠子，要求小老板赔偿工人，小老板赔不起，只好继续生产。少数小老板甚至为了降低成本，反而扩产，因为采购一万个比采购一千个便宜，小老板希望自己多生产，挤垮别人，让自己活下来。荒唐！这种小厂很多，搞得同行都不赚钱，大家死撑到底。十年前，不赚钱立即关厂，过剩产能很快就解决了。所以，产能过剩的受益者：一是最上游垄断行业销售电、汽油等基础性材料的；二是最下游的工人，普遍加工资，厂子多了，工人不够了；三是提供土地房屋出租的，也蛮高兴的。只有中间环节的生产者、销售者，悲惨世界。

关闭僵尸企业，说起来好，但很难操作。产能过剩，大家都亏。关闭一半产能，剩下的就吃香喝辣，满嘴流油了。那么，谁下岗，谁吃糖？这个事情真不好办了。在宏观上可以说各地区压缩一半，但具体到县，让哪个企业职工倒霉，哪个企业职工开心，这个事情就玄妙了。即使制定标准，但标准本身又是人制定的。

郎咸平说中小企业倒闭频发。我说倒闭是正确的，现在产能过大，确实要倒闭一批，恢复供求平衡。现在工业品 CPI 低，非成本低，而是产能过大，大家都是亏损保住份额。这是荒唐的。倒闭就倒闭，农民工可去基建就业。经济结构是扭曲了，但这是金融体制和技术不够造成的，仅靠扶持亏损小企业是无法扭转的。市场遇冷萎缩，普通制造业被迫开始了残酷的去产能化，不是温和的兼并重组，而是大中型民企依托品牌和贷款优势，以自己也亏损的方法，逼中小企业停产。

这个过程要两到三年。大中小微企业一起亏，这个过程是非常煎熬的，各有各的难处。鹿死谁手，真不一定。

小老板聊天说，他今年的产值少了3000万元，相应地，他的上游产值也少了3000万元。包括：产品发布会取消，模特少赚了；经销商聚会取消，宾馆酒店生意差了；采购少了，上游厂也差了；运输少了，物流就少赚50万元。雇工也少了，用电也少了。其实绿色发展很简单，小老板撤了，能耗就下来了。

“大型民企”破产顺序的猜测：第一轮光伏产业垮了，各种低端出口行业也岌岌可危了；第二轮轮到民营建筑机械行业；第三轮是民营轿车行业；第四轮可能是机械制造。

今后的出路是，鼓励民营优质企业产能集中，企业盈利后，提高职工收入，而不是产能过剩，企业亏损，反而鼓励员工小、乱、散地创业。99%普通人（包括大学生）创业，主要是集中在常规商品和服务，这就造成了产能进一步过剩；而且普通人没钱，商品或服务质量并不好。劣质产能进一步过剩，于是造成低价恶性竞争。

京沪永远涨

The Best of Cai's Economic Insights

"今年是经济最困难的一年。"近五年来每年都有专家这么说，而且只要出现这句话，房价肯定涨，屡试不爽。

■ 最重要的房地产

现在只有靠房地产的简单重复，才能维持目前的就业水平和财政收入。中国经济分量最重的就是房地产，分配改革的核心是房地产，老百姓80%以上的资产是房地产。座谈会不谈房地产，不请任志强，不如不开呢。新的局面之下，各方鸦雀无声，都在等表态，不好表态啊，那就干脆不说，只能放一放了。

中国GDP是51万亿，2013年全国卖地收入4.1万亿，房价构成中，地价约占30%，那房地产创造了13万亿GDP，再加上装修、中介、家电家具，估计30%的GDP直接由房价而来。另外，4.1万亿的卖地收入又拉动了国企央企，杠杆率至少是三倍，又是约30%GDP。4万亿导致了进一步的产能过剩。现在药停了，这可咋办哦！信托业的资金成本大多数是12%～15%。我实在是无法理解，除了房地产，还有哪个行业能够如此暴利，居然还要去融资？如果楼市熄火，后果不堪设想。

我统计了不同地区、不同收入的20个亲友家庭，过去十年，正常家庭的总收入的50%～60%用于买房或准备买房，重病家庭除外。过去五年，所有地方政府财政收入的50%以上来自楼市。我推测，中国经济的50%和房地产相关。如房价下跌造成新房滞销，那么就是危机。所以，我们的经济发动机，说白了就是楼市，国企央企还算不上。如果把这个发动机搞熄火了，就会造成地方财源入不敷出，逐步退回到当年财政发不出工资的阶段，更不要说修高速和隧道了。如果真要这么做也可以，但必须讲清楚一件事情，农民增收的事情，放弃吗？

大城市缺地，中小城市缺人，房地产拉动经济是有极限的。但是，基础设施的重新建设是没有底的。我曾经去看过一个西部农村的所谓古镇——安居古镇，修得气势恢宏，非常漂亮，我晚上六点半到的，整个古镇就我一个游客，吓得我两分钟就逃了。今后印钱，把农村按照城市的规格改建一次，可确保农民十年就业。

正常市场，各行业佼佼者，其平均利润是接近的，否则，大家会一窝蜂去干高利润的。但是中国奇怪了，各行业在为房地产打工。一个浙江小企业，50个员工，辛辛苦苦一年利润100万元算是很好了，居然还买不到一个上海楼市的厕所，所以全社会在给房地产打工，真可怜。一位妈妈级置业顾问去年卖楼卖出6.95亿元，成为绿城集团全国销售冠军，一次性获税后奖金500万元，这一奖金额堪比2012年国家最高科学技术奖奖金。中小企业情何以堪，中科院院士不如去卖楼吧。

王石在美国电视节目上说，中国房地产是灾难，泡沫会破裂。逻辑和谢国忠一样。我看了心情复杂。一是表面价格不会破裂。二是经济将垮，现在只有基建和房地产欣欣向荣，其他行业是等死状态。建筑商拿着巨额贷款，吸走了所有社会资源，哄抬物价，其他行业根本无力来创新和发展。现在的经济发展完全是围绕房子在转，别给我扯什么高科技。你就算发明一架波音737飞机，大概也就是3亿～4亿元人民币，不过是上海郊区的几套别墅而已，几个村里农民就可以做出来，不过如此。

除了娃哈哈、史玉柱等个别企业家，正常中国人的财富其实就是自己的房子。

所有人、所有经济活动的起点和终点：就是房价。回避主要问题，纠缠细枝末节，云里雾里，其实是误导老百姓。现在上海郊区房子均价是300万元，每年上涨10%～15%。研究学问，不如研究房价。

目前有两种观点，观点一：打压房价，控制M2，消除楼市暴利，让全社会集中精力和资源搞高科技，但后果无法预料，也可能搞了十年也不出成绩，把自己也搭进去了，风险极大；观点二：小心维护泡沫，继续印钞搞基建，外观美轮美奂，维持表面繁荣，物价涨也不管了，再拖十年，风险小。要是你，你选哪个？

为什么房价不能大降？降低房价，操作是很简单的。但是后果是谁也不愿意承担的。现在没有其他支柱产业，房价一垮，经济要三到五年起不来。问题是，总理不愿意看到自己手里经济这么差、失业这么多，批评铺天盖地。要是你干，你也不会走这一步棋。只不过，以房地产为龙头发展经济，后果太严重，今后要还债。如果房价下跌一半，会发生什么？五年痛苦不堪，二十年大发展。想了半天，我们的经济逻辑是不可能承受这种痛苦的。所以，不要担心了。现在只有一种可能，涨得稍慢点或稍快点。

我真心希望，今后不再依靠拉房价来发展。但是，我说了不算，你也只有跟进。

■ 房地产与货币

如果货币总量微增，如是金本位，那么知识逆袭的可能性相对高一点儿。因为社会没有多余货币，老资产收益率低，自然增长慢，量入为出。纸币时代，M2每年上涨14%～28%，房价至少上涨20%，以此类推。多印出来的钱，必须有个地方去接纳，否则会引起剧烈的通货膨胀，于是房地产成了虚拟印出来的资金蓄水池，从而保证了其他物价（油盐酱醋，大米香烟）的温和上涨，而不是剧烈上涨。

现在正在发生的两件事：一是人民币升值不止，二是人民币狂印不止。只要这两件事持续三年，你会看到一个乐极生悲的结果。三年内，你的房子持续增值；三年后，企业破产，大失业笼罩。房价名义价格不会跌（因为继续在印钞），但是也很难卖掉，富人都想出国，需求不大。老百姓对印钞是没有感觉的，但上海房价的上涨速度，你是可以清晰感受的。你看，上海中环以内的很多新盘售楼处也没什么人，冷冷清清的，但房价还是呼呼地涨，半年就涨了30%。这就是货币的威力。

所以，房价的逻辑就是：农民上一个高速项目做完了，没事了，那就印钞，建设下一个项目。印钞和楼市的关系很直接，比如印钞，修某某路，从立项、设计、原材料、施工、验收，各个层级的老大搞到钱后，直接去售楼处了。因为中国没有其他保值渠道。印，得罪了持币待购的少数人；不印，楼市会在一年内崩盘，包括京沪，得罪了一大片为此失业的人。你说怎么办？

毫无疑问，货币投放，投资拉动。现在的就业数据好，是靠“印钞搞基建”在硬撑，一旦货币收紧，基建放缓，那么农民工返乡潮立即出现。所以，有关部门不可能主动收紧货币。那么多出来的货币，会以最快的速度奔赴售楼处，晚一年房价就要涨几十万，这就形成了一个自我循环。印不印，已经由不得你了。今后N年的思路是，货币维持14%～16%的增速，如果出现滑坡，M2上升到20%以内也可能。买京沪房子肯定发财，但为了不让发财变得太简单，限购和房产税，二者必有其一。

中国目前有三个地方是房价下降的：温州、神木、鄂尔多斯，地方经济萧瑟，老百姓大多卷入三角债，混吃等死，不知怎么办。唯一的解套方法是：货币注水，比如今年你亏了50万元，如果货币多了，三年后，50万元相当于20万元，那么大多数人就有可能解套了。感谢印钞厂的职工，上海最著名的穷地方，闸北区原来是“赤膊区”，现在房价已经和巴黎18区价格（相当于上海外环线）差不多了。现在海外游子不敢回来了。

以前是外汇储备决定了货币总量的刚性增长。今后，是房价决定货币，不是货币决定房价。为了维系房价，货币必须紧紧跟上。M2，五年翻倍，板上钉钉。所有印出来的货币，只要出了银行的门，六个月之后，肯定是在楼市趴着。房价是M2的先行指标，三年翻倍，毫无悬念。如果印得不够，全社会就没有足够接盘的资金而崩盘。后果是烂尾楼遍地、农民工大回乡、大学生绝望。中小企业产品的消费者也失去消费能力。谁玩得起？假设二线以下楼市基本崩盘，全社会资金就要找个避风港，京沪就是当之无愧的安全港，1937 年的法租界的楼市就会重演。币值崩溃是隐性缓慢的，鸡蛋涨价一倍，没人会跳河。楼市崩溃是快速剧烈的，会全家哭翻天的，搞不好真要出问题。如果印钞机启动键在你手里，你按不按下去？

楼市崩溃为啥是剧烈快速？全世界都一样。买房人分两种，一是投资，上面不印了，傻瓜才入场；二是自住的，不印钞而跌价了，一般就犹豫观望了，毕竟是三代人的血汗钱。于是市场上的购买力三个月就望风而逃了，楼市只能崩溃。只有印下去，市场有人接盘，才能稳住盘面。当前局势下，如果青菜 9 元一斤，鸡蛋 18 元一斤，只要房价不跌，农民工有钱赚，退休工资涨，社会稳定就毫无问题。但是，房价下降 30%，农民工回乡，那你就干到头了。不信，试试看。

所以，印，确实不是为了拉房价，是为了就业和农民增收。但是，印的结果，是房价上涨。人民币是堰塞湖，房价是大坝。人民币的水越高，房价就必须更加高。如果垮坝，想救都来不及了。我经历过四次各地集中砸售楼处的历史阶段，还不是一印解千愁。北京房价涨到 8 万～10 万元，带来一个非印不可的惊喜。要是不印，北京房价半年后就领跌全世界，你试试看。所以，必须印，配合涨。三线以下楼市，严重缺乏后续购买力，不印就崩，一印就涨。

人民币的发行基准是什么？以前说是外汇占款，导致被动印钞，这是胡扯淡。从 2015 年 9 月的数据看，外汇储备八个月下降了近 18%，且继续外流，而 M2 不降反升，继续每年极速上升约 12% ～ 15%，外汇理论彻底破产。我告诉你，人民币的发行基准就是全国平均房价的增速，比如京沪房价的增速是 M2 增速的两到三倍。所以，压房价，应停印钞。但不印钞怎么过？第一，现在卖地收入好的是北上广和杭州厦门等少数几个热点城市，其他地方真一般。第二，企业效益明显不好。第三，民生支出和在建工程的后续资金，需要立即拨付。收入和支出，肯定有缺口，而且这缺口是很难拖延的，所以，必须印钞。放心好了，等着房价涨吧。

很多屌丝杞人忧天，担心京沪房价涨到80万元一平方米，就天下大乱了。看看人家日本，东京房价是100万一平方米，依然是宇宙强国。韩国是2000万一平方米，照样是经济强国。所以，房价的高低和经济发展没有直接关系。物价和社会进步无关。

目前看，能够吸引全社会闲置大资金的，一是银行、石油等开放；二是农地买卖；三是放开资本外流到欧洲去买房。目前，都不可能。如果还是拖，那么全社会的闲散资金会源源不断地涌入房地产，形成房价的自我循环上涨。这个局面的持续，实业部门一定会持续付出极大代价。这也是美国希望看到的。

按照央行M2每年最低增长13%～14%的搞法，不要到2020年，货币就翻番了，而那时候又撞上"严重的人口老龄化"，生产消费都会下降，那么多货币会扑向哪里？大家就别自己安慰自己了，其实也就四到五年，很快就过去了。今后较长一段时期的房价和M2趋势，已经成定局了，或者讲利益固化了。当然，经济发展形势不好讲。回过头看，没有在2010年之前改善住房的普通外地白领，彻底出局了，唯一的希望就是，在京沪多赚钱，回老家买三室两厅。侥幸买入90平方米以上的，可喜可贺。在京沪，只要有房子，文凭和户口不太重要了。

中国房价暴涨的起点是20世纪90年代中后期的"温州农民城"，第二站是1998年上海买房送户口，在温州居沪经商人员的狂热带领下，2003年上海房价开始猛涨，2004年开始北京异军突起，2007年后炒房成为全民最喜爱的健身运动。2012年中，温州房价大跌30%～40%。今后会如何？京沪永远涨，其他一大半的二线省会新开发区、大部分三线地级市、几乎所有四线县城、全部五线大镇，是涨是跌，取决于印多少。

翻开中国区域经济史，教科书里有两个标志性地区：温州和苏州。温州模式是个体经济，苏州模式是外资经济，各领风骚N年。现在都嘲笑温州房价腰斩，但2011年温州房价一路狂飙，最高达7万元，超过京沪，温州为之疯狂。房价基础在于当地高薪岗位多寡。现在，苏州房价华丽登台了。五年后如何？只需要看附近的高薪岗位。

一个城市房价要持续高涨，要满足两个矛盾的条件。一是高薪岗位多，二是提供高薪岗位的企业根本不考虑搬走。那么，只有京沪满足。北京是审批之都。上海是满足高大上的荣誉形象。无法想象德国瑞士银行把华东区总部设在苏州花桥。在深圳，华为居然部分搬家到东莞，带走了几个小区的刚需，这个太不够朋友了。而资本流入不足以长期支持房价，温州商人遍布全世界。温州楼市在2011年的火爆，是因为全世界资金流入，但也就维持了一年。资金流入，热钱汹涌，但这些钱的主人如果不在这里定居，迟早是要走的。一个城市房价的基石就是：长期高薪岗位的数量。这一条件，只有京沪完全满足，别无分店。所以才说京沪永远涨。

近十年，房价短暂超过上海的城市有两个：温州和杭州，但底蕴不足，相继趴下。现在深圳也跃跃欲试，这个很正常。但上海和深圳不同的是：上海人宁可在老破小和棚户区熬六十年，也绝不会离开上海。深圳人可能吗？顽强的战斗意志，比百米冲刺更重要。城市的发展，绝不是几个月涨价，而是百年人文。

正确估计京沪楼市，真正的一线城市只有北京。北京是审批中心，楼市之王，绝无争议。上海的影响力主要是华东，在北方的影响力不大，没有多少北方家庭以子女在沪买房为第一选择，一般超爱北京。但由于华东是最富裕的地区，一个地级市就可能超过中西部一个省的GDP或财政收入，所以，上海也荣登一线。

上海楼市的资金来源于周边省市。苏杭温大部分家庭有上海亲戚，有千丝万缕的联系，是上海传统的重要客户来源地。现在，上海五年限购政策把外地资金挡回去了，这些热钱肯定是要运动的，不会存银行。所以，苏杭楼市应该是受益的，涨在情理之中。我担心，三年后，年轻人满足了上海购房资格，会不会抛售苏杭，转到上海楼市。

那么热门城市房价会跌吗？会跌，例如三亚，两年前大东海5.5万元均价，现在4.5万元。三亚是北方人的圣地，啥都好，就是没就业，更不要说高薪了。三亚3000元月工资的工作就算好的了，识字就可以，保安司机送外卖。还有宁波，近几年，制造业和航运业是重灾区，宁波被彻底搞郁闷，房价下跌20%。如果是在成渝地区，房价涨幅等于存银行。

■ 实体经济与房地产

实体经济越差，京沪房子越涨。这是我对温州经济十年的概括。民间资金总要有一个去处，如果做生意赚钱，就像新光集团以前卖低价小饰品起家，刚刚从生产线下来小发卡，还热乎乎的就卖掉了，谁会去炒房啊！当生意不好了，手里生产资金要找出路，环顾世界，京沪永远涨，就它了。关厂的人越多，房价越涨。可以说，实体经济的痛苦就是房价高涨的动力。中国货币供应量是 GDP 的 2 倍，社会上资金超级多，为啥？因为大家都不去干实体经济了。实体经济不赚钱，傻货才去呢。很多人就是打时间差，靠铁公基赚到现金，拿去买房，绝不开厂办公司。如果实体经济兴旺发达很赚钱，大家就会投资实体，住房投机就下降了。

按照租售比，上海内环线也就是 2 万元单价的预期。但由于房价年年上涨，所以静安寺卖 10 万元，还算是便宜的。上海房价和就业率无关，特别是外环线以内，买房和工资无关。厦门岛内房价早就已经不是本地人在支撑了，是全福建的老板共襄盛举。经济越差，老板买房越多，因为企业家退出实体之后，资金需要出路。发展实体经济，是养民；搞房地产，是搂钱。二者要结合好，不能只顾一头。但是由于政绩考核的短期化，所以，地方的有关部门难以兼顾。这种趋势的持续迟早要到难以为继的时间点。

振兴实体经济，关键是让实体经济有利润。否则再多的贷款，一转身就交到售楼处了。如果房价重新上涨，小老板们立即会去投资房地产，那么利润微薄的实体经济就没有人愿意去做了，三年后，整体经济的大局面，就真的万劫不复了。中国民营制造业积累了三十年的经验，眼看各行各业就要出一批小而精的好公司了，结果被房价毁了，痛哉呜呼。现在很多制造业老板已经呼呼大睡，再也不研究技术了，就想买房子。某熟人干了三十年的纺织业，从棉花到成衣的整个生产链都完整，成本降到了最低，但也倒闭了。可惜啊。

房地产经济有个最大的恶果，就是利润由寡头享受，其他人很惨。农民工辛辛苦苦拿了万元月薪，包工头赚了20万元，一转身又交给老家县城的房产商了。而房产商拿着钱，几乎是不在国内消费的。这就导致各行各业的产品卖不出去了，是一种恶性循环。现在很多老板，左手实业，右手房子，哪个好，就偏向到七成。房子垮了，实业必须起来，否则就不过日子了。老板一年就能够起来，但是大起大落的结果是，把所有白领套进去了，一网打尽。其实高房价的唯一承担人是企业。不管是老板还是员工，买房的钱都来自企业收入的再分配。但目前，中国的企业效益（房地产除外）每年是逐步下降的，源头没水了，只能印了。

地摊越来越多，商场和批发市场越来越差。原因是租金太高导致物价高，而租金高是因为房地产成本高。房地产成本高是因为有关部门以地生财，把城市搞漂亮。最后是很多穷人生活在一个漂亮的大城市，却在地摊上买东西，而漂亮的大商场生意越来越清淡。兜了一圈，城市漂亮了，自己的生活水平没有什么提高。

浦东内环线边缘，一套三室两厅的漂亮公寓就是1000万元。1000万元投入，可以开起来一个规模很大的出口厂了，例如塑料桶、衣帽鞋，可以给200～300个农民工发工资了。可惜，就被一个内环线三室两厅秒杀了。你知道吗？一个大中型出口企业做2亿的产值，也较难达到1000万元的税后纯利，再分到私人手里，法律还规定20%的所得税必须上缴。所以，上海只要维持高房价，啥都解决了，不印就崩。假如不印钱，top10以外城市，房价加速打折，一年内，全场七折是起步价。银行抵押资产缩水，导致对私企抽贷。中小企业进一步滑向泥潭，工资下降，裁员频发，白领失业，房贷恶化，进一步打压房价。实体经济和虚拟经济形成负反馈，越来越恶劣。少数几个所谓的优质企业，救不了几亿劳动人口。

但印钱可能会让生意更加难做。贷款资金不会进入本来就很困难的传统行业，也不会进入高风险的创新领域或互联网领域，最佳出路是去高利润低风险领域，环顾世界，也只有京沪楼市了。房价拉高，屌丝买不起了去租房，租金大涨，生活成本高，就会逼迫老板加薪，内外打击，小老板嗷地一下昏过去了。

老百姓说，房价再涨，谁买得起？现在买房的，早就不是居民为主了。近年来，大批制造业退出生产或者缩小生产规模，结余的大量流动资金，基本是流入楼市，以期保值。所以，只要开放限购，房价再涨几倍都是可能的。老百姓的正常购买力在2008年就退出楼市了。看问题，不要从自己的角度看。

京沪房产的核心价值就在于是一个避险市场。好比美元，全球经济出现大波动，美元立即强劲，美元就是全世界的避险市场。京沪房产是中国经济的安全港。现在的中小企业，风雨飘摇，利润绝对追不上京沪房产，所以，大家自求多福吧。

房价暴涨到最后一天的现象是，所有非建筑相关行业都是亏损状态，房地产自然也卖不出去了。于是一顿互相恶骂、推卸责任后，房产商移民了，其他行业从头再来。这个后果是严重的。所以，房地产必须慢慢涨价，尽力拖延最后时刻的到来。最好是在拖的过程中，又发现新的机会。如果没有等到新机会，那么市场经济不可避免的危机，你肯定会看到，说不定是很快的。客观看，身处市场经济，就要享受高速增长，也必须承受经济危机。没什么的，垮了也不是你一个人倒霉。

降房价是很容易的，但跌了之后，造成的财政窟窿、银行坏账，普通老百姓套牢后的情绪发泄，怎么解决？目前没办法。所以只好让其他行业慢慢死去了。等其他行业基本完蛋了，也就没接盘者了，降不降，也没关系了。

■ 使用需求与投资需求

现在，上海郊区的很多15000～20000元的房子是卖掉了，但不是真实需求，而是投资需求。某友，沪籍，老房是普陀区，在闸北区上班，买了嘉定的1.6万元价格的装修房，一直空置，精装修，舍不得出租。现在涨到1.8万元，但无意义，因为卖房税太高。自己在市区租房和还贷款，压力极大。二、三线城市，更是这样。对楼市来说，使用需求是有限的，投资需求是无限的。上海楼市如果有赚钱涨价效应，买得越多，赚得越多，大家都彻底疯狂了，上海房子永远不够。但是如果上海房子降价了，那么正常需求也清楚了。问题是，地方政府是靠涨房价过日子的，永远不愿意降价。按照我的观察，上海楼市，市民正常使用需求已经饱和了，根本不需要再建新房了，很多人父母有 2 ～ 5 套房子，出租或待售，但还是继续买房，和正常需求的人争抢二手房和新房，这就永远无法满足了。遏制投资需求的唯一办法是，失去赚钱效应，降价。

2000 年前，大学生几乎无法异地就业，所以房地产需求就是本地需求。现在热点城市人口急剧引入，房价无极限。偏远农村的废弃房屋，大量和普遍存在。北上广由于赚钱机会多，是人口流入地，再多的房子也供不应求，只好水涨船高。基层县城房价，因为接纳了附近农村需求，也节节升高。我小时候居住过的某二线城市外环线附近，从小到大，几十年，从未听说过谁家缺房子。但是炒房热潮也波及过去了，现在也是 1 万～ 2 万元的单价。中国只有 20 个左右的热点城市缺住房，绝大多数地区根本不缺实际居住的房子，炒房需求是没底的。现在宏观政策不管是河南平顶山还是北京的望京，政策几乎一样，没有效果。

如果北京的房价降到 50 万元一套，你肯定买不到。协和医院的专家号大概 30 元一个，太便宜了，但是你根本拿不到。北上广房价高的主要原因，不是炒作虚高，而是供求失衡。如果北上广人口大量消退到外地，才可能真正下降。房价高，你买不起；房价低，你买不到。结果都是一样的，反正房子和你无关了。

老百姓还是把京沪住房当作居住使用，所以认为房价高。但实际上京沪住房在经济结构中已成为投资品了，所以不存在价格高低的问题。字画、大蒜，涨跌 10 倍都很正常。现在京沪一套郊区别墅 1 个亿很常见，正常人认为是笑话，但是把别墅房产证看成矿产证，那就淡定了，只不过是夹在其中的无房户倒霉至极。一线城市房子是保值增值的玩意儿，只要货币一松，马上涨。二线城市（大部分省会城市和计划单列市），能够不跌就是胜利。三、四线城市（常州、鹤壁、临沂等）的房价，肯定支撑不住了。那里是真正反映居住市场供求关系的，基本都是附近农村人的进城需求，没有外来投资需求。房价，用供求关系看，二线以下早就应该崩溃了。但是，用货币学看房价，继续买，放心吧，会继续涨。哪怕是少数县城的房没人买。

上海的真实房价，也就是放开限购后的房价，要翻涨多少倍，现在谁也说不清。

可以做个小实验，把在沪车牌拍卖放开，价高者得，我预计，现在8万元的在沪车牌，一天之内就可以涨到40万元，一年之内稳定在50万元上下。京沪资源产品的价格，完全是因为没有投资渠道，不是每个主业不赚钱的老板及其子女都有转型的能力的！

京沪房价高，还有一个原因是没有国际竞争。如果国际化，京沪居民能够顺利买欧美加澳的便宜别墅，北京房价一晚上就要打五折。上海不能打折，我的房子在内环线。

■ 京沪房产——大额存单

中国住房，在全国范围是严重过剩了。若严格按照户籍，中国完全不需要房地产了。现在麻烦的是，热点城市，外地人口导入，缺房；三线以下城市，住房大批闲置，老百姓买房的目的不是居住而是保值。很多人在老家几套住房空置，却在京沪租房，一家占有使用n套。

京沪房子不是商品，是类货币。丰台区大红门的甲牌裤子打七折，隔壁店老板卖乙牌裤子，毫不关心。如果顺义区房子打七折了，一分钟后就会影响朝阳区的楼市销售，三天后就会影响上海的房价，要不了五天就会影响全国楼市。不同品牌裤子之间无可比性，货币有完全的可比性。房子会和文凭一样迅速没落吗？二十年前，文凭比金子还宝贵，大专文凭等于如下内容——干部编制、国家单位、城镇户口，有医保，分房子，确保干部退休。1998年为了拉内需，放开招生，文凭注水，人手一张，接近废纸了。现在房子贵到天上了，会不会某一刻为拉内需，放开建、低价卖？京沪不可能，其他地方就呵呵了。所以，京沪房产是最接近货币的东西，说白了京沪房产证就是一张保值的大额存单。

我花了十年时间思考，有没有哪种商品，既有使用价值，又有投资价值，且可以快速变现？除了房产，真找不到第二个了。京沪漂亮公寓就是一种强势货币。存人民币不如存京沪公寓。这是铁一般的事实，无须讨论。

货币的本质是硬通货，最好不贬值。京沪内环线房产证的信誉，远远超过人民币购买力的信誉。所以，在我们这里，最硬的硬通货就是京沪市区房产证，比啥都好使。你去娶老婆，抬一麻袋人民币，那是乡下人，像我们城里人，只要带一张薄薄的房产证，丈母娘立马给你上茶，姑娘晚上给你炒两个菜。信不？

前几年贷款买房的人，因为货币贬值，工资翻番，利息人为压低，所以感觉很幸福。但是，你的工作效率没有提高，你的钱哪里来的？这个钱是那些手里还有 30 万～ 50 万元存款的人贡献给你的。因为，那些人的存款急剧贬值了。原来 30 万元一套房，现在要 100 万元了，他手里的存款不值钱了。所以，中国什么东西能够保值？京沪住房。哪怕是猪圈，挂个门牌号，就是金子堆成的皇宫。其他都是浮云。现在的人聪明了，有个 5000 万，1 个亿，不会存在银行了，直接存房子，这玩意儿，保值，还有面子。你要是把 1 个亿买金子堆在家里，也犯恶心，放在银行，天天贬值。你手里的钞票天天在毛，吃穿住，去看看菜场、售楼处、商场衣服的价格，你就知道了。所以，有钱就买京沪房，啥也别考虑。不要指望哪个爷爷来保卫币值了，指望自己吧。屌丝穷三代，只因买房晚。

现在，农民也在投资中西部县城房地产了，这个不怪他们，票子毛得快。县城的三室二厅，月租金也就是 500 元～ 600 元，还没几个人要租。

房价涨幅和货币总量 M2 的增幅是完全一样的，M2 年增幅是 12% ～ 20%，远远高于 2% ～ 3% 的存款利息。政府通过大搞基建，导致天量的货币流入到部分贪官、大小老板、包工头和农民工手里。这些人除了买房，其他毫无出路。面对产能过剩，根本不可能去搞产业升级和技术研发。保值的唯一手段就是买房，有钱就买。这几年，楼市调控，重拳打击投资，方向错误。现在买房的目的是保值，不是赚钱。乱印货币，吃住价格飞涨，逼得老百姓“放弃货币，买进实物”。你就算征 100% 的差价税，还是有人买房子，因为票子毛了。现金放在手里，对应吃住价格，天天缩水。谁受得了？

上海市区一套两室一厅的漂亮公寓，市场价是 350 万元，月租金是 6000 元。如果有四套，那么资产价值 1400 万元，月租金是 2.4 万元。和存银行不同，房价和租金还在每年增长，日子极其好过。而这些房在2009年，也就约150万元一套，四套也就600万元，对于很多浙江中小企业，是完全负担得起的。所以，这个贫富差距已无法拉平了。

房价暴涨是一种抢劫行为，持有房的人，抢劫了持有现金的人。股票涨跌，豪华轿车涨价，我可以不买，但是房子是吃穿住的必需品，必须买。一北京人，1994年卖了房子到美国淘金。多年来风餐露宿，大雪送外卖，夜半学词语，在贫民区被抢七次被打三次，辛苦节俭两鬓苍苍，终攒下100万美金（人民币620万元），打算回国养老享受荣华富贵。一回国，发现当年卖掉的房子现中介挂牌690万元，刹那间崩溃。所以，相信纸币，不如相信中介。

巴菲特算个毛线。按照公开资料统计，你如果是在五年前买房，你的投资回报率是超过巴菲特的。如果是三年前买房，你和巴菲特一样神奇。如果你刚刚买房，三年后，你就是巴菲特。中国绝大部分超过40岁的农民工，增产增值率是超过巴菲特的。你可以回家算一算。

房子已经成为古董了，越捂越赚钱。2000年，上海世博地区的上钢街道（内环附近，繁华地段），一室户也就4.5万元一套，求你买，现在已近百万了。人类历史上哪有这种搞法？

在上海，因为还房贷而破产的闻所未闻。因为没有房贷而人生绝望的，大街小巷到处都是。房价400万元，自己出100万元，其他贷款，三年后失业，还不起了。别怕，那时候上海房子至少值700万元，你还狂赚了300万元，去掉成本，250万元轻松到手。吃着火锅唱着歌，回成都搞个联排别墅，成为人生大赢家，凯旋故里！

如果上海房子不涨价，那是毫无投资价值的。但是，我看准了它的增值趋势，而且政府无力改变，除非政府愿意看到银行面对大量的赖账者，法院的欠贷诉讼成N倍增长，不断爆出房产商和公务员的勾结，公务员工资发一半，基建基本停止，售楼小姐被愤怒的小市民按在地上揍。

有人问，京沪千万豪宅谁接盘？真土鳖。还有人嫌房子大的？房子是保存财富的最佳方式，比金子还管用。你有了豪宅，你会希望儿子也有一套，儿子有了，小三也要有，大老婆住在大别墅，还希望有一套租出去收租金。你开动脑筋想想看，需求简直是无休无止，就是没钱。

房价涨幅肯定超过印钞速度，过程不解释了（鸡蛋青菜涨价了，你不可能囤积吧），但人们会囤积房子，全社会货币会集中流向房地产，一举冲高，躺着数钱。现在很少有人单纯卖房，一般是卖小换大。你把房子卖了，拿着钱干什么？毫无用处啊。所以，二手房卖后的资金会再加点儿钱去买大房子。全社会疯狂了。现在房地产成了单向买入市场，没有人抛售，只有卖小买大，全社会都在囤积房子，缩减投资和消费。在上海，我只见过为了买房缩小企业投资的，从无卖住房去扩大企业规模或者创业的。大家单向买入的原因：一是学习权贵，房嫂房爷；二是央行印钞无休止，大家都不怕。要完一起完，谁怕谁。

现在有钱人的难题是票子在毛。想想十年前，搞来200万元是多么艰难啊，若是持有现金至今，那是白辛苦了。所以，必须有个保值手段，而且很省心。除了房子，还有啥办法？如果市场上所有人都这么操作，房价暴涨无疑了。我和很多老板谈过，京沪房价会崩盘吗？他们就一句话，现在钞票毛得这么厉害，我卖房后拿着好几千万，我心里发慌啊。还不如不卖，留给子孙。

为什么没有人单纯卖房子？因为你拿着卖房的300万元毫无用处。投资，这是你会玩的项目吗？股票，亏得还不够吗？留学就医，40万元足够了，无须卖房子，最多大换小。因为卖房就是吃亏，所以这个市场疯狂了。不买房的人，只有一个原因：买不起。如果一个有志青年，连续十年，保持年薪30万元，那是非常非常困难的，要付出常人难以想象的艰苦努力。但是，如果你买了一套上海北京的漂亮公寓，年入30万元，就非常非常简单了。上海房产的租售比是1.5%，这是零花钱，房价年涨幅是15%～25%。假设你有20套中环线内的杂七杂八的各类房子，一年租金收入是100万～150万元。看上去，20套房子也很不起眼，但是这个收入是纯收入，还不要上班的地铁费。只要不去黄赌毒，你的小日子还不错啦。

如果有几套房子，每年的增值就是一两百万以上，这是富人一年无法花完的，新增资本继续利滚利，贫富差距逐年急剧拉大，直到你绝望。我永远不会卖掉京沪房子的，租金足够我去全世界穷游了。我从 1999 年第一套潍坊新村的房产看到了规律：9.5 万元涨到现在的近 250 万元，年租金 4 万元。我的天啊，这么好的收益，比开个创业板上市还幸福，为啥要卖掉呢？再说了，卖掉之后，你拿现金干吗，去卖蛋糕？我会永远持有，直到捐给国家。

京沪楼市不应该成为决斗的战场。很多人是京沪永远涨的受益者，但这种受益的残酷性，超过了公平的底线。内环线一个 10% 的涨停板，就把你家三代积蓄一扫而光；你在外环线售楼处稍微犹豫几天，出来就坠入社会下一个阶层了。必需品不应成为豪赌的筹码。上海放人进来，不能只是为了让他们捉对决战，如果是这样，还不如不放人进来。

现在经济博弈双方的对抗，已经到了紧绷的白热化状态。进攻方是 M2 持续投放，防守方是不断买房对冲，自卫对抗。你印得猛，我就买得欢。宁失千金，寸土不让，死磕到底。双方攻防战，你灌水，我垒墙，把房价越抬越高。结果把周围农民全部淹河里去了，伤及无辜。其实，没人认为京沪的地价能值 3 万元单价，没人认为京沪的房价能够值 6 万元单价，没人认为京沪房价超巴黎是合理的。大家只不过是在赌 M2。M2 退出，售楼小姐立即满地打滚，购房者假装怒气冲天，要求退房。赌输了，就要赖，是我们的常态。就好像理财产品必须刚性兑付，才不管什么合同契约呢！

放眼世界，如果你家里有 60 万～ 100 万元人民币（10 万～ 20 万美元）存款，那应该是很幸福的人。但在中国，特别是在京沪，这群人是最悲惨的，因为这些人的存款天天在贬值。按照房价一年上涨 10% 来算，你每天的存款就损失 200 ～ 400 元的购买力，你上班一天才赚多少？中产不垮，没天理了。房价是纸币计量的，纸币是没有道德的。纸币无底线，买入房产，绝不会错。北上广深接近中国经济的半壁江山。但这里的人都不愿意持有现金，更喜欢当地房子，只不过买不起或被限购，才被迫持有现金。当一个经济体中，人们最喜爱的东西，不是当地货币，而是其他等价物，那这个货币的命运会如何？

■ 全国楼市看京沪

北京是审批机构和央企大本营，房价第一，上海是大型外资企业大本营，房价第二。上海房价，永远会默默地跟在北京后面，绝不会超过北京，但也就是三步远的距离。任何在房价上想要超越北京的城市，都是二货，它等来的不是蜜糖，肯定是大耳光。由北京房价扛大梁，大家都毫无压力。即使有变，北京房价扛在最前面，为小伙伴们赢得了宝贵的战略时间，大家一看就懂，绝不吃亏。

广州、深圳是港商大本营，混得差一些。这两个地方的人对房价的理解和内地不同。因为这两个城市靠近香港，很多人有亲戚朋友在香港，见识过 1997 年香港楼市崩溃、房东跳楼的事情，所以，广府人谨慎得多。深圳、广州的银行对温州炒房团的警惕性很高，加上广深的城中村多，所以，没有京沪那么疯狂。而内地人从未见过楼市崩盘，根本不怕。所以，内地的焦点——京沪房价的疯狂，广府人是无法理解的。

杭州是民企大本营。杭州楼市，既不能吸引江苏福建，江西人好像也对杭州不感兴趣，更无法吸引上海，只有省内人自己在玩。

苏州是台商大本营，不温不火。

武汉房价是吹牛逼，过两年，马上下来。

长沙房价，基本是一摊烂泥。

南京房价，就是秦淮河里的鸭子，看水势。南京是个与众不同的地方，一是南京军区总部机关所在地，类似于华东六省的省会；二是江苏省会；三是“安徽省会”。这个条件独一份。当然，能不能成为一线，超过杭州，我还不敢确定。

重庆房价，纯屌丝。

成都房价，供应量太大，有价无市。成都楼市是西南地区的定海神针，它的价格直接决定西南地区的价格。成都一降价，对西南房价的信心是摧毁性的。

厦门房价，是个文艺青年，经常发神经，但是质地不错。

天津房价，就是个求包养的外围女，关键是高富帅答不答应。

三亚的房价，就像是饭店会所，关键看外面的老板生意好不好。

江苏的南通启东楼市，本地产业不足，依托上海崇明岛大桥，基本是上海赚了钱回去买，这几年有一定潜力。

京沪是中国的大客厅，面子所在。大户人家经济再困难，穷得卖祖产了，客厅还是会漂漂亮亮的。所以，全国楼市看京沪。京沪房价必须高位举杠铃，哪怕是做出牺牲，也必须这么做。京沪要是扛不住了，其他省市楼市的房价、心理防线立即崩溃。如果京沪房价还很牛气，其他省市的楼市还有点儿盼头，才可能把大片大片的空楼忽悠出去。

我可以明确地讲，95% 的二线城市居民不缺基本住房，也就是一些异地就业的大学生缺房子。二线城市居民买房，目的明确：70% 考虑增值，30% 考虑改善和炫耀。如果房价出现下降趋势，市场上的刚需一夜之间全部消失，等你降到破产为止。所以，京沪必须做好“狼牙山五壮士”的心理准备，掩护大部队撤退。但楼市大部队就算是熄火，也要有序撤退。如果我们真要放弃房地产，现在的“撤退计划”应该是：一线城市，扛到底；二线城市，逐步放开限购；三线马上甩货，甩出去多少就算多少。等房子全部忽悠给老百姓了，爱降不降，随你吧。

中原集团创始人施永青提出，京沪放开限购。这是中介的思路，绝无可能。京沪放开限购，中小城市的购房资金会源源不断地被京沪抽走，小地方的房价就彻底完了，比如浙江的小老板就会离开宁波、杭州，冲向上海了。中国楼市照现在的情况来看，温州、鄂尔多斯已经倒下了，然后是济南、武汉之类的三线，宁杭也会倒下，最后是广州。这时候，京沪也要倒了，但此时，经济数据已难看到了令人无法忍受的程度。

■ 京沪永远涨的逻辑

京沪为啥永远涨？因为京沪楼市的核心地段有一股强有力的刚需，即全国富人（至少有2000万元以上家庭资产）的居住需求和保值需求；京沪边远地段的刚需是，屌丝中的精品（例如精品海龟、副总裁、销售精英、走私贩、博士）要安家落户，“三代积蓄+二十年债”。省城、地市、县的房子，将为争取客户而展开残酷的价格竞争，京沪笑看浮云。但京沪房产在目前这种经济环境中，价值被严重低估了。所以，京沪还会继续高歌猛进，疯涨。不服，你就等着看结果吧。不要生气，经济规律的运行，不是屌丝斗嘴，不会因为你不高兴而改变规律来讨好你。要么改变经济环境，要么京沪永远涨！

我们的市场经济是不规范的，不规范必然有漏洞。现在看来，这个体制漏洞就是京沪楼市。假设今年货币投放集中在煤炭领域，山西境内货币就暴涨了，如果投放到粮食领域，河南就暴涨。所以，三线城市房价上涨的持续性很差。而不管哪个领域，货币倍增，最后肯定是集中到京沪楼市报到，所以京沪楼市涨价的持续性超级好，除非不印了。

现在京沪买房，不是为了自己，而是为下一代占坑。不管风云变幻，你家的小房子不会飞走的。户口？说不定哪天就取消了。我一直以来只说京沪房价，特别是内环线，大家现在看懂了吧？京沪已经和发达国家一样了，各方面硬件不输给英美法。现在海龟很少抱怨京沪哪里不好，只会抱怨空气差。今后，全国人民会把去京沪安家等同于移民欧洲。你觉得夸张了？看吧，很快的。中国成年人其实不习惯国外生活，移民比出家还难受。举个例子，某老太，上海人，20世纪80年代出国，美国籍。现在天天赖在上海，剥削子女，不肯回祖国了。老太太在美国没财富，子女在上海都退休了，孙子30岁英语本科，都不愿去美国。语言不够，没技术，就业难，不如在上海，去美国就是一辈子送外卖。在上海的子孙，守着几套房，收收房租，太舒服了。

今后二十年，京沪会慢慢转向纯粹的第三产业，提供工商业服务项目（设计法律咨询）或高消费场所（游轮到豪华医院）。各地富人为了躲开本地复杂人情，把老婆孩子安置到京沪花钱享受，富人在厂区和矿山默默发财。今后，京沪在环保到法律等各方面环境越来越好，流动摊贩黑出租越来越少，成为国家名片。

就全国而言，房子必将饱和，但京沪三十年不会饱和，除非重新搞户籍制度。假设二十年后，某屌丝在小县城有三套房子可以继承，但由于小县城高收入人口的持续流出，当地房子可能就不值钱了，而京沪由于持续接纳全世界的高收入人口，房价会涨上天。我根本不看好二线以下的楼市。老龄化浪潮已到来，执行了几十年的独生子女政策也慢慢放开了，可见形势多么严峻了吧！中国就两个城市没有老龄化——京沪，其他三四线，现在就是老龄化了。老龄化在发达国家是普遍情况，结果很简单：大城市出得起钱，各地年轻人大聚集，住房持续紧张，小地方经济逐渐荒漠化，县城就剩老弱病残，基本没希望了。你去县城逛一圈，四个老头老太带一个孙子，中青年都在京沪省城打工。中国最好的资源，包括资金、人力、政策、基础设施，全部的优质资源，捧出了一对金光闪闪的京沪。简单说，中国人用最璀璨的钻石打造出了一个大客厅，京沪欢迎你。今天的京沪房价，十年后看，就是白菜价！

房地产永远是春天，是因为人的欲望。京沪主城区新建漂亮公寓 90 平方米为主，总价 400 万～ 800 万元，仅一厕，小夫妻勉强够用，随着孩子的长大，互相干扰太大，居住不舒适。以我的感受，人均 40 ～ 50 平方米，才有舒适感。买小房等于吃饱，买大平层才是吃好。疯狂追求大面积，是人性的必然。谁都想换大房子。

近十年京沪拉高房价的操作手法比较隐晦和市场化。首先是放开就业限制、福利普惠制，鼓励大学生和农民工进城，这些人中 95% 买不起房，但交得起租金，造成人气超级旺。有关部门和专家媒体再吹一下，各地金主开始源源不断大手笔买房，各路炒房客一拥而上，银行积极投入，形成自我循环，倒逼货币政策。

看到真相，并不意味着你就赚钱，或者占便宜了。你还要想一步，这些表象还能够把大多数人骗多久才会被揭穿？在真相被揭穿之前，必须涨！

如果到了京沪房价打七折的时候，经济也会被摧毁。因为所有的潜在客户，就算是砸锅卖铁也要连夜排队买一套，其他消费就全部停止了。本来金融民工中午还要去吃碗 20 元的面，再加个卤鸡蛋，那时候直接自己带饭了，能省一点算一点，全部会疯了一样去买房。现在唱空房价的散户，只不过希望能够捞点便宜，大家都懂的。所以我不敢想象，如果京沪楼市出现滞销，会是怎样的情况。京沪楼市背后的资金链有 3 条，一是银行贷款，二是理财产品，三是境外融资，个个都是狠角色。

现在京沪房价真的太高了，最气人的是，以后还要涨。最苦的不是外地人，他们最多滚回县城，最苦的是京沪市区的穷人。本来希望考大学，努力工作，攒钱买房，改善家庭生活，这下子全完了。现在上海又回到 20 世纪 90 年代了：10 平方米逼死英雄。我希望，中国经济政策还是要走大道，走正道，不要抄小路，走捷径。应该消除京沪绝对领先的地区优势，建立一个差别不大的全国统一市场，统一法制环境。

■ 三线城市分析

一线城市的好房子是硬通货，三线城市的房子是消费品，二线城市的房子介于两者之间，这就是区别。现在，二线城市缺房者，大多是无力支付的屌丝。我有个生意朋友，在二线大城市的边缘城区，有很多套房子，地段偏，距离地铁站三公里，现在生意不好了，想卖掉几套，不好卖。有价无市。

三线城市的房价是不牢靠的。在三线以下城市，土地充足，楼市是市场经济，追涨杀跌，花样百出。前几年三线城市，楼市满足本地人改善需求，供需两旺。改善结束后，就歇菜了。投资人更喜欢大城市；自住，本地人也不缺房子。最多是当地一些外来商贩买，下面乡镇的人进城买。客户支付能力差，需求人群少，租金收入低。但是由于货币整体增发太多，所以全面大跌也不现实，会僵持几年。三线城市的楼市还有一个大隐患：小产权房，农村房。三线城市城区面积小，周围农村人进城区上班，大部分企业都是在城区边缘，下班开个摩托车就回农村的家，也不远。三线城市的本地买房人，主要是面子消费，别人都买了，我也要买。其实，根本不缺房子。只有人口 800 万以上的大城市，是真的缺房子。四线城市没有未来。如营口楼市，全额返购房契税，发购房补贴。

叶檀说：三线城市空巢现象给城镇化敲响警钟。这个话是对的。三四线城市，如果出了个能干的有出息的儿子，在北上广找到了好工作，赚了钱，你说会发生什么？老父母卖掉常州的大房子，去上海拼个首付，同时带孩子。优质人口净流出，虽然上海的老百姓不一定欢迎。常州的房价能涨吗？上海的房价能跌吗？三四线城市，绝对不可能涨房价的，除非出现大的通货膨胀，货币贬值。因为三线四线不具备广泛的赚钱效应和较多的高收入岗位，这几年是农民工跟风，在外赚钱，回乡买商品房（不在乡下盖房子是个进步），同时公务员住房改善，集中释放。过几年，需求平稳了，农民工攀比的风气弱了，三线城市的房价也就结束了。例如，某中型企业大部分管理人员，都在老家买了三房一厅，入手价在3000元左右，但常年空置，就是老头老太住，老头老太还不习惯，说是什么都要花钱，不如在乡下。孩子读到高一就住校了，今后肯定是外出上班，也不会住。而在大城市的管理人员，被迫蜗居在小小的出租房，难受至极。这种资源错配，令人叹息。

中国整体上根本不缺房子，潘石屹说现在已经是人均35平方米了。但是，人可以乱跑，房子不能乱跑，所以，北上广缺房子，常州贵阳房子过剩。热点地区，建房速度永远跟不上人口的流入速度，所以必涨无疑。但是人口不增加的地方，房价也就是跟着“印钞票速度”向上走，偶尔还跌了。某友一家三口，老家在地级市黄金地段，一套新房和一套小房子空置，现在上海租房。你说她缺不缺房子？她希望老家的房子涨价，上海的房子降价。这个事情，永远解决不了，只是苦了北上广的原住居民。统计局报告说，在建和审批的住房，足够1.2亿人居住。还有未统计的小产权也集中在三线以下城市。三线以下城市房地产是堪忧了，北上广无所谓，继续会涨。

京沪之外，历来不缺房子，前几年是炒房热，普通人买房为了增值保值，对抗通货膨胀，储存财富，根本不是为了居住。大家都买房，房价实现了自我预期，节节攀升。如果房价不能继续上涨，没人会主动囤积小地方的房子。找工作，去国企；炒房子，去京沪。学会这两句，受益终生。

只要发生过楼市崩盘的城市，当地老百姓受到的精神创伤会极其严重，之后十年到二十年都涨不起来。三线以下楼市面临的主要问题有两个：一是当地需求慢慢饱和，这些地方历来不缺房子；二是缺乏货币支撑，没有涨价收益。一旦崩盘，中小城市土地财政就结束了。所以，有关部门要面临两个选择：一是主动停止基建，降低负债，慢慢消化库存，但是市长就苦了，GDP、税收少了，经济下滑，自己背负“没能力”的骂名。二是继续闭着眼睛鼓吹建房子，至于三年后是否卖得出去，先不管了，到时候调走就是了。选哪个？很多官员是不能够看到三线楼市崩溃的，所以只能继续下去。

中国地级市以下，传统上根本不缺房子，少数缺房子的贫困人口，也没钱买。之所以火爆了几年，一是拆迁改善需求，二是本地中上等家庭的面子需求，三是农村打工仔和大学生回乡置业需求，这些压抑了二十年的需求已慢慢释放了，但是新房子却越来越多，供大于求，必然滞销。比如宁波，当地公务员和富人早已买够了本地的房子，炒房客也消失了，房子空置，租不出几个钱。今后的接盘侠主要是当地普通人，外来大学生也很少。但普通人是劣质需求，无法满足开发商和建设局的期望。只要房价失去上涨预期，绝对会滞销，跌价。

中西部缺钱，就大批卖地，土地卖多了，房子就多了，楼市滞销，地就不好卖了，于是降价卖地，越卖越不值钱。举例来说，贵阳的造城运动导致本地购买力无法消化，就鼓励本省地市县和重庆四川县城的人来买。附近县市的楼市资金跑到省城了，下面县市就更缺钱，发展就更不平衡。给在三线城市的房产商一句话，前期属于积压几十年的改善性需求集中释放，所以是供需两旺，但是别脑子发热，因为前期的需求释放结束后，后面的接盘力量会越来越少的。赚够了，赶紧换个地方。记住，一定要在前期搞，千万不要跟风。贵阳、常州等地的楼市，就是前车之鉴。

北方只有一个中心，北京。任何北方人都会义无反顾地想去北京工作生活，而且以在北京买房为荣誉。南方不同，广州、深圳、厦门、杭州，这几个地方的人是不愿意去京沪的。所以，南方存在很多中心城市。因此，南方核心城市的抗跌性强。我预估，五年左右，京沪以外各地房价会垮得稀里哗啦。但是，是以内在币值垮了的形式，还是以外在价格垮了的形式，现在不好讲。农民工的好日子也快到头了，经济规律还是会起作用的。

■ 县城楼市

县城房地产只能吸引穷人。现在农村人结婚，多数女方要求在县城买房子。一是子女小时候放在县城，由爷爷奶奶带，自己出去打工。二是广大的 80 后 90 后，在 50 岁失业后，基本会回到县城。三是老头老太生病了，住县城离县医院近。县城房地产有使用功能，无投资功能。因为富人只要混好了，肯定跑大城市买房。富人的孩子，不会在矿区附近的地级市生活的。县长的孩子，大部分是喜欢京沪和省城。农民在楼市的追涨杀跌，更加直接。

京沪的房子是全国最有购买力的人来买，县城和较差的地级市优质人口外流，主要消费力是外出高薪农民工（集中于建筑行业）和本地拆迁户。农民工在县城买房子是无奈之举，主要是为了孩子读县中学，争取考大学，爷爷奶奶陪读，自己春节住几天。现在父母 50 多岁，小两口 20 多岁，很普遍。四个人在上海打工，月收入合计 1.2 万～1.5 万元，是极其正常的，一年存 12 万元是有的，只要不遇上天灾人祸。县城房地产，虽然长期前景我不看好，但是眼下估计还可以火个几年。中国人有攀比心态，农村住一起是邻居，突然，你家在县城买房子了，那还得了？我家也必须买。但房地产的最大问题是不具有持续性。虽然在大城市和出口区挣钱的农民工带回乡的收入，带动了当地的各行各业，可一旦源头没水了，县城楼市也就翘了。县城经济发展，往往比大城市晚十到十五年，这就是客观规律。我走过好多县城，都是山间的一块平地，慢慢发展成为县城，房地产几年就搞完了，房产商卷走了所有的钱，当地人贷款几十年怎么还钱？没有实体经济，玩房地产就是吃子孙饭。

今后几年，中小房产商会陷入困境。县城和小地方的房子，缺乏有支付能力的需求，很痛苦。目前还没有在县城买房子的乡镇人群，基本上是穷人了，想买房但没钱，再想加价卖给他们，是天方夜谭。大房产商没压力，他们的融资渠道，遍布天下，无所谓。

县城房地产是消耗品。五年以上县城公寓，基本就是脏乱差破。一是物业费欠缴，物业也就扫扫垃圾，公共设施破损维修难。二是农村人的使用习惯不对，乱摆乱放乱搭，种丝瓜，养个鸡。三是难看的防盗窗，把整个小区变成了铁丝鸟笼。四是绿化的前期设计差，后期保养差。五是小区商铺脏乱差，噪声扰民。比如四川县城，我观念中应该是空气清洁、山清水秀的，但实际上雾霾严重，在风景区远眺都是模模糊糊的，还不如复旦附近的空气。县城老区道路狭窄，堵车极其严重，县城新区不堵车，都是漂亮酒店，表面看比内环线杨浦区和普陀区还要漂亮，但没有生活气息。县城里也有类似八佰伴的中高端商场，装修和维护很好，扫地阿姨一刻不停地擦，地面一尘不染。

县城最大的痛苦是，除了公家单位，严重缺乏中高端就业，赚钱太难。街上只有两种人，吃喝玩乐业的小老板和打工的。县城由于无法聚集外来技术人才，中高端外资或科技企业，即使来了也找不到合适的人。县里的优秀学生都跑光了。春节看电视，四川某县城火车站有个房产大广告，“衣锦还乡，买套好房”，实在是直白得朴素啊。火车上下来的不是人啊，是一包包的现金啊。但是县城上班的年轻人，看到这么多的人，怀揣一包一包现金回乡买房，那是酷刑。

县城的房地产发展，建设漂亮，大楼林立，外观豪华，档次很高，不比徐家汇、五角场差。人们应该感谢 4 万亿，感谢印钞机。按照这些半农业县的财政，绝不可能建设如此美轮美奂的县城新区。

■ 房价可能降吗

房价翻倍涨，大家习以为常了。上海房价 300 万元是最普通的，如果房价下降 5%，还可以承受。超过 15% 的下降，购房者损失 50 万～ 60 万元，那就丑态百出了，特别是在上面。有几套房子的人是谁，政策的对象是哪个人群，是搞不清楚，还是装作不清楚？

美国房价会跌，因为华尔街已经把损失转嫁给全世界。欧洲日本房价会跌，因为欧元不能乱印。香港房价会跌，因为香港突然建了八万套公屋。京沪房价不会跌的，当市场上的资金被房地产抽干后，不要担心，印钞厂加个班，市场上又涌出无穷无尽的新票子。今后的任何调控，老百姓都当笑话听了。任何理性的人都不相信上海的房价会跌了。即使上海房价超过了巴黎和纽约，也不再有人相信会降价了。

如果同时满足三个条件，楼市就大降价。一是地方财政重回大一统，例如欧美；二是保障房大规模供应，例如上海；三是货币收紧，例如1993年的海南。如果遇到特大事情，这个可能性是存在的。当然了，近期不可能。所以房价不会跌，狼是吃肉的。任何鼓吹房价崩盘的专家都是坏人，假装附和民意，捞名气。土地问题是中国几千年的问题了，不好解决。希望下一代人有智慧。

房价一降，就会麻烦丛生。房地产企业自己，多多少少有一些不完全合规的地方。房价下降后，只要抓住任何一小点儿理由，就会成为“专业炒房客（多为记者律师中介等专业选手）”闹退房的有力借口，且一呼百应，迅速蔓延。有关部门是搞不定的。2009年，房价稍微降低了一点儿，到处是砸售楼处、闹事打骂，乱哄哄的。房价一涨，风平浪静，皆大欢喜，大家拍手高兴。倒霉的是没买的人。你说，什么叫“顺应民意”？你就认了吧。要降房价，就要出现大失业，银行大坏账，绝大多数白领的房子还要被法院没收，会出现什么结果？

所以，房价暴涨的阻力很小。因为大多数人感觉自己成为富人了。哪怕是纸面的，但是也很高兴。房价暴跌的时候，那是要出事的，所有人（除了失业屌丝）都极度愤怒，因为感觉变穷人了，还可能失业。房价暴跌，等于是“蒸发了你家几代人的财富”，会引发多少事情，我想都不敢想。谁有本事，谁来试试看。

限购政策后，本来大批小房企资金链断裂，要降价促销，但是地方政府不愿意。结果在地方政府的关心下，大房企收购了小房企的项目，维持了本地市场的价格不降。而大房企有关系，有实力，融资能力特别强，所以扛得住价格。所以，大家就不要幻想降价了。钞票天天对内贬值，吃住价格飞涨，实业不赚钱，股市全是套，黄金兑现难，居民存款唯一的保值手段就是住房。如果再增加几个渠道，如商铺、沪牌，让资金有个去处，分散一下住宅市场面对的天量资金，应该会好一点儿。可我好担心中国经济失去了科技研发能力，就剩下一堆砖头。

房价肯定不会垮，但是经济会垮，因为印钞没有限制。许小年说，印钞是鸦片。那么，房地产就是“点烟枪的丫鬟”，吃喝拉撒抽，全靠它了。打死了丫鬟，老爷也活不成了。所以炒房客放心，你们的房子不涨，有关部门比你还焦虑。让那些人替你操心吧。现在高房价的唯一阻力是低级别年轻公务员买不起。超过40岁的公务员都是得益者。所以，谁会去降房价？

当然，经济学家负责任地说，要降房价，有的是办法。一是解放初的办法，重税打击卖房赢利，重税打击持有房产，导致没人愿意持有房产，希望把房产捐给集体；二是户籍手段，减少京沪人口，压低需求；三是取消房贷，导致买不起。办法多的是，关键是，你敢吗？1950年，上海就搞过降房价的办法，效果超级好。大家知道的哈同大厦，哈同直接抛下房子回国了，也不想要了。但是，谁敢干？如果规定，某类人群必须房产公示，如果胆敢谎报，房子就奖励给举报人。那么，明天房价就跌一半。如果房价回到2005年、2010年，会是什么情况？我很清楚，回不去了。这里面涉及太多人的工资福利和形形色色的收入。你难道想得罪所有的人？

房价问题，是所有经济和社会问题的集合点。绝不是“表表决心，喊喊口号”，就能够降下来的。假设明天上海房价打五折，你肯定高兴了，但是你肯定买不到。因为有几个亿的人都想买这么便宜的房子，凭什么就卖给你？还有少数人说，京沪房价会跌。实际上说这些话的人，是最想买房子的人，只不过买不起。预计今后三年，京沪每年涨幅20%，二线每年是10%～15%，三线以下城市会涨得慢一些，四线县城的新区如果规划不合理，可能降价。普通人不应该考虑京沪年轻人买不起会如何，而要考虑在这种涨幅下，你如何套利或逆袭。

京沪房价如果只面对本地户籍销售，早就要降价了，但事实是，不降反升。源于外地资金源源不断地涌入，一浪高过一浪，排山倒海，把京沪房价直推云霄。目前印出来的M2只会多，不会少。因此京沪房价是人为结果，目前高房价的形成原因丝毫不变，你担心啥？要是公务员大下岗，干部工资打六折，国企央企项目硬生生停了，农民工福利减半，OK，这是紧货币的搞法了，那京沪房价真到头了。现在是朝反方向运动，你怕个毛线啊，所以要坚决买进。现在，一部分房产商在电视上说，房价要下降，这是一种非常复杂的博弈策略，屌丝看不懂的。这话不是说给屌丝听的，谁听谁知道。你见过京沪房价打折甩货吗？我太了解这群人了。自己卖水果，还一边说，同学们，水果要降价了。这不是开玩笑吗？有人较真，他就拿出几个烂苹果，你看真的降价了。

我把话撂在这里，别说降价，只要涨幅低于一年期活期存款利息，遍地是矛盾。偶尔几个乡下地方现在降价了，例如温州、榆林，其实是在做压力测试，看看真的崩盘，会有什么后果。大家看到结果了，谁敢玩？于是限购取消了吧！

有人问，为啥美国日本的房价会跌？因为美国总统背后的财阀不是房产商，三井、索尼和松下也不做房地产。再问这个问题的，直接认定为屌丝。

过去十多年的楼市政策是：大城市楼市，平稳涨价。最让人担心的是涨价过快，导致货币跟不上而出问题。要让房价下跌，其实很简单，银行停止购房贷款，立马降一半。但是没人会干这个事情的。房价下跌的后果是，必须有人负责。所以，就不要自作多情地盼望房价下跌了。那么理性的房价是什么？普通工程师年收入可买内环线5个平方米，二十年纯收入可以买一套内环线小三居。老婆工资养家，如2007年以前。今后何时出现？工商业小老板不再窝囊的时候（你懂的）。社会富余资金会积极涌入实体经济，百业兴旺。屌丝下班后，全家在小三居里可以来几个小炒，喝一瓶啤酒。目前看，只能嘿嘿了。

房价继续上涨，百业不兴，危害无穷，但房价还继续会涨，这就是悲剧的现实版。学者和官员很清楚问题在哪里，但是都不敢讲出来。这里面涉及的利益纠葛太大了，真的要纠偏，可能80%的人都要揍你。只能眼睁睁看着沉下去，只有水淹到脖子，大家才会达成共识，但那时，能不能活过来，看运气了。

■ 供给与需求

上海房价跌到多少，老百姓才会心平气和？我估计是上海外环线 7000 元，2 房 1 厅 60 万元，漂亮公寓，全上海 70% 以上的老百姓都买得起了。问题是，价格跌到这个份上，上海老百姓买得起，全中国 30% 以上的老百姓也买得起，估计有 4 亿人会蜂拥而至，如果买不到车票，走也会走到上海。所以，价格的形成是供需决定的。现在，北上广限制土地供应，但鼓励人口涌入，提供免费上学，加入社保的惠民措施，导致租房或买房的需求剧增，加上“土地财政 + 炒房”模式推波助澜，故意制造了房地产供不应求的局面，房价超欧美日。开发商吊个高价，捂盘惜售，更加是雪上加霜。房产价格能够下来吗？不可能的。

上海的商品房，在 1986 年后就陆续出现了，但价格涨幅不大，1998 年还出现“买十万，送户口”的求你买政策。2002 年后，大规模的外地大学生涌入上海，首先是租赁需求井喷，然后是房价暴涨。所以，大城市房价的秘密就是需求增加太快，买张车票，五个小时就来了，但是建房子最少两年吧，怎么赶得上？因此，房地产要降温，必须打掉需求，不可能依靠增加供应。现在京沪合计 5000 万人口，城外还有 13 亿，仅仅大学生每年 730 万，京沪房子永远不够。因为住房不是一个简单的空中楼阁，它必须和“土地、交通、水电气、就业机会、公共服务”搭配，缺一不可，这才能成为城市住房。例如北京，水、交通都十分困难了，市区住房供应后劲不足，永远涨。

商品价格稳定的前提，供应和购买都要自由竞争。现在京沪楼市，从供应端看，水深得很，每年土地招拍挂有指标，开发者受到 1 ～ 200 个红章控制，房贷政策经常变；从购买端看，各种闻所未闻的限购，假离婚、虚社保，互相纠葛。这不是自由竞争，而是可以精确控制计算供需比，整体看就是涨。房地产市场，是有关部门（不是公司）搞饥饿营销，故意慢慢卖地皮，不断推高房价。要降房价，只要把三年的土地供应量集中在一年建设完成，市场上立刻供大于求，价格直降。可惜，是不会这么做的，这是一种饥饿营销。因此，买了房子的，安心看电视，有关部门在千方百计地给你赚钱。所以，高房价是供不应求造成的，而供不应求是人口流动造成的。中国的最大特点就是人口无序流动，想来就来，想走就走。来了抱怨房价高，走时抱怨火车票难买。住下来了抱怨入学难，离职回家了，抱怨养老金转移难。买了房子接来父母，抱怨父母医疗费报销难；没买房子的，抱怨留守儿童多。

房价是人口流动方向的指路牌。房价越高的地方，赚钱机会越多。反过来说，人口流入地的房价肯定涨，如北上广深、省城、计划单列市。农民工输出地的房价，马上就会跌，例如安徽、四川、河南等省份的不发达县。为什么向往北京上海的人多？因为这两个地方，户籍居民的公共服务资源多，大剧院，鸟巢，摩天大楼，各种各样的公司，最新的资讯，紧张的地皮。但说白了，不可能容纳更多人了，仅住房和水资源就无法承受。就算你把所有的北京和上海居民赶走，外地人互相也会打起来，资源还是不够分。

那京沪要来多少人？日本人口 1.2 亿，东京是 1200 万，占比 10%。韩国 5000 万人口，首尔 1000 万，占比 20%。日本还有名古屋、大阪、京都等大城市，所以占比少一点儿。再看看中国台湾的人口分布，台湾人口 2600 万，台北市（260 万左右）+ 台北县（400 万左右），合计 660 万左右，占比 25% 左右。如果中国也彻底放开，人口自由迁徙，那么京沪大概要容纳 1.5 亿人口，上海分配到 8000 万人口指标。现在上海是 2600 万常住人口，翻三番，很轻松。但人口过度涌向北上广，后果是灾难性的。虽然暂时解决了一些农民增收问题，但是以城里人承担巨大的住房成本、交通拥堵成本为代价，很难持续。如果北京再引入 1000 万人口，我看这个城市也就是个大垃圾桶了。

事实上，京沪已经是全国人口最喜欢的汇集地。今后几年，随着民营经济快速下滑，特别是一旦出现某个经济大困难，那么大量在京沪以外的农村人口会急速汇集到京沪，享受托底的教育医疗政策。那时京沪可能会面临一系列无法解决的难题，难以为继。这个是有可能的。如果夏天的外滩再次睡满人，你能怎么办？我们沙盘推演一下，比如某年夏季，发生了经济危机，大量人口一火车一火车地涌入特大城市市区，晚上睡在马路上也凉快，结果睡马路的越来越多，根本无力阻止。慢慢拖到秋冬，很多人找到工作了，但是无力租房，天气冷了，这些人开始在市中心空地搭帐篷，怎么办？很多人住习惯了，就成为理所当然了。到这个时候，谁也无力改变了。

现在，京沪年轻人承担了人口大流入的成本，但是没享受到好处。人口暴涨后，医疗教育拥挤、交通堵塞、上下班地铁爆满、房价居高不下、就业竞争大，这些都是年轻人承担的，但是GDP增长、财税增长、房产增值的好处，年轻人却享受不到，于是大量年轻人不高兴了。这是事实。

京沪高房价是制度造成的，特别是人口制度和土地垄断制度矛盾大，导致供需调节失衡。制度不变，房价继续涨。高房价和高租金是对人口无序流动的惩罚，是一种变相的人头税。

■ 短期内的唯一办法

中国经济最大的漏洞是，京沪永远涨。所有资金都往里填，还填不满。不要羡慕房产商，买了房，你就是小小房产商，利润率远远高于房产商。要改变这个局面，必须采取非常不忍说的手段，控制人口，但目前很难实施。如果人口还是这样流入，任何产业的回报率都不如内环线买房。买房门槛越高，屌丝就越惨。

现在，很多县城和三线城市，大批商品房空置闲置，不管是否卖出去，实际是无人使用的。而京沪是一房难求，价格犹如失控之野马，彻底砸碎和碾碎了一切阻挡涨价的抵抗，十年翻10倍，毫无悬念。究其根源，就是京沪经济好，岗位多，月薪高，人口涌入过快。人来要租房，结婚要买房。京沪不可能为所有人盖房，于是价高者得，从贪官到农民工家庭，为子女拼力砸钱，最后就这样了。多盖房只能解决一年问题，明年会来两倍的人，大学生一年700万，你说怎么办？

所以，降低京沪房价的短期办法是严厉赶人，暂时降低需求；长期办法是发展外地核心城市，分散人口。如果仅仅是加大供应量，除了造成中心区域更加拥堵之外，毫无意义。当然，罗马不是一天建成的，核心城市建设也是个漫长过程，在这期间很多人就在京沪不肯走。核心城市没有新增人口，特别是高学历人口，建设就会更加缓慢。所以，必须狠下决心，坚决赶人。北京控制在2300万，上海是2400万人口，这是京沪斩钉截铁的承诺。但要控制人口，首先要明确赶谁走；二是要确定赶人的手段；三是赶不走，怎么办？四是谁来检验赶人的实际落实情况。这四个问题，几乎无法回答。

我预测，京沪如果控制人口，是先赶外地劣质白领。菜场大妈、洗剪吹、拎灰桶、擦幕墙，那是上海稀缺资源人群，这种类型的工作，上海人是做不来的。至于二本三本的大学生，随便在周浦的居委会转一圈，一大把上海年轻人都是拿着文凭的，完全供大于求！说个国际惯例。现在西欧的阿拉伯人特别多。二战后，西欧恢复重建，需要大批劳工，于是从中东北非引入大批劳工，这些人在法德意工作了一辈子，子女一大堆，再赶人就难赶了，于是西欧被迫让他们入籍。上海现在也面临这个问题了，再过十年，第一代农民工进入退休期，社保医保没解决，怎么赶？英美法也是优质资源汇聚地，为啥没有那么多人来挤爆？一是签证制度，严格边境，人口管理，只能是数量管制，抓住就去小黑屋。二是不能使用任何公共资源和身份证件。三是不享受各种福利。现在的北京，九年制义务教育给外地孩子免费，还要给免费午餐，怎么可能赶人走？为了孩子，我也赖着，就不走。

20世纪50年代是粮食和住房不够，当时运输能力差，建设投入也没钱，只好赶人，确保了留下来的人好过一点儿。2003年前，办不了暂住证的农民工（无合法住处），晚上是不敢出门的，生怕被查到。那时候农民工是非常老实的，上海人是非常骄傲的。直到后送收容所，关押1到3个月。进了收容所，很痛苦的。2003年取消了《收容条例》，无证摊贩和乞丐，铺天盖地地占满了上海的大街小巷。后来，上海为了防止人口过快涌入，采取了大幅度提高企业用工成本的办法，让中小企业离开，但是这导致了上海经济发展越来越慢，上海的GDP和出口数据已经很明确地阐述了这个后果。更重要的是，一个城市如果采取经济手段赶人走，那么走的是还有理想和精神追求的白领精英、小老板。富人无所谓，穷人已经到底了，你还能怎么样？数量型审批手段，能够保证人口结构合理，但是寻租现象马上出现。有专家说：房租上涨是驱赶外来者的强有力之手。这个是荒唐的想法。20世纪40年代上海房价超级高，80年代东京房价超级高，90年代香港房价也高，但还是吸引了大批外来穷人。外地人自动离开的唯一办法是，这里赚不到钱了，但这种两败俱伤的事情，最好不要干。

北京现在提出迁移一部分功能产业去外地，且不说是不是真想这么干，这个办法其实20世纪90年代巴黎也搞过一次，把一些非核心功能疏散出去了，人口部分迁走。但有个问题没解决，就是功能和人口疏散之后，原来那些房子怎么办？是空置，拆除建绿地，还是换批租客？巴黎实际是换了一批租客，结果没有大变化，现在还是天天堵车。保定的所谓功能疏散，可能有些不起眼的培训中心、三甲医院的分院会过去圈块地盖房子，反正是国家出钱。但是我认为，一旦离京，这些机构立刻会变成鸡肋鸭脚，石沉大海，默默无闻。有能力有关系的人，会千方百计把自己搞回北京去。而北京市区腾出来的土地大楼，又会被新机构塞得满满当当，毫无意义。上海在“文革”初期搞三线建设，大批的企业搬迁出去了。结果呢？上海的原址，被重新利用，人口继续膨胀，城市更加拥挤。那批出去的上海人，历经波折，绝大部分人在退休后回沪，两手空空，啥也没有了。一小部分人甚至是根本回不来了。首钢搬出去了，北京人口减少了吗？

京沪市区人口会越来越密集，根本不可能疏散。比如你把一部分穷人棚户区拆到远郊南汇，腾出来的土地只能是建设更加稠密的高层，卖给有钱人，同时还引入了大量的富人私家车，交通更加拥堵。降低人口密度，只有一个办法，腾出来的土地建设公园。但财政无力支持。目前，京沪还没有行政法规支持赶人，实际是采取让你难受气愤的办法，如取缔群租、上学难、楼市限购等。这种办法在实施初期是有点儿效果，但两年后就没效果了，因为大家学会了游戏规则。比如北京今年小学借读证难办，明年保证不难，因为外地人聪明了，明年会把教育局想得到的所有证都办了。但是，为了赶人、控制房价，今后京沪是不可能放开公共福利的，入学、户口必定是严上加严。

■ 就业与房价

为啥失业人口会大批涌入特大城市，而不去三线城市？答案很简单：就业机会。房价和当地就业工资是亲兄弟关系。为啥东京、伦敦的房价高？因为那里收入高，而不是风景好。中国也是这样的，香港比澳门房价贵多了，京沪房价比杭州高，因为杭州不能提供多少高收入的岗位。京沪是穷人的天堂，赚钱太容易，高薪岗位太多。比如房产中介、给号贩子排队、送快递、开黑车、收废品、做保洁、通厕所、安装热水器、当保姆、晚上兼职小厂看门等，这些收入绝对超过老家公务员的收入。比如写字楼的清洁工，除了基本工资3500+社保，还可以在楼里给某些小公司承包日常打扫、废品回收，偶尔旧家具回收，给中介提供房屋出租出售信息。有的阿姨生意火爆到需要再拉亲戚来干也忙不过来，月入过万元，毫无压力。如果实在找不到工作，你在京沪超市门口摆个破碗要钱，肯定比在河南种地的收入高。

今后拉抬GDP，最有效的办法就是，北京上海各汇集两亿人口，即使是盖房子、送快递，也能够赚得很多很多。京沪的人口，为啥赶不走？说白了就是有钱赚，都想来。有个朋友，德国经济类专业留学回来，想回中西部省会城市的老家工作生活。在人才市场兜了几个月，除了培训班上课提成以外，根本没有其他工作机会，只好回上海了。这个情况是很普遍的。所以，屌丝即使学成了屠龙术，但老家没有平台和需求，还不如隔壁炒锅子、洗剪吹的安徽人。打个比方，每个城市就是一个大公司，你买了这个城市的房子，就是买了这个大公司的股票。房租等于年底股息分红，房价就是股价。那么，你是买垃圾公司还是买优质公司？简单地说，房价基本反映的就是这个城市“一本大学生”的净流入速度。如果一本大学生多了，说明产业层级高，有钱人多，房价有竞争力。如果一个城市连二本大学生都不感兴趣，那么，房价也就是跟风涨一点儿，遇到一点儿风吹草动，马上就跌。所以，一个城市的房价能不能涨起来，首先要看这个城市是不是富二代留学生回国的首选地，是不是名校云集且毕业生渴望留在这个城市。目前看，主要是京沪。武大的大部分学生毕业就想滚；厦门的外地人主要是省内，厦大浙大南大的毕业生，也就是穷地方的学生愿意留下，所以后劲不足。晋、冀、鄂、豫、皖，道理相同。

即使是在一个城市内，决定某一区域房价的最主要因素，同样是周围的就业岗位是不是足够高大上。比如浦东唐镇原来是外环外一个荒凉的地方，自从张江软件园的码农屌丝收入上升后，房价扶摇直上，现在也要 3 万～ 4 万元了。现在很多地方出现了鬼城，原因同样是该区域没有就业。但我不担心，三到五年后，慢慢会住满的。首先是政府搬迁过来，然后是学校、医院、宾馆、理发餐饮小超市，然后各行各业就过来了，估计五到八年，就起来了，浦东当年也经历过这个过程。但是如果鄂尔多斯没有强有力的产业，那么迁入新区的可能是老城区的人口。

在中国，金融、法律、IT 等专业知识仅在北上广深有用，省会城市用的也极少。再往下，地级市和县城几乎没用。比如律师是个小众行业，普通人几十年都不会和律师有交往。这么小的行业，我家周围 1500 米内，居然有八家小律师事务所躲在各个商务楼。上海一共有 1320 余家律所，估计北京也差不多，这就是大城市的魅力。菜嫂也是一个冷门技术专业，有三年经验的就是日薪 2000 元左右。她所有的国内同学，经过五年时间，奇迹般地汇集到了三个城市，京沪 80%，深圳 10%，其他城市 10% 当老师。唯一原因就是小地方找不到工作。而在小地方过得好的人，基本是涉公单位，谁能保证你的下一代还能进公家单位？普通家庭的年轻人，回到小地方是出路太窄、择业太难，高薪岗位可选择单位极少，甚至是没选择，同行业单位互相熟悉，得罪一个等于得罪全部，辞职就转行。所以，在小地方混，你在加强专业时，要服软认屃，忍气吞声，巴结领导，坚持混到老油条。京沪，不高兴了就跳，说不定工资还要涨，当然，也永远是群租房 VIP。

很多在沪外地小白领，夫妻月薪合计 1.2 万元，群租 2000 元 / 月，有娃。问他为啥不回去。他说，在县城，夫妻俩能够拿到上海一半工资就不错了，留在上海，有社保，有存款，娃借读，多干一年就多5万元。他们下定决心熬到最后一分钟，不赶人绝不走，回去也是失望，不如留在上海等希望，万一政策变好了呢！所以，就业越好，工资越高，吸引人多，房价也就越高。

■ 调控的结果

我仔细看了近十年的“国×条”，各篇讲话，从无降房价的要求。但CCTV这些年一直宣传的一个口号是“世界上没有只涨不跌的楼市”，很多老百姓都误认为“调控房价”就是“降价”，而最终的代价是：几代人从买菜钱中省出来的积蓄，顷刻间“化为乌有”。所以，现在不买房的人是钱不够，而不是等降价。因为正常思维的人已经不相信房价会下降了，这就是调控的结果。那么有关部门为什么不说“要降价”，一直说调控？因为调控不等于降价，也可能是涨价。但作为管理者，必须不断地说“调控房价”，慢慢涨，尽可能把繁荣期拉长。如果房价陆续20个涨停板，接下来就是崩盘了。大起大落，谁也受不了。但是在表述的时候，变成了不知道什么意思的“合理回归”，这个就误导了很多人，也引发了太多的悲剧。《第一财经》曾报道了这样一个案例：某东北炒股老头，五年之间从65万炒成了6.7万元，亏损90%，导致儿子房款打水漂，自身大病两次，令人心碎。这恰恰是楼市调控的牺牲品，因为总有专家不断地说“要调控了，调控了”，导致很多人把希望放在了股市。结果是，房价继续涨，股价继续跌。

为什么调控难？因为需求太大，无法解决。所以，你可以调控100次，但是老百姓还是缺房子。供应无法增加，一切都是白说。但是，土地红线和地方财政收入，导致根本无力增加供应。所以，只能是在做表面文章。拿房地产限购政策来说，限购是中央决策，这就需要用宏观考虑了。首先，限购不是为了让老百姓买得起房子，现在就降价100万元，普通人也买不起市区新房子；其次，限购不是为了压房价，房价肯定还在涨；再次，限购不是为了拉地价，限购导致销售下降，对地价没好处。那限购的作用是什么呢？就是为了防止工商业资金过快涌入楼市，导致大失业。如果不限制，真可能会在短期内炒到内环线30万元一平方米，如温州人集资买房待涨。京沪楼市体量太大，会在两到三年吸干全国剩余资金，京沪一旦失去后续势头，马上会翻牌子，单边暴跌。所以，现在看来，限购令是为了让房价慢慢涨，是非常清晰的套利路径。

但是，中国的房价有三个层次，涨跌的原因各不相同。一线城市完全是货币因素，和购买力无关；二线城市是货币因素和购买力各占一半；三线和四线城市完全依靠购买力支撑。所以，房价调控没办法“一帖药治三个病”。货币松一松，一线城市房价就会急涨；货币紧一紧（持续三年收缩），房价就会急跌。所以，今后各省市的房地产市场会逐渐分化，好的好，差的差。比如贵阳在限购强化后，肯定是饱受打击，满地找牙。上海北京影响不大，反正需求旺盛。合理的做法是，各省市自己调控，但是因为各省市自己不愿意调控，所以逼得上面统一调控，而且是统一的政策，一刀切，否则，互相比较，吵吵闹闹，无法推行。而且，限购本来是个临时调节价格的行政手段，现在却被抹上了“关注民生”的色调。未买房的本地穷人拼命维护，想买多套房的富人伙同房产商激烈反对，形成了两军对垒。穷人使用的是政治口号（关注民生），富人使用的是经济语言（不符合市场经济）。专家也是选边儿站，和房产商利益相关的，要求取消；没拿到好处的专家，要求关注社会公平。这下子搞大了，骑虎难下了。我估计五年内不会取消。

总之，如今楼市调控走入两难，房地产市场已经完全是两个世界了。京沪等一线城市，热浪滚滚，三四线城市，凉意浓浓，一个发高烧，一个是低烧，一帖药是无法同时解决了。分类调控，那就是笑话了，发改委再聪明，也不可能赶得上时时刻刻变化的市场信息。

■ 房产税不能降房价

无地可卖的区县是最喜欢房产税的，如北京四环以内的区、上海中环以内的区；而大量土地亟待卖掉的嘉定松江远郊区，是不喜欢房产税的。大体而言，经济发达地区搞房产税，损失不大，在西部地区搞房产税将导致当地收入锐减，不高兴啊。国税总局说：房产税扩大试点方案暂难出台。房产税是试金石，我可以肯定地说，不会对存量房征税，原因不解释，你懂的。历朝历代，都会对地主征税，但是最后发现，大地主都是朝中重臣的族人，最后也就是一阵风了。小地主有大地主在前面挡着，舒舒服服的。朝廷年年都有少数酷吏，为邀宠圣恩，想去征税，结果是得罪所有的大臣，最后身首异处，抄家灭族。例如王安石、张居正之流。也有聪明人，例如睿亲王、和珅。

在供不应求的楼市，任何加税措施，都是底层人民承担的。供大于求，加税才会触及持有人。问题是，永远不会出现上海房地产供大于求。所以，如果是京沪房主，尽管放心，在家喝喝酒就可以了。底层老百姓买不起房子，你作为有房一族，社会地位更高了。以前是地主和农民，现在是产权人和租客，永远不担心。

当年沪版“国五条”，对于唯一住房征收20%差价税，火力确实猛。一是剔除了以旧换新的客户；二是剔除了本地青年的需求。本地青年都是独生子女，一般在小工房是有名分的。预计市场上也就剩下“纯保值客户（买后出租但不出售）”和“在沪就业外地人的首次购房”了。京版“国五条”很温柔：一是唯一住房，免20%差价税，满足了以旧换新的客户需求；二是有多套住房的人，通过离婚制造唯一住房，也可以免税。“国五条”后，如果离婚，税收减少6万～10万元；不离婚就白白向水里扔6万～10万元（喜欢纳税的除外）。我问了好多人，都说如果遇到此类情况，肯定会暂时离婚的。等于住建部用巨额现金重奖离婚，无语了。这个政策还很难去堵死漏洞，因为法律总不能惩罚复婚者，难办了。上海出现一个新流行语：楼市有风险，离婚需谨慎。上海复旦大学附近的很多三室一厅的新房子，基本是800万～1000万元了，满五年后的增值部分最少是翻番，差额税是200万元，不离婚真的是傻子了。以前搞“招商引资”，有关部门的官要去求企业来投资，又苦又累，见效慢。现在搞房地产开发，企业纷纷前来巴结有关部门，又舒服又赚钱，GDP见效极快。要是你，你怎么搞？所以20%的个税还在报纸上旅游。

《人民日报》说：不能指望房产税成降房价利器。房产税，一开始是以“暗示降房价”的工具拿出来讨论的，得到广大屌丝的热情回应。实际情况是房产税仅仅增加了财政收入。真的要扩围了，又担心老百姓说房产税没有降低房价，于是索性讲清楚，房产税不是用来降房价的。各地分公司对房产税的态度：地多的，反感房产税，不如卖地舒服；地少的一线城市，欢迎房产税，无地可卖了，顺手搞点儿钱。所以，房产税的最后是搞点儿钱花，其他作用几乎不存在。降房价？不可能！

房产税对于持有好几套房产的富人而言，毫无压力。税收分为两种，可转嫁的税，无法转嫁的税。京沪租房市场，特别是内环线，供不应求，直接可以转嫁给房客，毫无问题，你不高兴租，请回老家去，没人拦你。京沪以外的房产，供大于求，无法转嫁给房客，房东就必须承担房产税了。房东买房还要年年贴钱，就直接打击楼市销售，房东可能抛售多余房产，转战京沪，进一步哄抬京沪房价。有关部门对房产商收再多的税，加上地价，税费已占销售金额的60%，又如何？除了推高房价，房产商照样是最富的人，倒霉的是屌丝大学生，几年过去了，现在别说买房子了，就是上海市区的一室户都租不起了。税收不能调节价格，只有供需决定价格。京沪房价是供求关系决定的，是丈母娘逼出来的，是你的虚荣心抬起来的，和房产税无关。涉房税费近百种，多一个又如何？实际情况是，开征房产税后，你在京沪还是买不起房子。但你老家县城的房子，你家乡下的农民房，却要开始交税了。40万元的房子，每年交税8000元。

房产是必需品，就像大米，即使涨10倍，还是要买。你买不起，是你的问题，M2增发那么多，你还收入低，怪我？楼市需求源自两个因素：货币和人口密度。喊降低京沪房价的，你自己做个表率，全家离开京沪。京沪走掉600万外地人，剩下的外地人就可以买便宜房了。

房产税是涉及国家法制统一、税制统一的大问题。现在，也就是京沪和几个高房价热点城市有征税的可能性。其他95%的大中小城市，根本没有征税的可能性。不征税还卖不掉，征税更加是笑话了。如果京沪施行单独税制，放弃法制统一，没有宪法依据。收取第二、三套房的那点儿房产税，重庆、上海每年只有很少的几个亿。而拉高房价，土地价格暴涨。你说选哪个，才能维持目前如此巨大的财政支出？所以说，房地产税，在经济学意义上，是不可能有效实施的。且不论老干部和房产商是否反感，关键是，此税种导致“富区越富，穷区越穷”的马太效应。如果此税收归国税总局层面，那还是解决不了省市土地财政的问题。

过去这些年，改革思路都是“改革增量，尽量不改存量”，最著名的说法就是“新人新办法，老人老办法”，现在房产税也是这么个思路。我相信，若干年后，有一群人会悔恨得老泪纵横，然后为自己辩解说：那时，我也没办法，力气不够啊。

房产税的最大受害者是屌丝，老家房子也要交税，京沪的房租又涨了，两记耳光，清澈响亮，空谷回音。

改革的逻辑

The Best of Cai's Economic Insights

改革是社会发展的强大动力。中国经济下行，已到了改革的关键期，但改革并不容易，每一项改革的背后牵扯的都是方方面面的利益，阻力重重，如何破解利益纠葛，关键是看有关部门的魄力，能够做到权力带头。做不到这一点，改革必然走入僵局。

■ 改革要改也要革

政府机构改革的最大问题是，没有实现“政府机构和职能的法定化”。今天开会可以减少，明天开会也可以增加。如果通过立法确定，加加减减，先要修改法律，那很麻烦了，最后，大家也就不会随意改了。

司法效率改革，首先会触及国企的还债问题（例如高铁），拆迁居民违章建筑，你试试看？治理污染的改革，首先会涉及地方财政就业问题，你试试看？房产税的改革，首先会涉及权贵的多套房，你试试看？养老金改革，首先会涉及公务员养老金，你试试看？廉政建设，首先是满大街的高档轿车，你试试看？

改革，大家都知道怎么改，但不当家，不知难，改革不是那么容易的。就算是违法，人多了，也不好改革。有关部门一直说，条件不成熟，意见不统一，例如公车改革、官员财产公示、货币超发。十年过去了，大家也聪明了，就说些不痛不痒的顺口溜，然后各回各的家，也就这样了。

改革就是通过艰苦繁琐的工作，去提高经济运行效率、劳动力生产效率和市场效率，来获取财富。但现实相反，拆迁+印钞+基建，又快又舒服，还很有面子。在当下，必须要学习和延续20世纪90年代初的改革精神。

任何一个初看起来好像不太人道的政策，例如户口、教育，就业等，都是有极复杂原因的，改起来很不容易。讨好“这一边”，马上“那一边”就要骂娘了。关键是资源不够，以前还有布票、香烟票，这个和高中学籍性质是一样的，都是资源不够，限量分配。

供给侧改革，说白了就是推出新产品，吸引顾客多花钱。举例，北京菜场冬季蔬菜供给都是老三样，白菜、土豆、萝卜。老百姓买了100斤大白菜后，就不会再买了，小贩就没生意了，然后这个菜场就萎靡不振了。如果你改革供给侧，从广州把鲜嫩小芹菜、爽脆小黄瓜运过来，那就一下子生意火爆了。再比如老王去欧美日买奶粉、马桶、西装，这些东西，中国制造也有，为啥要去外国买？老王真正买的不是商品，他买的是商品背后的法律保障。

为什么有的改革进行不下去了？因为表面上解决了一个问题，但是引发了三个其他问题，麻烦越搞越多，索性不搞了。例如打击医生收黑钱，医生马上就消极怠工，遇事推诿，大家又不满意了。现在医生上班就是收回扣，加班加点地收黑钱，积极性空前高涨，也算是个糊弄吧。如果把挂号费提高到200元，医生可能不收黑钱了，但是老百姓看不起病了，又要骂了。如果搞全民医保，财政受不了，又要找企业出钱，企业没利润，就业问题就搞大了。所以，一环套一环，用经济手段解决经济问题，会越搞越复杂。在表面上解决房价高、看病贵，是简单的事情。但是要解决后续问题，那是千难万难的。因为这里面牵涉的利益人群太复杂，既有富人，也有穷人，也有中产，一大群人的利益扭在一起，解不开。

20世纪80年代，改革阻力小，那时候，没有多少法律法规，99%都是穷人，工资几十元。大家都穷，摸着石头过河，温州人还办了私营小银行，有创意啊。现在，每个人群利益不同，你要改革，吃亏人群绝不相让，针尖对麦芒，法律法规，密如织网，如果一方不愿意改革，可以找出各种各样的法律条文来反对，而推动方很难在短时间去修改五花八门的每一条法律，于是“依法不改革”，陷入僵局。现在，唯一能够让步的就是有关部门和国企，既要认真干活，又要降低好处，这个觉悟有没有？这要看魄力了。我不敢乐观，所以，屌丝心态好一点儿吧，别怨了。

什么是既得利益？比如50万美元（310万元人民币）在京沪只能买个中环线小公寓，在美国可买个300平方米的独立大别墅，正常人买哪个？但外汇管制，你买不成，被迫买王石的万科小公寓。富裕阶层有钱没处去，就是买房子，越买价格越高，王石成为全世界最大的房产商之一了。再举个例子。在美国，工商企业贷款利息是3%，在内地，中小企业贷款利息是8%～12%。如果放开资本项目，工农中建喝西北风了。

现在的提拔体制，导致了现任是绝对不能批评前任的，那么前任的失误就不能明说，于是，不管什么事情要纠正，相关利益群体都可以把责任全部推给有关部门之前的政策，把自己也打扮成受害者。要改，就要天价补偿。搞到最后，一切都难办了。

现在改革共识已经形成，改别人，让自己受益。如果改自己，一定要拉上有关部门闹，都是你以前没有管好，导致我这样，你要赔偿。干部带头，才改得下去。否则，都是做作文。但是官员的任期太短，两到三年就换人，造成了杀鸡取卵，管他三年后是死是活；任期太长，就变成了老土地，盘根错节。所以怎么改？关键是，外部监督。可惜，谁愿意被人监督啊？那就拉倒吧。

我对改革的建议，公务员砍掉一半，事业编制市场化，政府不主导微观经济，财政到省统筹。但现在，阻碍改革发展的最关键环节是：有关部门认为，老百姓不懂得选择，于是，任何事情，有关部门都要为老百姓选择，例如各种评级。于是，一大群科长扑面而来。所以，改革如果不能做到“干部带头”，那就免谈了。真正的改革，就是和尚打伞，无法无天。我不是回忆过去，是在说未来。改革不是顶层设计，而是自发秩序。真正的改革，就是人民敢打敢冲，放手一搏。任何循规蹈矩的事先设计，最后的结果无非是周边房价涨一点儿，没啥意思。相信群众，尊重群众，这才是改革。让公务员写个文件，群众对着改，你当公务员是神仙啊？

现在真搞笑，从未当过工人、农民、小老板的公务员，找几个经济学家，关起门来自己研究了一下，就写个几张纸，让那些真正干活的人对着纸面认真改革。这是改革？改革这么简单？如果真的是这样，建议把这些优秀人才输送到边远山区、荒漠，例如定远县，让全国各地的兄弟一起致富。

总之，治国、治厂、治家，是一个道理。不要想得那么复杂！说来说去就是收支两条线。如何增加财政收入，如何调动屌丝的工作积极性，讨好谁，打击谁，支持谁，儿子要挑战老头的权威，老头挂了，大房子归谁。反正，你把你家的那些事扩大复杂一下，也就那么回事了。所以，朱元璋是小学学历，也能开创大明帝国。

■ 简政放权

现在的任何简政放权，都会面临一个难题，原来那些人员怎么安置。这些人不折腾这个事情，换个岗位就要去折腾那个事情，改来改去，最后也就这个意思了。

简政放权的核心是，加速经济要素的流动，激发经济体的潜在力量，1 元钱流动 2 次，GDP 是 2 元，流动 6 次，GDP 就是 6 元，这个道理，大家都懂的。但是那么多科长，那么多收费通知，无处不在的高速收费站，你玩一个试试看！大马路贯通城市南北，本来很通畅，有一次出了个小小的盗窃案，于是，有关部门在马路中央设了一个防范小偷检查站，没有盖章同意的，一律不许通过，而且盖章的人还经常去开会，没时间检查。于是急着回家做饭的人只能送红包，请求通过了。服不服？

报纸上又在说，如何如何精简审批了。其实，真要精简也简单，把人裁了，去马路上维持交通不就结束了？人还那么多人，你精简了审批环节，他增加了余下每个环节的细致度，再出几个办事细则，这好玩吗？审批改为报备，表面看好像进步了。但是，小干部有办法：他总是吹毛求疵，然后说报备的材料不合格，你报备不成，就是违法。所以，不要轻视小干部哦。关键是裁员，搬凳子。否则，小干部没事干，总能够想出好办法。

企业家，面对瞬息万变的市场，特别需要效率。小干部，天天签到撞钟，没有紧迫感。两者合作，你急我不急，最后只好商人出钱买效率。所以，如果职能改革只是把最上面的审批权下放到地方，那对中小企业毫无意义。谁审批都是审批，谁审都是代表有关部门的意志。放权到地方就便利了？该懂的事情，也一样不少。比如房地产经济就是地方审批管理的，你感觉好吗？关键只有一条，让技术创新的人发财（也做个高端手机出来），让品牌建设成功的人发财（不要说LV，做个放心食品，就可以出现一个无穷大的产业），让审批就可以牟利的人赚得少一点儿，完全不让赚目前也不现实。有关部门要想审批，有100个理由都是为了你好，增加隐性备案和审批，自己打印个通知就可以了。你要是想取消这个审批，和登月难度有一拼，无解。

作为一个专业律师、检察官、法官，你去填写有关部门的审批表格，有时候也无法理解一些项目是啥意思，应该怎么填写。这些表格要是给一些小老板、普通工人、农民，也就只能是托熟人解决了。表面上，有关部门是收费低，或者不收费，实际上你无法一次性完成这些表格，成本极高。

再说审批清单。原来是三个审批，我简单合并为一个审批，但是你跑手续的事情，一件也不少。这个清单好玩吗？说个最简单的，有身份证，还要复印户口簿，这有意思吗？权力清单，封存公章，一管就灵？法律还规定，医生不能收红包呢。如果某些强力部门，窗口外还有一群群的黄牛代办，你就知道是啥情况了。审批流程的繁文缛节严重制约经济发展，但无法解决。审批权是法律规定的，要改，又是一个漫长的研究过程。那么多法律条文，如汪洋大海一般，靠个别领导去推动，就算不睡觉，也管不了几件啊！以前是靠私下交易和变通办法，睁只眼闭只眼。现在反腐了，谁敢去担风险？我的大金杯报废了，报废流程是我办的，一共要去四次，每次排队都是人山人海的。三次是闵行区，一次是宝山区。外地人要有效居住证才能办理报废手续。一些外地人在办证窗口气得跳起脚骂。没用，还不是悄悄地滚了。办证大厅的停车场，生意超级爆。门口最近的复印机要走十分钟，这就是常态。

为群众服务，把群众放在心上。科长的理解一般是，窗口放盒清凉油。至于你高温天找不到停车位，材料一次又一次不合格，天南海北坐飞机去开证明，那是小事情。大不了你再来坐一次飞机呗。

只要是审批定价都难，难得不得了，如车位、入学、医疗。只要是市场定价都不难，如买房、买车。审批定价，表面看价格低，专家门诊 14 元，吃碗小馄饨也要 10 元了。结果是这么低的价格，你买不到，这时候，关系、捐款和贿赂就成为硬通货，代价更高。很多人愿意送 5000 元红包，不愿意挂号 4500 元。现在有那么多的盖章部门，建一个房子，审批有 130 个盖章，但是很多商品房不出三年就漏水。新中国成立前的石库门房子，外滩建筑，没有监管，却成为经典。

新三板是过去一年的核心工作。一开始以为，表面条件不高。后来发现，这个和海淀区借读小学是一个道理，一个证需要十个证明来证明，十个证明需要一百个证明来证明，每个证明背后都是大量律师费和审计费，花了好几百万搞好了，等工作人员有时间再看，各种证明有效期是 6 个月，过期作废，你懂的！

任何一项事物的审批，总有 20% 是必须同意的，也总有 20% 是必须否决的，剩下的 60%，你懂的！这就是中国经济的奥秘。

■ 医疗制度

上海电视台曾报道过这样一则新闻：一人被助动车撞伤后昏迷，另一人报警并搀扶。没有目击证人，受伤者出院后控告搀扶他的人，索赔 16.8 万元，双方都是低收入者。伤者是小腿粉碎性骨折，医药费 16.8 万元，感觉医院收费确实高。根源是医疗制度，欧美是急救免费。

中国医疗制度问题有目共睹，我认识的贫困家庭中，90%是因病致贫。普通人的那些小存款，在三甲医院基本上也就是一到两个星期的事情。接下来就是到处借钱了，再熬几个月，借不到钱了，没办法了，回家吧，医生很忙，下一个病人又来了。

医生为了收黑钱，可以让患者把很多检测项目全部做一遍，再把各种各样的高价药全部给你吃一遍，再搞点高价手术器材，收个大回扣，最后找理由推诿。病人换家医院，再来一遍。搞个几年，人财两空。医生会有很多理由要讲，别说了，就看是谁搞到好处，谁吃亏就可以了。所以，要消除贫困，首先要打击医生收黑钱。医院的每一个环节都充满回扣，这个事情，我们无能为力，只能被坑。但是这也毁掉了某某的信誉，积少成多，到时候拉清单，老百姓是记仇的。多美滋、美赞臣、葛兰素，共同的特点是，只有送钱的，不见收钱的。这种刻意隐瞒收黑钱的医护人员，也表明了有关部门的态度。我们懂的，继续瞒吧。

医生的说法是，自己很辛苦，收入不高，所以要收黑钱。这个社会，没有人满意自己的收入，都认为自己很辛苦。工人农民也不满意，能不能去收黑钱？农民种地也是技术活，没有五年的勤学苦练，流血流汗，是学不会的。你让医生去种地试试看？劳动没有高低贵贱之分，硬要区分，就是为自己收黑钱找借口。欢迎那些收黑钱的医生辞职，多少医学院的毕业生在排队要当医生。上海的各家医院只要贴个招聘启事，可以引来几万人排队。

《经济参考报》说取消医院学校编制，这是石破天惊的第一步，彻底改变京沪看病难，入学难。现在很多的难，都是没编制不招聘造成的。医院本来就是商业行为，扩大供应，价高者得，就不难了。当然，失败者就会做出很多龌龊事，迅速和莆田系靠拢。第二步是放开外资医院，免费供地。现在看，有关部门还舍不得。

随着全民医保的推进，医药费虚高，是社保基金出大头，这下子，有关部门就受不了了，动力和阻力都是利益。如果搞真的全民医保，还刹不住医生收黑钱的漏洞，肯定是难以为继。医生疯狂地开药和检查，患者不必出钱，也无所谓，那么医保中心就扛不住了，只能找财政要钱了。财政再有钱，也扛不住这么多医生天天挖金矿。现在的做法是，财政不管，医生使劲收黑钱，患者使劲搞医闹。比如现在的农村新农合医保，实际情况大家都清楚，卫生院、村医务室，你自己去看看有多少药品，患者真有事，根本不会去卫生院。新农合现在还能够维持，是因为大病患者跑到三甲医院去了，而那里是自费为主的。一旦全部医保，难。

外科医生给内科医生开刀也要红包，形式比较委婉。就是某医用器材开价 1 万元，但是无发票。医生也够可以的。过段时间，内科医生给外科医生开了药，转手就去拿医药代表的回扣。用知识去抢劫病人，那是世界上最可耻的事情。我们国家为什么会容忍这种医药乱象呢？说白了，就是投多少财政进去，医生也觉得不够，索性就不投了，你有本事就自己找病人抢吧，我也不抓医生。每年总有几个实在是榨不出钱的穷病人，逼急了就同归于尽。中国 14 亿人口，每年的中央财政收入是 10 万亿元，如果每个人给 3000 元的医疗保障，就占了中央财政 40% 的开支。而 3000 元到了医生那里，随便开几个大检查，就给你搞完了，更不要说开药、手术和后期治疗了。

中国要消除贫困，首先是要解决医疗问题。但目前看解决很难，因为这个制度有一小批隐性的受益者，他们是高医疗费用的巨大受益者，这批人的能量太大了，现在是以医院等级为导向，只要进入三甲就行。要把医疗服务分开，基本医疗统筹低价，优质医疗全面市场化。医院提供设备和规范化检测，由优质医生自由择业，优质优价，不行就失业。所以，医院改革是阶层利益之争。其实，要改革很简单，只要把公费医院和收费医院分开经营，就能彻底解决问题。但这样做，公费医院就成为清水衙门了，好医生就要跑，那么占公费医院便宜的那些人就不干了。有太多太多的人，付的是医保的钱，享受的是超级 VIP。所以，无解！

现在有人说免费医疗不好，我说他忘本了。1998 年之前，城镇单位职工医疗报销 90%，我在读大学的时候，医疗也是报销 90%（当然大学时代也没生病）。那时候，医生和国企职工待遇是一样的，也很正常的。市场化后，医生收黑钱习惯了，所以昧良心说话。我曾经和某外国律师研究过两国的医疗制度。医疗制度最大的阻力来自于卫生局的既得利益。一旦市场化，外资来投资一个超级大医院，挂号费500元一个，优秀医生辞职过去了，挂号黄牛消失了，卫生局就傻眼了。

现在，卫生局管医生很简单的。一是你无处可去，福建人开的女子医院和男性医院，在那里混比较丢人，还不如人民医院。二是职称晋升，你要求人的。三是卫生局解决不了医生待遇，只好默许医生向病人下手。几十年了，谁家没有送过医生红包，但没有一个医生因为收红包和药品回扣被开除的。

医生是医疗体制的受害者，挂号费应该涨到100元。但是，受害者却变本加厉欺负更加弱小的人。现在的医生，对于是否能够把病人治愈，丝毫不感兴趣。医生关心的是，是否按照流程和规定，开药，收费，创收。治愈算你运气好，治不好也没啥，继续卖药给你。钟南山说：中国医生靠卖药用设备开检查来生存。都是生意，大家懂的，不说了。

大家现在抱怨，看病贵，看病难。卫生局的解决办法很有创意，推出一个贵三倍的医院，大家一对比，三甲医院好像便宜了。这种逆向思维，令人敬佩！

医院的最大弊端是，花钱的，没有优质服务；得到优质服务的，是不花钱的，你懂的。但是医生蛮坏的，顺水推舟，把花钱的那部分弱势群体坑惨了。弱势群体，也就破罐子破摔了。你宰1000个没事，说不定就遇到第1001个奇葩了。那个破罐子肯定是判了，但是前面那1000个被宰的，会站出来引导舆论。

医院最怕什么改革？福建人男科妇科医院公信力差，不担心。超豪华医院，也不担心，因为老百姓玩不起。最怕的：一是港台医院联合国际资本，大规模进入，倒贴亏损也可以，参照滴滴软件；二是医院市场化，多点执业普遍化；三是对药具环节严厉肃贪；四是过度医疗医生上黑名单公示，直接砸饭碗。

比如上海国际医学中心已开始医生多点执业了。挂号费800元～1000元，病床费3000元/天，手术费检查费也是高大上，进口药和进口器具也贵，不用医保卡，这样下来，10万～30万元一个手术，应该是常态了。这对当前医疗制度仅仅是万分之一的影响，毕竟普通人是消费不起的。反而给医生一个借口，你不满意，你可以去自费，那里好。个人认为，这个模式，还不如送2万元红包，走医保程序，更加划算。

■ 户籍制度

户籍制度改革取得的最大成果：继续严格控制京沪户籍。现在外来人员主要是在大城市打工，却只是开放小城镇户籍，莫名其妙。

三中全会提出，市场决定资源配置。学校、医院等公共资源配置，就要向这个方向改革。户籍制度因为不涉及外国人，所以在WTO中忽略了。其实放弃户籍，也不可怕。外地人可到上海打零工、乱设摊，上海人也可以去乡下种青菜，都是市场经济中的人，没有高低贵贱。一纸户口，就把人分个三六九等，是封建思想作祟。

一个观点很有市场：北京上海的户口，应该公平竞争，让本地人离开。我的不成熟想法是：农科院的人，种地水平比你高，是不是就可以抢了你的责任田？出租车司机比你会开车，能不能拿走你的车？领导的官比你大，能不能直接拿走你的一切？在中国，农村耕地和北京户口，都不是财产，因为“无偿取得，不可转让”。所以，不能说“北京户口我要免费得到，家里的耕地，高价卖给你”。好事不能一个人都得了。

外地户籍的套路是：孩子大了，要教育公平；孩子工作了，要就业公平；结婚了，要降低房价；今后生病，要医疗公平；退休了，要养老公平。外地户籍把自己占便宜，称为“争取公平”。已经占便宜的，例如土地，就不吭声了。其实，上海户籍承受了巨大的压力，一是教育资源短缺；二是医院人满为患，三是交通爆堵，车牌暴涨；四是房价猛涨；五是就业困难。所以上海本地居民还是做出了巨大的让步，适可而止了。当年，上海知青去农村的时候，待遇更差。即使把上海本地的老弱病残全部赶出上海，也无法容纳外地青壮年，拖家带口全部到北上广安营扎寨。你说怎么办？目前的外地户籍各种问题，是地区发展不平衡的结果，他们只关心自己在上海是不是公平了；从来不关心安徽农村和省会合肥之间，是不是公平了？想占便宜是正常心态，但是不要拿个大帽子吓唬人。

如果取消北上广的对本地户籍的惠民政策，那么今后地方政府就可以不考虑改善民生了，全部推给顶层设计。本县比邻县的民生建设搞得好，隔壁县的老百姓就要过来享受，不给享受就闹，谁受得了啊，最后倒霉的是老百姓。

所以，户籍改革的原则应该是有利于全社会的效率提高，而不是去满足少部分人占便宜的心态。拿到上海户籍的外地人其实是最反对户籍开放的，因为他们在取得上海户口后，又在重走上海普通人失败的老路。把孩子从小就圈在一个漂亮的幼儿园，千方百计托人上漂亮的小学、中学、大学。毕业后，家里有关系的就考个事业单位；没关系的，大部分就直接报废了。每年毕业季，更能吃苦的外地学生完胜上海学生，上海青年开始抱怨外地人，然后开始收房租、混日子。

某热点城市专家说，放开户籍没问题，但是安置这么多的人口，需要住房、交通、公共设施和就业用地，例如，安置1万人户口，增加2000亩用地指标。指标哪里来？减少人口输出省份的用地指标，现在土地就是现金。某农业地区专家立即跳起来，破口大骂。于是，不了了之。

20世纪40年代，上海北京没有户口，任何人想来就来，想走就走，是怎么解决外来人口居住的？乱搭窝棚，垃圾满地。这是我们希望的方向吗？专业点说，一次分配（就业），北上广是大量吸引外地人口；二次分配（福利），北上广是排斥外来人口。这种搞法，纯粹是“没事硬找事”。一次分配是经济发展，二次分配是公平正义，通过户籍分割，理论上也不通，自己找别扭。

北京市人社局说：不欢迎为了进京而考研的人。说这个话的小干部没脑子，你代表北京？怎么区别考研目的？要降低京沪人口，不能关门谢客，而是开门送客。取消户籍，一些人失去户口利益了，自然就走了。我想去各地工作几年，但走不掉，医保卡在上海，外地又限购了，没办法，只好和其他人共同挤在上海。

“北上广拼房，小地方拼爹。”我预判，今后北上广若放开户籍限制，有“产权房+社保卡”的人，肯定是第一批上户口的人群。因为这批人是高溢价人群，北上广引进他们，既满足了政策要求和舆论压力，也不吃亏。如果预言实现，那就是为子孙留条路了。以房管人，有房就有立足点了，今后市民待遇肯定是看得见的。所以，当你能够买得起京沪房子时，孤注一掷，哪怕是上海崇明县、北京密云县。这个赌局你是不会输的。不要在乎是不是便宜了5%，这个是小事情。千万不要去昆山、燕郊，那是傻子了。相信京津冀户口一体化的人，你也可以顺带相信：凤姐、范冰冰和李冰冰，同时抢着要嫁给你，还自愿给你做家务、买菜、洗衣服、倒贴私房钱。

北京积分落户政策的核心是：买京房，穷人请自觉；京户对买房人开了一个政策口子。这实际上就是以房管人，按这个政策，如果不变，你去北京最边缘买个小房，捂到一定年限，就有户口簿了。问题是，娃满16岁，理论上不能户口随迁了。最佳策略是买房后五年生娃，这样，娃能够赶上高考。

我建议的户籍改革：18岁以前，中国户口；18岁以后，高考和户口挂钩。自己报名，考北京还是考驻马店，你自己选。统统考不上的，到祖国最需要的地方去。户口是赤裸裸的利益，京沪低收入居民紧抱户籍，希望通过户口，谋小利或占小便宜，如低保、公租房、限购、入学等。上海人对户口还是极度重视，富人要的是认同感，穷人要的是安全感，中产阶层要的是虚荣感。

1952年户口登记初期，谁也没把户口当回事，就像北京的居住证。当时登记也不严格，不想走的，挂在亲戚家也行。当时富人跑了，房子充公，社会租房就少了，无房户想着先回去分地，以后再来。没想到1955年粮票制度出台，类似现在的“北京借读要五证”，这下子彻底固化了。

屌丝不是要沪籍，而是要沪籍中的含金量。越难获得的东西，人越珍惜，含金量越高。以前考大学难，大家呼吁放开，最后文凭成为废纸了。户籍也是这样的。如果放开到最后，户籍变成公园门票，也就没有含金量了，反而直接抹杀了入籍屌丝的成果，而门外的屌丝，啥也没有得到。我始终相信，今后京沪户口政策会取消，因为这个在法理上很难讲得通，所以户口虽然是中国人最重要的东西，却没有法律，只有政策。户口管人，今后逐步会过渡到欧美日发达国家的“有房产+连续工作年限”，这也是我认为京沪楼市长期看好的底气。虽然这会触动很多京沪低收入人口的利益，但也是大势所趋。

废止户籍后会发生什么？优质幼儿园、中小学，天上就会掉下来1000所？高中特级教师就会突然增加1万名？屌丝就可以获得一切了？不可能的。户籍取消后，怎么划定福利享受范围，如入学资格、房产证，于是房价必然上涨。上海人本来就有产权份额，房价上涨了，不吃亏。最划算的是谁？有房产证，但没有沪籍的外地人：既享受了房价进一步强制性上涨的好处，又免费得到福利待遇。在沪外地屌丝最惨，彻底出局，打包回家。

京沪房价高，为啥上海年轻人抱怨少？因为计划生育。户籍人口在减少。如果户籍人口再刨去人才引进，那么三代以上的原住民更加减少了，上海人均住房条件，得益于拆迁和购房，其实是大大改善的。所以上海人抱怨房价的少，大不了倒插门。

上海户口是具有伟大意义的，穷人拆迁房，屌丝政策房，富人商品房，反正不会让你太苦了，熬到一定年月，总能赶上一次大福利，一劳永逸。长远看，户籍人口减少，住房进一步宽裕，真的是好地方啊。所以，上海户口是很重要的。

■ 公务员

公务员的问题是人太多，工资太低。最好是人员减半，工资翻倍。现在，公务员“名义收入”属于社会中下水平，于是他们就把办事程序搞得极其复杂（例如准生证），导致当事人必须托人才能办事。名义上，办事费用极低，实际上托人办事，费用极高。有了办事权之后，还可以和其他部门交易，例如医院、教育等，一团乱麻。其实，历朝历代公务员合法收入都是很低的。和珅一年的工资，也不过是一个玉镯的钱。现在公务员和当地建筑工地的农民工收入是一样的，县长合法收入和一个熟练木匠的差不多；一个科员的收入，差不多是一个初级水管工的水平。当然了，这个事情，也只能说到这里。

很多地方的窗口办事人员，态度极其恶劣，为啥？因为他就拿那点儿工资，多做少做，不影响收入，无所谓。如果态度太好了，招来更多的办事居民，他自己就苦了。所以，不让你难受，那就不是办事员了。发达国家要是这样，议员就去暗访，然后上电视了，当地局长就下课了。我们不担心的。屌丝们，忍一下了。那么窗口人员为啥不怕被投诉？因为你去他那里办事，就永远归那个部门管，你今天得罪他，明天你就会遇到各种各样“你懂的”事情。所以，那些部门是有恃无恐，无所谓的。《焦点访谈》里的那个屌丝，敢去投诉，因为他平时不在当地，家里又是农村的，所以顾虑少。要你是镇上的个体户，你敢去投诉？找不痛快啊。

其实，老百姓对公务员不满意，是集中在办事窗口。一个在办公厅写稿子的公务员，老百姓根本对他没印象。现在，居民办个证件，来来回回跑 N 次；各种各样的缴款单一张接一张地发给中小企业，已经是家常便饭了。你说，满意吗？小公务员也有一肚子委屈，一旦遇到问题，他们为了不给领导添麻烦，就给居民企业添麻烦。这是根源。关键一句话，心里装着谁？我在酒桌上曾经听到过一句经典的话：如果一次就让你办成了，那我就是看大门的了。

史玉柱说过一段话，大概意思是，发钱是最好的管理方法。不要考虑那些复杂的股权激励、人性化管理，没用。就发钱，简单粗暴，效果特好。现在的基层小干部队伍，要我说，人员减一半，工资加两倍，犯事就往死里打。不出三年，基本管好，管不好，你揍我。

公务员分类改革实施，划分为综合管理、行政执法、专业技术三类，基层可享处级待调。说白了，就是加工资，理由不重要。

那么说到公务员的薪酬改革，自己改革自己的收入，太幸福了，建议让民企员工来起草公务员工资方案。说到高薪养廉，公务员希望，先给高薪，再逐步廉洁；老百姓希望，你先廉洁了，再给高薪。如果企业和老百姓遇到困难，有关部门立即能够解决，或者拿出解决方案，就受欢迎了。例如垃圾遍地、污染横行、有毒食品，你当看不见，出事后互相推责任。老百姓心里会怎么想？公务员被曝隐性福利名目繁多，连卫生巾都补助，名义是“劳防用品”。所以，说公务员工资低的，全是体制外的。就好像 40 岁的医生一边哭穷，一边买别墅。如果公务员真的收入低，早就把财政账本晒出来了。我非常清楚魔都公务员的到手收入，精确到百元为单位。你见过大城市公务员说自己只有3000元收入的吗？当然，工资真的只有3000元左右，但是：工资≠收入。

公务员收入到底如何？我们不会揭牌的，但是如果你去看看小县城副科长的房子，你就明白了。体制内的不穷。说穷，那是任性。不信？你去各大中高档小区看看，从县城到一线城市，保证不会超过你的中国思维。我做过统计，我认识的人中，住中环线内漂亮大公寓的，体制内的人远远多于体制外的，大概是8∶2。我一个人的感觉不一定准，也算个参考。有个体制外的小女人前两天在QQ上说，老公一年200万元年薪，我买了陆家嘴的大房子。我仔细一看，东方路儿童医院那里，这也是陆家嘴？

房地产的本质是，让公务员等在内的一大批人更加幸福。只要公务员数量不减少20%，房地产的市场信心，就如磐石一样坚不可摧，比黄金还可靠。

某外地公家单位小头头的儿子结婚，本来在上海已看好了一套内环线大房子，后来又不买了，借口是上家不卖了。实际情况我知道，他不敢买，原因你懂的。现在租了一个三房两厅的大房子，据说月租是13000元。一个外地拿工资的人，真要是买了个内环线千万公寓，周围人估计心态都不好了。

实话实说，公务员真的好，好得没人愿意走，除了几个能力超群、野心勃勃的奇葩。没干过公务员的，不要光看那个破工资条。很多人是装穷，你去县城看看，活得最好的，就是科长。国家能源局煤炭司魏副司长家里一亿元现金，是真钞啊！为啥很多公务员看起来不像是有钱人？因为公务员有个规则，你的一切看上去要比科长差一点儿。科长只能是10万元的公车，你再有钱，也不能自己买个奥迪去上班，除非你不想混了。一层一层下来，到了基层，就一副普通样了。其实，他们房子多啊！

安徽鼓励公职人员下海：三年内保留人事关系，将一次性发给相当于本人三年基本工资的补偿金；另按本人实际工龄计算，每一年工龄，加发本人一个月基本工资的补偿金。事业单位工作人员离岗期间，工龄连续计算，档案工资继续调整。当然，我从来不认为，真的会有几个安徽公务员下海。目前的实体经济太难了，房地产经济也不是普通公务员能够搞的。最多是，某公务员家里也是办企业的，自己去接班而已。20 世纪 90 年代停薪留职的时候，很多做企业的人赚钱，公务员工资低，引发了赚钱效应，停薪留职去创业，史玉柱也是那个时候出来的，现在条件变了。所以，公务员系统中，敢于辞职走人的，都是精华，倒是那些素质不高的，死活赖床，因此，今后总体素质不一定会好转。

《南方周末》的文章说：公务员越来越不爽了，可能会很多辞职的。我明确说，不可能。只有那种有资格证书的，以前又留足人情的，才可能偶尔出去几个。公务员系统中，除了大城市的金融办、两院和住建局的少数专家，其他专业普通干部不敢辞职。公务员辞职多为 35 岁左右，专业全废，出来干啥？ 99% 的竞争性企业是不会要公务员的。重当 92 派？绝无可能，他们应该去会计师事务所、律师事务所、外企法务部、金融圈。当初是短缺经济，现在是产能过剩，所以公务员不可能大面积辞职的！

现在有种普遍思路，就是不管什么事情搞不好，主要原因是公务员不好。要让某个人群付出代价，那个人群就要把公务员一起拉上，否则就要闹闹。其实，公务员分为两个世界：一个是有实权的，一个是无实权的。所以，如果骂公务员，很多无实权的公务员表示气愤。公务员级别带来的实惠不大，也就是个面子。正处级和副科级，真要说工资差别，确实不多。一个史志办的处长，远不如一个镇的税务所所长或派出所所长。

我感觉下一步的改革，可能会牺牲“低级别公务员”的一部分利益。例如养老金并轨、减小公务员编制、把人转给事业单位。农民、工人、白领、小老板，已经先后为改革做出了奉献，公务员也要把自己摆进去，不要以为，改革阵痛，与我无关。

给年轻人的话

The Best of Cai's Economic Insights

从普通院校毕业的大学生，在你们今后人生的道路上，你们会遇到太多的愤怒、悲伤、无奈、绝望的事情，特别是你结婚后，那是各种麻烦接踵而至，让你精疲力竭，苦不堪言。这个谁也解决不了，你就熬吧。你要是运气好，熬到35～40岁，基本能走出困局，但大部分人走不出来。不要为过去悲伤，谁也没办法，你管好将来。面对高房价、低收入，没有女友，到处憋屈，不要抱怨啦，我给你们一个建议：找一个自己能够坚持十年的行业，一头扎进去，不怕吃亏，不怕吃苦，十年后，你就是本地区这个行业的中流砥柱了。房子、老婆，还是会有的。当然，你要是坚持批判现实，指点江山，幻想打土豪、分田地，那么，你的子女只不过是重走一遍你的路罢了。

除了工程技术类的二本，其他文科社科专业，读不读都一样，用人单位不会仔细看你的文凭，就看你是不是干活勤快。若是遇到二百五的HR，找隔壁小王借一个文凭复印一下也可以，没啥的。小老板不会去查的，因为查询要花钱的，小老板舍不得花这个钱。二本屌丝的奋斗目标是公家单位。99%民企生存周期是五年，任何民企黄金期不超过三年。年轻时在京沪混混青春饭，男屌丝跑销售，女屌丝做行政，谈一场穷得轰轰烈烈的恋爱，好像很浪漫。但过了35岁，经济压力袭来，男人消沉，女人出轨，比比皆是。男屌丝的脱贫标配：公家单位 + 拆迁妹，其他皆浮云。二本妹的大学应该怎么过？首先是学好英语，然后在大学附近的建筑工地上找个离婚的瓦匠叔，平时帮他洗衣做饭，晚上帮他学习口语，扯证后，帮他填写各种移民表格，熬个几年，共赴澳洲黄金海岸。隔壁班的那些屌丝，妹妹就不要理他们了，毕业后都是去群租房的货色。

年轻人真要读书，就读实战书。喜欢政治就学法律。喜欢经济就学税法。喜欢文学，就去学写作。千万别读废纸一筐的萨缪尔森，《国富论》，《货币战争》。这种书只会误导你，自以为了解国事经济，其实你连支票也不会填写，报纸也看不懂，一实践就二百五。实战中，你自然而然会想，为啥要这么规定？那时，你就真懂了。熟读凯恩斯、萨缪尔森，还不如装热水器来钱。真的，别骂我，这是事实。买一张二本文凭，搭进去四年时间和父母 10 多万现金，如果没有在学校里找到一个土肥圆，那是亏吐血了。出了校门，你就是二百五，没房没车没希望，土肥圆都鄙视你。不要愤怒，谁让你考不上清华研究生的，这怪谁啊！京沪永远涨。

有人用"人人都高贵"来忽悠大学生，毫无意义。你住在京沪漂亮公寓，对住在群租房和地下室的人说，你是高贵的，真好笑。我希望你能看清现实，努力去涉公单位工作，赚钱买房，踏实生活。现在，大部分私企不太好，少部分私企暂时得到融资还不错，但是长远看，还是不行的。国企机关事业好，努力去考吧。

在你成功之前，不要为亲戚人情所累，没意思的，特别是春节前。学个特别精通的技能，攒钱买个房。找老婆，不求多好，先过起小日子。挤进中产的机会有时候还会不经意地出现几次。过日子精打细算，洁身自好，不要黄赌毒。身体当心，别吃垃圾食品。把英语学一下，以后不用请家教花钱了。

不要和别人争论无关紧要的事情。很多人的价值观和思维方式是与生俱来的，长期贫困底层练就的，不可能因为你几句话就改变的，他们大多数还自以为很聪明。与人争论的结果是，他在心里骂你是傻。正确的做法是：假装认真地倾听点头，实在觉得他傻，就找个借口走吧！也不要去学管理。管理的前提是，你先要有个大企业，先给百十来个人发出工资。屌丝应该先学一点手艺技术，例如挖掘机、码农、制图、拎灰桶、搬砖。等你赚到了首个1000万，有钱可以开家大工厂了，那就抓紧考虑买房的事情。京沪永远涨！

要记住：在你背后说坏话的，和你抢老破小的，和你抢土肥圆的，给你妈开大处方的，给你爹卖保健品的，卡着你居住证的，和你在地铁上争位置的，还真不是房东。你今后的人生，就是和这些人纠缠一辈子。你努力啊，房东没时间和你对骂。

看到权贵，你就千方百计使劲贴上去，几年后，要么直接得到钱财，要么得到机会，要么得到经验。你不好意思贴上去，你就苦命了。这个话有点儿残忍，但哪个富一代不是这么过来的？也抄送女屌丝。屌丝不要相信独立人格，人格不是人，不会发钱给你买房子的。屌丝不要脸，成功在眼前。

屌丝混职场，第一要谦卑。屌丝可以经常说说家乡的土特产、老家比上海差远了之类的招人喜欢的话。现在很多屌丝真的发疯了，经常来一句，“去年某安徽亲戚赚了几百万”。混职场，说这种话要遭雷劈的。你要是觉得钱少，直接滚。某熟人经常说，能够在上海工作很幸福之类的低调话，十年后副处长了。如果你是混好单位或大公司的屌丝，你记住一句话，你的敌人，就是那些和你称兄道弟的同龄人。因为你们的资历业务差不多，机会永远不够，他有你无。所以，远离这些人，警惕这些人。关系再好，也不要吐露心声，因为你的那些话，很快会被这些人拿去献给领导。

一定要追求几个自己心目中不可企及的女神。虽然你追不到手，但是通过女神的反应，你会学到很多，以后摁倒土肥圆，那就是手到擒来的事情。别担心失败！你也没啥损失，反倒是青春的记忆。万一你成功了，嘿嘿。屌炸天！对于已经毕业屌丝男的建议，别挑挑拣拣了，抓紧找个土肥圆，一起合租搭伙。拖过30岁，年轻土肥圆也不要你了，只能找二手土肥圆了。

京沪小白领，赚钱后回老家买个大房子，安静地过好下半辈子，有山的爬爬山，有水的地方多游泳，多吃点儿好的，多玩一会儿，彻底放弃以前的尊严。在京沪，烦恼会时时刻刻地纠缠你。不要多考虑孩子的将来，你现在如果没有户口，我保证，你永远都别想了，政策，我比你熟悉。当然，你不会真同意我的。

一个忠告：用尽三代人的关系，进国企；花光三代人的存款，大城市买房。做到这两件事情，你就不会蠢蠢欲动，想当小老板了。实在进不去公家单位，创业也要做公家的合同。道理很简单，绝大部分社会资源都在公家单位，而花钱的人是在花公家的钱，只要你懂事，价格贵 20% ～ 90%，领导绝不心疼。千万不要去做那种纯市场，市场一热，三年完蛋。

生活必然会遇到各种艰难险阻，不要气馁，不要悲伤，努力奋斗，生活会好起来的。你可以多看看书，多学习一些财务知识、金融知识，多向管老师请教 A 股走势，实在找不到老婆，你就先抱个土肥圆，凑合一下群租。生活对每个人都是公平的，勤俭持家，量入为出，按时交租，生活一定更美好。

你最好在结婚前，把要考的证考出来。否则，你今后会面临谈恋爱、结婚、买房、租房、事业发展、同事关系、家庭矛盾、抚育孩子、照顾老人、投资决策等一系列极度耗费精力的事情，你根本静不下心来。我不反对下海赌命，但聪明伟大的你，最好先去考个值钱的证，壮壮胆。即使今后，巴菲特没有给你风险投资，等你坑完了所有亲朋好友，烧钱结束，公司破产，你好歹还有个饭碗。否则，你熬到三十多岁，穷屌丝一个，啥也没有，掏出来的只有一把辛酸泪，那是把老婆孩子坑了。

我本科毕业时，上海还是一个尘土飞扬的大工地。我和同龄人一样，除了户口，家里没给我钱，也没房子，我是一个人站在孤零零的浦东大道某招聘会，受尽了白眼和屈辱，当时，我立志要赚一套房子。二十年后，我得到了太多太多。暂时的贫穷和困窘不可怕，只要你不要丢失信心，这个社会就会给你回报的。我的经验是，专注。小成功源于专注。大成功是碰运气。大富豪坐牢被枪毙的，比比皆是，不必太羡慕。你不要研究太多学问，不要什么事情都去插一脚，这不会给你的人生加分，反而让你精力分散。谈恋爱就专心谈，读文凭就努力读。不要夸夸其谈，要脚踏实地，目标明确，自己努力争取一下，肯定有够得着的目标，例如按时交租。

如果你能超过你爹的水平，你的人生就胜利了。不要想着和各类官二代富二代比。屌丝也不要想着去京沪买房，这不是你应该想的，一代一代积累，才有盼头。一步登天的事情，完全是运气。如果你是70后的外地人，复旦毕业，去静安区街道办当了科长买了房，那是运气好。错过了，也不要抱怨。

年轻时，人改行机会特别多，有很多看上去是捷径。我奉劝那些不想一夜暴富，或者一把搞定下半生的年轻人，坚持自己的专业，不要轻易改行。现在看上去是捷径，其实过几年你想兑现的时候，客观情况变化好大，最后不一定划算。

要明白，让你哭的，不是我写了几句话嘲笑你，而是你拼爹失败。你再努力，再优秀，你就算是哈佛毕业，在40岁之前也无法买得起上海的稍微像样一点儿的房子。当然，如果嘉定南汇的某拆迁妹，偶然翻了你的牌子，你的人生从此就与众不同了。地段决定人生。

如果你为了图自己轻松，建议去中西部省会就业，再找个工资尚可的老婆，努力五到八年，攒个省会首付。但子女又要重复一次你的进京沪之路。如果你愿意牺牲自己，有两条路：一是去京沪拼命工作，一辈子租房，退休前买个极偏远的小房，等待户口政策开口子；二是学习凤姐。熬个四十年，肯定有机会。

去京沪，须谨慎。用高房价来赶人，是比较理想的办法。如果你不准备为孩子牺牲一辈子，那就建议同学们去省会城市发展，不要在京沪熬了。个人的努力，比不上资本的力量。来沪的小博小硕小本，我建议，最好去南汇奉贤嘉定崇明等区县。下了车，最快速度相亲，找个拆迁妹妹，一切全部解决。在陆家嘴和外滩上班的金融dog，表面看，好像很有面子，一点儿也不实惠，下了班还要挤公交车回出租屋。十年打工，也无力首付车程一小时以内的房子，肯定是人生悲剧。努力二十年，再回市区。

如果你打算创业或者经商，首先要学会怎么管理员工。我是怕员工的。我公司办公集中在一层楼，如有一个员工大吵大闹，肯定影响全部员工，那时人社局是不会理会小老板的。我是忍气吞声地熬和让步，最后忍无可忍，生意也不赚钱了，索性关闭。财政部长楼继伟老师出于什么考虑，我不知道，但是我对当小老板是彻底不感兴趣了。记住一条准则，保你发财。搞定各种手续，得八成利润，干活的拿两成利润。坚持这个比例，可以保证你一生发财，直到永远。比如做一个国企超大型软件，假设1000万元，智力不值钱，拿到单子才是王道。让出去八成利润，是底线。

做人的一个准则：忠诚。对上级，对朋友，对家庭，对爱情。忠诚的前提是，你要看准了人，就不变了。吕布勇冠三军，不断叛变，最后没人理他了。做人，不要首先去挑战别人的底线。宁可错，不可叛。

千万不要从小就学习适应社会，学一些偷奸耍滑、占便宜的事情。要培养孩子将来做大事的心态，必须要讲诚信。诚信是，吃小亏，等待大机会。年轻人收入低，很容易陷入斤斤计较的窘境，一定要摆正心态。占便宜就像做小偷，会上瘾的。必须在源头上卡断，从小盯紧，不忘初心。第一次合作，如果是五五开的分量，你主动谦让一部分利益，你六我四，各自尽力而为，确保对方把第一次合作干好，保证了你对外的信誉。完成后，观察合作方的态度。如果他觉得，他拿六是天经地义的，那就点到为止了。如果他觉得，下次应该看贡献分成，说明人品靠谱，值得交往。就我自己来说，我对孩子投入那么多心血，不是为了培养一个很会占便宜的聪明小人。我的一生，都是为了孩子将来在更大的舞台上竞争一次，哪怕失败，也值了。这种高段位的竞争，基本不看聪明了，而是看你对利益的态度。你每次分30%，你可能会有100次机会，你每次分70%，你就没有下次了。你对人宽厚，人家心里都懂的。

刚毕业的大学生99%的人写简历=获奖汇总，毫无意义。如果你是去求职（不是猎头主动找你），你要明白，任何单位都不缺情怀和总裁，他们只要两类人：老黄牛，拉单子。其他都是废话。你啰啰唆唆写了这么多自我表扬的话，没用的。如果你实在要显摆一下，可以放在最后。你去面试也简单，要么干一个实例，要么自带客户。

如果你是在校的学生，珍惜现在的美好时光，珍惜爱情，珍惜身体。不要为了一点点小事情发脾气。大学这段时光，将是你人生中无法磨灭的印记，即使现在不快乐，也要好好走完这段历程。出了校门，你将面对各种残酷的事情和一大堆像菜总那样的浑蛋，每天为生计发愁，为房子愤怒，为爱情而现实。珍惜现在，珍惜爱人。

大学男生不适合谈对象。22 岁的男生，心理状态基本是个孩子，也没有任何谋生经验，除看了几本发财秘诀外，和中学生差不多。但是 22 岁的女生，心理状态完全成熟，目标明确，如果男生家里有钱有地位，还好说。如果一穷二白，我建议男生不要太过于幻想了，一遇到现实问题，你就手足无措了，内心备受打击。

很多年轻人，很有朝气，幽默，阳光，搞笑，真的很有意思，比我们当年强大。希望他们开心。我们这一代人没有什么功劳，现在大都已经沉默无语，默默生活了，希望年轻人幸福。我经常吊打屌丝，也是一种幽默，别介意。哈！

人因梦想而伟大。我们不求明天发财，但应该相信，中国人有智慧把这个国家搞好。房子小，老婆骂，女友踹，单身狗，没户口，那是暂时的，我们一定会看到这个国家越来越好的。我老了，我希望你们能够经受住生活的摧残和折磨，把一片更加美好的土地交给下一代。菜总惭愧，对这个社会没啥贡献，你们努力。